考え合う授業の追究

藤本英実 編著

社会科・生活科・総合的な学習の時間を
柱とした授業研究のあり方

東洋館出版社

まえがき

　まず，本書で紹介する実践の授業記録の一部を紹介する。

「話が逸れたよ」
「あ〜，なるほど。それもある」
「えっと，まずは，資料集の23ページを見てほしいんだけど，〜」

　話合い活動の中で，軌道修正したり，子どもの発言を認めたり，資料提示をしたりするこれらの言葉は，通常，教師の発問として子どもたちに投げかけられることが多い。
　しかし，これらはいずれも本書の第Ⅱ章で紹介する社会科の授業（5年生）における子どもたちの発言やつぶやきである。

「これなんでしょう？（資料提示）これ，実は，見える？　先生が調べた部分では，まだ他に居るらしいんだけど，数えた分では，126人くらい処罰されているんです」
「私も，C⑨さんと同じ意見で，朝廷には知らせなかったけど，勝手にやったわけではないと思う。なぜかというと，直弼は2回意見書を提出して，2度目にははっきり開国論を言っていて，だけど上からは流れちゃったりだけど，ハリスが交渉というか話し合いに来て，その時に，ロシアやフランス等の大艦隊を率いて迫ろうとしているし，我が国と通商条約を結んだ方が的確ではないのかっていうおどしっぽい感じのことを言った。これから幕府の中でも侵略を恐れて，調印もしょうがないんじゃないかっていう意見も上がって，イギリスとかフランスも後々来ることになってるから，それでも直弼は朝廷の許可を得てから調印にこだわったのと，いろんなことがからんでいて，いろいろ悩んだ末の調印だと思うから，そんなに勝手ではないと思う」

　前者は，同じく第Ⅱ章で紹介する社会科の授業（6年生）における教師のすべての発問の中で最も息の長い発問，後者は，その授業における最も息の長い子どもの発言である。
　これについても，通常の授業，とりわけ教師主導型の授業においては，教師の発問が説明や解説の形で長々となされるケースが多く，逆に，子どもの発言は単語や単文で終わるケースが多く見られるのとは対照的である。
　以上の事例は，いずれも13年間にわたり生活科と社会科の授業研究を続けてきた小学校の校内授業研究会で私が耳にした子どもの発言や教師の発問である。5年生の授業は，この学校に初任で着任して5年目の教諭の実践，6年生の授業は，翌年，そのクラスを引き継いだ当時同校の研究主任であった教諭の実践である。つまり，このクラスのほとんどの子どもたちは，この学校に入学して以来，同校の一貫した校内研究の体制の中で学んだ子どもたちということ

である。

　本書の第Ⅲ章で紹介する実践も，すべて個人研究ではなく，校内授業研究の一環として行われたものばかりを収録している。それは，現在の学校教育に求められている「思考力・判断力・表現力」など，数年単位の長いスパンで培っていく必要のある学力の育成は，1，2年の短いスパンで学級編制替えや担任の交代がある現在の学校教育において，個々の教師の努力だけでは限界があり，学校としての組織的な取組が不可欠であると考えているからである。

　さて，組織的な取組が必要な教育問題は，他にもたくさんある。
　今日，教師の休職や退職の増加，就業時間増，指導力不足，さらには体罰やいじめなどの問題に関する連日の報道等でも明らかなように，多くの学校では教師が多忙な日々を送る中，様々な教育問題の対応にも追われ，学校全体が活力を失っている現状が見られる。しかし，一方では，そのような現状を校内授業研究を充実させることにより打開しようと努力している学校もある。
　第Ⅳ章で紹介する小学校4校は，いずれも継続的に「社会科」「生活科」「総合的な学習の時間」を中心とした校内授業研究を通して，子どもたちの思考力・判断力・表現力等の育成に努めるとともに，保護者や地域の人々と連携しながら活力ある学校づくりに取り組んでいる学校ばかりである。
　様々な課題と向き合うことを余儀なくされている学校教育の現状に対し，共同研究としての校内授業研究の取組を継続的に行うことの大切さとその具体的な方途について学校現場の立場から発信することが本書の主たる目的である。
　本書がこれから教師をめざす学生や日々子どもたちと向き合う先生方の授業力向上の契機になるとともに，学校現場における校内授業研究の充実に向けた取組の一助となれば幸いである。

Contents 目次

まえがき ……………………………… 001

第 I 章
学校現場に元気と活力を

01 問題の所在①
　　 教職に対する夢や希望と
　　 学校の現状とのギャップ ………… 008

02 問題の所在②
　　 校内授業研究の充実を阻むもの
　　 ………………………………… 009

03 問題の所在③
　　 「思考力・判断力・表現力」の
　　 育成に関わる課題 ……………… 011

04 問題解決の見通し
　　 ～学校現場に元気と活力を取り戻すために～
　　 ………………………………… 013
　　 →個人研究から共同研究へ
　　 →子どもや地域の実態に応じた校内授業研
　　 　究の取組
　　 →授業の事実にもとづく授業研究への転換
　　 →考え合う授業の創造
　　 →指導と評価の一体化

第 II 章
「思考力・判断力・表現力」
の育成をめざした
授業の構造

01 授業の事実から学ぶ …………… 018
　　 (1) 紹介する２つの授業について
　　 (2) ５年生の実践概要（指導者：堀畑　友希）
　　 (3) ６年生の実践概要（指導者：瀬田ゆかり）

02 子どもの変容をとらえる ………… 048
　　 (1) 授業記録から見えてくること
　　 (2) 抽出児の変容について考える

03 教師の指導性について考える …… 056
　　 (1) 教師の発問から見えてくること
　　 (2) 分節関連構造図から見えてくるもの

第 III 章
自らの授業力を高めるために〜私の授業研究〜

01 自らの価値観を転換する子ども
（1年　生活科） ……… 066

02 地域の教育力と社会科学習
（3年　社会科） ……… 073

03 地域の教育力と総合的な学習の時間
（4年　総合的な学習の時間） ……… 078

04 具体的な人の生き方に学ぶ
（5年　社会科） ……… 083

05 身近な地域の歴史に学ぶ
（6年　社会科） ……… 089

06 子どもたちがかかわり合い，追究する社会科学習
（6年　社会科） ……… 094

07 地域の伝統や歴史に学ぶ総合的な学習の時間
（6年　総合的な学習の時間） ……… 100

08 自らの生き方を考える総合的な学習の時間
（6年　総合的な学習の時間） ……… 105

第 IV 章
考え合う授業をめざす取組〜校内授業研究の実際〜

01 授業記録を読み，語り合い，高め合う教師集団
（横浜市立中尾小学校） ……… 114

02 スタートカリキュラムから始める，どの子も安心して学べる学校づくり
（横浜市立本郷台小学校） ……… 126

03 ねばり強く問題解決する子どもの育成（横浜市立藤塚小学校）… 137

04 小規模校ならではの特色を生かした授業研究
（横浜市立上川井小学校） ……… 149

Contents 目次

第 V 章
考え合う授業の可能性

01 コンピュータ等の教育機器活用の可能性〜思考力・判断力・表現力を育て，言語活動の充実を図る道具として〜 …………… 162

02 情報化社会の子どもと社会科学習 …………………………………… 167

参考文献 …………………… 172

あとがき …………………… 173

第 I 章
学校現場に元気と活力を

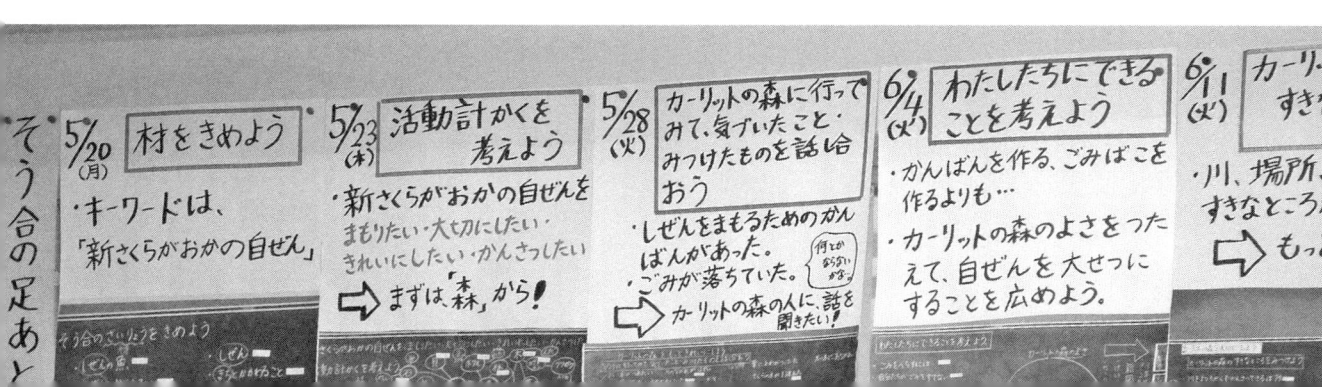

01 | 教職に対する夢や希望と学校の現状とのギャップ

問題の所在

「新人教員300人教壇去る」
「辞める新人教員増加……10年で8.7倍」

　これらは，2007年度と2010年度の文部科学省の調査結果を基に，それぞれその翌年発刊された新聞の見出しである。さらに，平成21年度～23年度までの3年間の調査では，初任者が1年以内に病気を理由に依願退職した公立学校の教員（計305名）の内，およそ9割（277名）が精神疾患を理由にしているとの結果が公表された。

　これについては，一般に児童指導や学級経営，保護者対応や同僚教師との関わりなどに困難や不安を感じていることが主な原因と言われている。確かにそれらは大きな要因であるとは思うが，私は，その他にも次のような要因が根本にあると考えている。

　一つは，教員免許を修得する過程で学ぶ内容と学校現場で求められる力量とのギャップが大きくなってきていることである。例えば，教員採用試験の実施方法が近年大きく変容してきていることなどもその一つである。通常，教員免許を修得する過程はその多くが座学であり，1か月の教育実習期間があるものの，前半は講話や授業参観などが中心で，実際に担任としての業務を経験できるのは後半の数日だけという場合が多く，その間に児童理解や授業のノウハウを身につけることは極めて難しい。にもかかわらず，最近の教員採用試験では，経験者に対して特別選考の枠を設けたり，二次試験で模擬対応や模擬授業を取り入れたりする自治体が増えるなど，明らかに即戦力を求める傾向が見られる。

　もう一つは，自分自身の教師力（特に授業力）を高めようとする向上心及びコミュニケーション能力が低下してきていることである。

　例えば，私は，大学や高専の講義の際，学校現場での体験談や実際の授業の様子など，できるだけ具体的な事例を交えながら話をするのであるが，ここ数年，リアクションペーパーに書かれる学生の反応に気になる点が見られるようになってきた。児童指導に関する厳しい事例や，教師の教材研究の努力などについて紹介すると，「○○が大切だということは理解したが，実際行うのは大変そう」「～自分にできるかどうか不安」等のネガティブな記述が以前に比べ，明らかに多くなってきているのである。

　コミュニケーション能力に関しては，直接話をすべきこともメールで済ませようとする学生が多いという事例や，採用試験対策の面接指導の際に，まともに自分のことも話せない学生が増えているという事例などを挙げれば十分であろう。

「来年度の担任は，指導力のあるベテランの先生にしてください」

これは，数年前の３月，ある小学校の校長宛に３年生の保護者から届いた手紙の一文である。このとき，その子どものクラスの担任は初任の男性教諭であり，子どもたちとの関係は比較的良好で，その他の職務にもまじめに取り組んでいたのであるが，時々保護者から学習進度や指導法について問い合わせや要望がきていたということである。

私が初任で５年生を担任したとき，同学年には６学級あり，毎週木曜日の学年会では，先輩たちとの事務的な打ち合わせにとどまらず，各教科の指導法や事前準備はもちろん，必要に応じて学級経営や保護者対応まで指導を仰ぐことができた。しかし，近年は，少子化による児童数の減少が進み，平成25年度まで小学校在学者数は５年連続で過去最低を更新している状況があり，それに伴い，小学校の統廃合や学級数の減少が見られる。

教職員の年齢構成も，団塊世代の教員が退職期を迎え，都市部を中心として大量退職，大量採用が続いているため，増加する新任の教員数に対して指導者層の割合は減少している。その指導者層にしても，学校規模の縮小化が校務分掌等の負担増につながっており，それらと自分の学級の対応で精一杯という状況がある。つまり，初任者にとっては校内の支援体制もかなり厳しい状況になってきているということである。

その他にも，学級経営，長時間労働や家庭への仕事の持ち帰り，厳重な個人情報の扱い等々，まさに，新任教師にかかる負担は増えるばかりであり，このままでは彼らの教職に対する夢や希望と学校の現状とのギャップも大きくなるばかりである。

02 校内授業研究の充実を阻むもの

問題の所在 ②

「なぜ，私が指導力不足と言われなくてはいけないんですか」

私は，市教委時代に一人のベテラン教師と面談した際，このように問いかけられたことがある。詳しく話を聞くと，その教師は，「若い頃からずっと変わらぬ情熱をもって子どもの指導をしてきた。ここ数年，子どもや保護者とうまくいかなくなったのは，子どもや保護者の価値観が多様化したためで，私がいい加減な指導をしたわけではない」という主旨の話を具体例を交えながら話してくれた。この教諭の話を聞いて，私はやはり指導力不足と言われても仕方がないと考えたのであるが，それは次のような理由からである。

まず，この教諭の場合，確かに教育に対する思いや姿勢が失われているわけではないと思われたが，問題は30年近くの間，ずっと教師主導型の指導スタイルを変えることなくきてしまったと分かったからである。つまり，子どもや保護者だけでなく，学習指導要領の方針や内容も社会の有り様も時代と共に変化しているにもかかわらず，教室という閉ざされた空間の中で旧態然とした自分のスタイルから抜け出すことができなかったということである。

もう一つは，これまでの教職経験の中で，指導案を書いて自分の授業をだれかに見てもらうような経験を数えるほどしか積んできていないということである。これではいくら本人が情熱をもって指導してきたと言っても，経験に応じた指導力を身につけているかどうかは甚だ疑問である。
　しかし，これはこの教師だけの問題ではない。例えば，神奈川県内の小学校の実態一つをとってみても，年間を通して一度も指導案を用意するような授業研究が行われない，あるいはごく少数の限られた教師だけが行うという学校が少なからず存在するからである。そのような校内授業研究を組織的に行うことができない学校において自己の授業力を高めようと努力している教師は，外部の公的な研究組織や民間教育団体等に所属して研鑽を積むケースも見られるのであるが，同じ学校でその先生のクラスだけよい授業が実践されても，それは子どもたちにとって決して望ましい状況とは言えないものである。特に，関心・意欲・態度や思考力・判断力・表現力のように，時間をかけて培うべき学力の育成については，非常に困難な状況と言わざるを得ない。

「小学校の先生方はすごいよね。大学の先生が何年もかかるようなテーマを２，３年でやっつけちゃうもんな」

　これは私が教師になって10年ほど経った頃，ある研究会で同席した大学の先生と休憩時間に小学校の校内授業研究について話をしている際に言われた言葉である。この頃，自校の校内研究を推進する立場にあった私は，この言葉にどう返答したらよいか困り，言葉につまったことを今でも覚えている。確かに，校内研究のテーマは「一人ひとりを生かす○○のあり方」「共に生きる○○をめざす取組」など，とても短期間で成果を出すことが難しいと思われるような立派なテーマが多く見られる反面，実際に研究する内容は，特定の教科の指導法や情報機器の活用方法など，まさに「明日にでも役立つ教育技術・技能」などと言われる研修にとどまっているケースが多く見られるからである。また，大きなテーマを掲げて研究発表会を行った学校に翌年行ってみたら，研究の跡形もなかったというような話を聞くことも少なくないのである。
　このような状況の背景には，日々授業の準備や児童指導・保護者対応などに追われ，校内授業研究について必要感よりも負担に感じている教師の姿勢が見え隠れする。
　しかし，忙しさを理由に専門職としての教師の力量を高める努力を怠るということは，プロ野球の選手がろくに練習もせずに試合で観客によいところを見せようとするようなもので，目の前の子どもたちに確かな学力を培うことなど到底望むことなどできない。
　効率や即効性，短期間での成果を求める「How to」重視の校内授業研究から，子どもや地域の実態に即した息の長い取組にいかに転換していくかということが，子どもにとっても教師にとっても意味のある校内授業研究を成立させる上で，大きな課題になると考えている。

03 「思考力・判断力・表現力」の育成に関わる課題

問題の所在 ③

「はい，今からこの問題についてグループで話し合いをしてもらいます。時間は5分，さあどうぞ！」
「では，グループで話し合ったことを1班から順に発表してください」

　これらはいずれも数年前に参観した総合的な学習の時間の授業における教師の発問である。子どもたちは手際よく机を移動し，4～5人グループを作ると，1人ずつノートに書いた自分の考えを報告していった。それを1人の子どもがグループに配布された画用紙に書いていくのであるが，どのグループも全員の意見を聞き終わる前に制限時間になってしまった。するとその教師は「うーん。まだどのグループも話し合いが続いているようだから，あと3分延ばします」と言って時間を延長し，きっちり3分後の発問が後者である。

　新学習指導要領で「言語活動の充実」や「思考力・判断力・表現力の育成」の方針が示されたこともあり，社会科や生活科に限らず他教科の指導案においても，本時展開案の中に，「～について話し合う」という学習活動が設定されているケースが多く見られるようになってきた。本書で紹介する実践もほとんどが話合い活動を柱にしている。

　確かに子どもたちの「思考力・判断力・表現力」を育成するために，話合い活動は大切な意味をもつと考えるが，実際の授業においては上記のように話し合いとして成立しているかどうか疑わしい事例も少なくない。つまり，見た目は話合い活動をしているようでも，実はそれぞれの子どもがノートに書いてあることを順に発表しているだけであったり，自分の意見を述べた後は他の子どもの話を聞いていなかったりするなど，子ども同士のかかわりや話し合いの深まりが見られない表面的，形式的な活動で終わっている場合もあるため，話し合いの質もチェックする必要があるということである。

「授業研当日の授業がよいか悪いかではなく，当日の授業の中に普段の学級経営や授業の成果がどれだけ見えるかが大切だと思う」

　これは，私が教師になって4年目の6月，横浜市社会科研究会の公開授業研を間近に控えて教室でその準備をしていたとき，先輩教師から教えられた言葉である。さらにその先輩からは，「公開授業研は先生にとって大変貴重な経験の場であることはまちがいないと思うが，子どもたちにとっては，普段の授業と同じ価値をもつ1時間の授業だ」という話もいただいた。そのときの私は，「大勢の先生方の前で失敗するわけにはいかない」という気持ちばかりが先走り，肝心なその授業に至るプロセスや毎日の学級経営のことなどは二の次になっていた。その先輩教師の言葉のおかげで，授業研のための授業ではなく，あくまでも子どもたちのための授業で

なくてはならないということに気付いたのである。

　このときの経験は，その後，私自身が日々の授業に臨むときの姿勢を変える契機になった。毎時間の社会科の授業をテープに録音したり，自分の授業研の際は，できるだけ本時の授業を含む単元全体の記録を残したりするようになったのである。

　さらに，他の教師の授業を見る際の大切な視点にもなった。授業を参観する機会を得たときには，教師と子どものできるだけ詳細な記録をとりながら授業の事実から学ぶ姿勢を大切にするよう努めるようになった。

　ところで，授業の事実から学ぶ姿勢というのは，教師自身の授業力向上を図る上でも大切な視点であると考えるのであるが，学校現場で行われる授業研究は，どちらかというと授業を終えてからの事後研究よりも指導案検討や教材研究などの事前研究に時間を費やすことが多い。もちろん指導案の検討や教材研究の大切さは否定しないが，授業の事実から学ぶという立場を是とすれば，少なくとも事前研究と同等の時間を事後研究にもかけるべきであると考える。

　例えば，教材研究は同学年の教師と共に行うとしても，基本的に指導案の作成はクラスの子どものことを一番よく把握している担任に任せ，その結果行われた授業について共同で検討する時間を確保するということである。特に，第Ⅳ章で横浜市立中尾小学校の校長先生も指摘しているように，経験の浅い教師が授業者の場合，指導案検討を重ねる中で様々な指導・助言をもらっている内に，結局どうすればよいか分からなくなってしまうという事態も生じかねない。むしろ，指導案は授業者自身が主体的に教材や指導法について調べたり考えたりしながら，子どもの実態を踏まえた上で責任を持って作成するということを基本にすべきである。そうすれば，事前研究の性格も，指導案の是非や代案を検討する場から授業者が自分の考えを提案し，授業を見る視点を参会者が共通理解する場に変わるはずである（これについては，第Ⅱ章で紹介する横浜市立南太田小学校の「個人テーマ」から書き始める指導案が参考になる）。

　以上のように，事前研究と事後研究のあり方を見直すことは，「思考力・判断力・表現力」のように容易に成果をとらえることが難しい学力について，学校現場が研究を進める上でも大切な要因になると考えるのである。

「社会科のテストは暗記すれば解ける問題ばかりで，結局最後は暗記するしかない」
「しっかり暗記すればよい点が取れたので，私は社会科が得意だと思っていました」

　これらは，「暗記型ではない社会科の授業を実現するためにはどうすればよいか」というテーマで講義を進める中，評価の問題になった際に，学生が書いたものである。

　確かに，社会科のテストというと，文章中の（　）に言葉を記入したり，（　）に当てはまる言葉を選択肢の中から選んだりする問題が多く，地名，年号，人物名等の重要語句を暗記していれば解答できる場合が多い。また，このようなペーパーテストは単元の最後に実施される場合がほとんどであるため，「関心・意欲・態度」や「思考力・判断力・表現力」など，学習過程における子どもの変容をつぶさにとらえる必要がある学力の評価としては甚だ不十分であ

ると言わざるを得ない。しかし，社会科に限らず，特に高学年では既製のペーパーテストにある「関心・意欲・態度」「思考・判断・表現」の問題に対する正答率を基にそれらを評価している教師が少なからずいることも事実である。

　私は，ここ数年，小学校の教師をめざす学生に対して，小学校時代の社会科の印象や思い出についてアンケート調査を行ってきた。その結果，小学校社会科の印象は，「暗記教科」が7割強でダントツの1位，次いで「見学・調査等の活動」が2割ほど，「話合い活動」は1割にも満たない。思い出に残る授業については，工場見学やまちたんけんなどの「校外学習」が4割強で1位，次いで「特にない。覚えていない」が3割強，「歴史新聞やまちの地図を作ったこと」などの活動が2割程度，「話し合いが中心だったこと」「話し合いばかりしていた」等の答は数えるほどである。つまり，平成元年の学習指導要領改訂以降も小学校社会科の学習において，それまで同様に教師主導型の授業や暗記型の授業が行われている実態がかなり残っていると推測されるのである。

　昭和30年代後半から40年代にかけて小学校で社会科を学んできた私たちの世代は，まさに「社会科＝暗記教科」の思いを強く持っている人が大半であろうが，平成元年の学習指導要領改訂以降に小学校教育を受けてきた学生の多くが相変わらず社会科を暗記教科と思っている現状はただ事ではない。

　「思考力・判断力・表現力」を培う授業の成立をめざすのであれば，指導法とともに評価方法の転換を図ることが急務である。そのためには，例えば，子どもの発言やノートの記述，抽出児の動きなどを基にしながら，子どもの「思考力・判断力・表現力」の評価を視野に入れた校内授業研のあり方を模索していく必要があると考えるのである。

04 問題解決の見通し
～学校現場に元気と活力を取り戻すために～

　ここでは，これまで述べてきたような様々な教育問題と向き合い，校内授業研究を通してそれらの問題の解決を図るべく，日々努力している教師の実践や学校の取組を次章以下で紹介していく際の観点を整理しておくことにする。

➡ 個人研究から共同研究へ
　年々多忙化する学校現場においては，校内授業研究に力を入れることに否定的な考えを持つ教師もいるし，民間の教育団体に所属するなどして個人的な研究に邁進する教師もいる。それ自体は個人の考え方であるから，その良し悪しを言うことはできない。

　しかしながら，我が国の小学校においては，現在も学級担任制が主流である以上，担任教師の力量は，子どもの学力や人格形成に直接，間接に大きな影響を及ぼすことになる。同じ学校に通う同じ学年の子どもに対して，どの学級に所属してもより質の高い教育を受けることがで

きるようにすることを保証するためにも，そして，「思考力・判断力・表現力」など短期間では育ちにくい学力を培うことができるようにするためにも，同じテーマを共同で継続的に追究していく校内授業研の体制を確立していくことが大切である。そして，そのような組織的な取組の中でこそ，個々の教師の力量も向上させることができると考えるのである。

→ 子どもや地域の実態に応じた校内授業研究の取組

校内授業研が子ども不在の一方的な研究や小手先の指導技術の研究に終わらないためには，まず子どもと教材の関わりや子どもの思い・願いなど，子どもの実態をつぶさにとらえ，それらに即した学習計画を立案していくことが大切である。

また，社会科，生活科，総合的な学習の時間の学習においては，地域の人や施設等に関わる事象を教材化する場合も多いので，日頃から地域の人や施設などとの関わりを深め，その実態をとらえておくことも必要となる。

このような実態把握が反映されている指導案に基づく授業は，比較的子ども主体の学習が展開されることが多い。逆に，子どもの実態や教材についての記述に「ほとんどの子どもは～」「～の傾向が見られる」等の抽象的な言葉が多く用いられている指導案の場合は，授業も教師主導型（計画通り）の授業になってしまうことが多いのである。

物を作る仕事では，計画通りの正確さが求められる。しかし，子ども（人間）を教育する仕事においては，もちろん計画を綿密に立てることが大切であるが，それ以上に，実際の授業における子どもの反応とあらかじめ用意した計画とのズレをどう生かしながら展開していくかが重要なポイントになると考えるのである。

→ 授業の事実にもとづく授業研究への転換

授業者の指導案を参会者の経験談や主観的な考え方などに基づいて捏ね回す事前研究会や，授業の印象に基づく個人的な批評を述べ合うという域を出ない事後研究会は，授業研究と呼ぶに値しない。

まず，授業者自身がクラスの子どもたちの実態や教材研究の成果を生かした指導案を作成・提案し，それを基に授業を見る視点を共通理解するための前向きな議論ができるような事前研究会のあり方を追究することが大切である。さらに，実際の授業で見られた子どもの反応を基に教師の発問や資料提示について検討したり，指導案と実際の子どもの反応とのズレに着目した議論を行ったりするなど，授業の事実に基づく事後研究会のあり方を追究することも大切にしたい。

その一例として，横浜市では横浜市教育センターが推進するワークショップ方式の授業研究を取り入れることを推奨している。同センターによれば，これは，「協議の場で参加者が本音で十分語り合えるように」することを目的とした「授業に関する参加型の学び合いの場」ということになる。第Ⅳ章で紹介する4校もワークショップ方式を取り入れ，それぞれ独自の要素を加えながら事前研究会や事後研究会を行っている。

→ 考え合う授業の創造

「思考力・判断力・表現力」の育成を意図して「話合い活動」を行うのであれば，それは，

「発表し合う場」（発表会）ではなく「考え合う場」（討論会）として成立することをめざす必要がある。それは，皆の前で自分の考えを次々に発表するだけでは，子ども同士の関わりや，自己の考えを深めたり広げたりする契機が生まれないからである。自己の考えを再検討したり，新たな根拠を求める活動を生み出したりする契機は，互いに根拠を明らかにしながら討論する中で，互いの意見が対立・拮抗することによって生じると考えるのである。そのためには，相手の考えをしっかりと聞く姿勢や根拠のある発言の仕方などを繰り返し指導していくことが大切である。

　さらに，「話合い活動」は，生活科や総合的な学習の時間の授業にも多く見られるようになってきている。これは，「活動あって学びなし」と言われるような生活科の授業や「学校行事便乗型」のように形式的な総合的な学習の時間の授業に対する批判や反省の表れと見ることもできる。それらの授業も，一見すると子どもたちは生き生きと活動しているように見えるのであるが，いずれも子どもたちは概ね教師の設定したレールに沿って活動しているだけで，立ち止まって考えたり，試行錯誤の中からよりよい方法を発見しようとしたりする主体的な問題解決の場面はほとんど見ることができなかったからである。

　生活科や総合的な学習の時間の授業においても，自分たちの体験や活動をよりよいものに高めるために「考え合う場」の成立を図る必要があると考えるのである。

→ 指導と評価の一体化

　教育評価は，前述の学生の記述からも分かるように，ペーパーテストの点数を基にＡ，Ｂ，Ｃなどの評定をつけることだと考えがちであるが，本来教育評価はそんなに単純で簡単なものではない。たとえそれが１単元の学習で獲得した知識の量や質を明らかにする目的であっても，１回のテストでは十分ではない。まして「思考力・判断力・表現力」等の評価については，学習対象や学習問題に対する子どもの思い，願い，考えなどが変容する過程を，発言内容，学習カードやノートの記述，活動の成果や作品などを通して継続的かつ多面的に評価していくことが求められるからである。それは，換言すれば，「評価は学習の最後にすればよい」という旧態然とした考え方から「評価は日々の授業と表裏一体」という評価観へ転換する必要があるということである。

　個々の教師の力量を高め，子どもたちに思考力・判断力・表現力などを含む確かな学力を培うためには，いかに校内授業研究の充実を図り，学校の組織力を高めるかということが重要なポイントになると考える。そして，その体制が整ったときこそ，学校は元気と活力を取り戻すことができるのではないだろうか。

第Ⅱ章
「思考力・判断力・表現力」の育成をめざした授業の構造

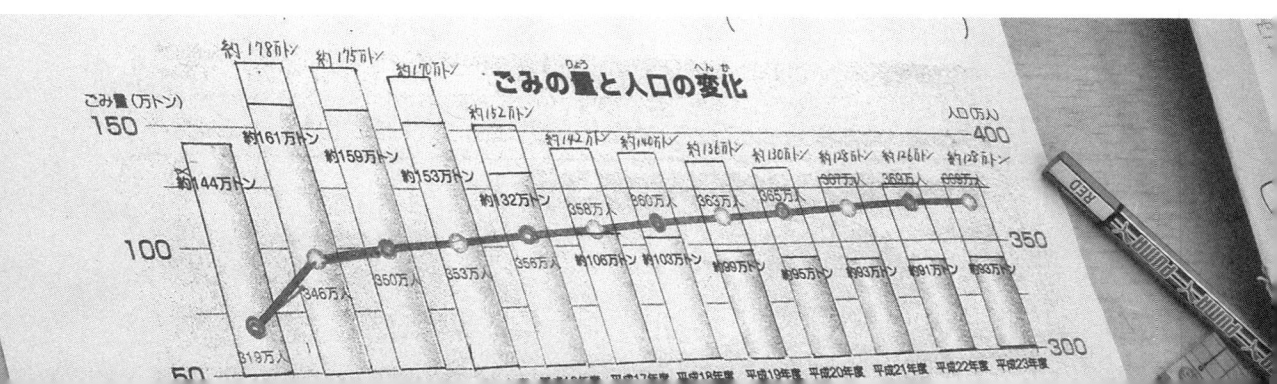

01 授業の事実から学ぶ

1 紹介する2つの授業について

　今回ここで紹介する2つの授業は、いずれも横浜市立南太田小学校の同じ学級で、平成20年6月（5年）と21年9月（6年）に、同校の校内授業研究の一環として行われたものである（担任は5年：堀畑友希教諭、6年：瀬田ゆかり教諭）。当時、堀畑教諭は、同校に初任で赴任して5年目、前年度は4年生の担任であった。つまり、今回紹介する5年生の三分の一程度を前年度も受け持っていたということになる。翌年、その学級を担任した瀬田教諭は、当時同校の研究主任であった。さらに、瀬田教諭は、この学級の子どもたちが1年生のときの担任の1人でもあり、子どもたちの変容については6年間、直接、間接に見守ってきたことになる。

　南太田小学校は、平成11年度、「学習の総合化」が盛んに言われるようになった頃から平成23年度まで13年間にわたり、社会科、生活科を中心に校内授業研究会を継続してきた学校である。今回の授業は、まさにその研究期間の中で生まれたものであり、学級の子どもたちも入学してから卒業するまで、この研究体制のもと、学校生活を送ってきたということになる。私もこの間、たびたび授業を参観させていただく機会があり、この2つの授業も実際に参観している。

　当時の同校の研究について、研究紀要の中で学校長が次のように述べている。「社会変化の急激な変化に伴い、教育界が揺れ動いている時こそ、一つの結果に一喜一憂するのではなく腰を据えた取り組みが必要となるのではないかと思います」「この間『子を育てること』に主眼を置き『事前研究－授業研究－事後研究』をセットとして研究を積み上げてきました」「教育は結果を急ぐよりも、じっくりと構え見守ることが大事かと思います。研究も教育の原点を見つめ、近道をせず一歩一歩着実に歩んでいきたいと思います」（傍点引用者）

　「思考力・判断力・表現力」のように比較的長いスパンで子どもの変容を検討する必要がある学力についての研究は、このような結果をいそがない姿勢が何よりも大切であると考える。

　今回はこの2つの授業の指導案、詳細な授業記録、中学2年時の子どもたちとその保護者に対する聞き取り調査などをもとに、2人の授業者の協力も仰ぎながら、共同研究としての校内授業研究の取組及び子どもたちの「思考力・判断力・表現力」の変容について紹介し、検討していきたい。

2 5年生の実践概要（指導者：堀畑　友希）

【実践を振り返って】

○この学習を通して、子どもたちにつけたかった力（関わり合い、考える力の視点から）
　まず、単元全体で学習指導要領の目標・内容を達成できるようにするため、子どもたちの米に対する知識、考え方、こだわりなどが現在どうあるのか、個々の子どもの実態をとらえ、それをベースに

単元の流れを考えました。ただし，平坦な流れでは，子どもたちの意欲が続かないため，単元の「山場」を設けたいと考えました。子どもたちの考えが逆転されるような事実や「あっ！」と驚く出来事があれば，子どもの気持ちや考えが授業の中で溢れてくるのではないか。そういった流れができるようにするために，毎時間の終わりに「ふりかえり」をノートに書く取組を続け，それらを座席表に表すことで子どもたちの考え方や変化などを汲み取っていこうと考えました。

「ふりかえり」はこの授業の感想，考えたこと，思ったこと，何でも書いていいのですが，次の時間につながる「？」（子どもの疑問や問題意識）が出てくるようにしたいと考えました。教師が「次の時間は○○を考えよう」と投げかけてしまえば簡単ですが，子どもたちが進めていく授業にするためには，次時につながる問題意識が子どもから出てくることが望ましいと考えたからです。子どもたちにとっても「自分たちで授業を進めているんだ！」と実感できれば，集団学習（話し合い）って面白い！　学校って面白い！　と思うことができるのだと考えたのです。

人前で自分の考えがなかなか言えない子，元気な子に圧倒されて自分を出さないでいる子，集団の中で子どもたちは敏感に自分の位置や役割のようなものを感じたり探したりしています。様々な個性をもった子どもたち一人ひとりが，自分なりの方法で話し合いに参加できるようにすることで，皆にとって居心地のいい雰囲気が生まれると考えました。そのため，その頃の私は，社会科の授業のみならず他教科の学習や休み時間なども，個々に話をしたりノートの記述を参考にしたりしながら一人ひとりの良さ，考え，性格，などをとらえ，授業に生かそうと考えていたと思います。

私が初任で南太田小に赴任した時，「社会科は，まず"人"に関心をもつことから。そこから皆が幸せになれる社会を生み出す努力や工夫について考えることが大切」と学びました。そこで，とにかく学習対象に自分（教師自身）が関心を寄せることが，子どもたちが関心をもつことにつながるという思いで学習を始めました。

まず，農業の抱える問題や課題に対し，地域を起こして農業を支えていこうとがんばる農家の方々，その米を販売する横浜の米屋さん等に取材しました。そして，子どもたちが彼らの努力や工夫について，日々集団で生活，学習している自分たちの姿と重ね合わせながら考えることで，「皆で力を合わせることの大切さや素晴らしさ，友達思いのあたたかい人間関係つくり」へ全員の意識がつながっていけばよいという思いを込めてこの単元を構成したのです。

2013年12月　佐藤　友希（旧姓堀畑）

【学習指導案】

第5学年3組　社会科学習指導案

指導者：堀畑　友希

個人テーマ：どのような学習問題が子どもと子どもの関わり合いを深めていくか

クラス替えをして新しくなったメンバーで始まった4月。ウキウキ，ワクワク，やる気満々のエネルギッシュな子どもたちがたくさんいる。一人ひとり輝けるような学級を作っていきたいと考えている。28名の一人ひとりの知恵（思い）を出し合い，よりよい考えを生み出していくことができたなら，より質の高い集団になっていくと思う。そのプロセスの中に**子ども同士のつながり**が深まったり，広がったりしていくチャンスがあり，その積み重ねが相手のことを思いやり，一人ひとりが輝ける学級を作る糧になると考える。

今年度は，今までの実践の中で一番の課題であった学習問題に焦点を当て，子ども同士の関わり合いを深めるためにどのような学習問題が有効であるかということをテーマにして考えていきたい。このテーマに迫るための手立てとして以下の3点を考えた。

①問題解決学習に必要な「話し合いの場」の土台となる学級つくり

②緊張感（矛盾を含む子どもなりのわからなさ）のある学習問題作り
③発問の簡素化→分かりやすくシンプルに。

1　単元名　「庄内平野のＳさんの循環型農業」

2　単元設定の理由

　本単元では、私たちの食生活を支える「農業」の中の代表として、米づくりを取り上げる。日本人の主食であり、米と自分たちは強くつながっていることや自分たちの生活になくてはならないものだということを再認識し、その米をどこで、だれが、どのように、どんな思いで作っているのかを見つめていこうという意識で米づくりの単元に入った。そして、庄内平野のＳさんの循環型農業をじっくり見つめていくことを通して、農業に従事するＳさんたちの工夫や努力、様々な農業問題を乗り越えようとする姿勢、等を子どもたちに伝えたいと考え、Ｓさんを中心とした学習展開を構想した。

　最近、消費者側の食品に対する安全志向と併せて健康志向がより高まってきたように思う。Ｓさんの目指す農業も、自身の養豚業から作られる堆肥を多く取り入れた安全な米作りという考えのもとに続けられてきている。より農薬・化学肥料を使用しない「特別栽培米」作りに取り組んだり、「直播き」という栽培方法を取り入れたりするなど、研究や努力を続けているのである。

　以上のように、毎日何気なく食べている「米」という小さな一粒の裏には、多くの思いをもって農業をしている人たちがいるということ、また、その食料生産が私たちの暮らしを支えているということに気付き、「米」や農業とのかかわり方を見つめ直すきっかけになるようにしたい。さらに、チームとしてがんばるＳさんの姿を通して、学級という集団のつながりをより強くするためのきっかけにしたいと考え、この単元を設定した。

3　単元目標

　庄内平野のＳさんの米づくりを具体的に調べたり、自分たちで米づくりを体験したりすることを通して、そこで働く人々が土地柄や自然環境を生かした米づくりをしていることやより安全でおいしいお米にするための努力や工夫をしていることに気付くようにする。また、後継者や高齢化などの問題を乗り越えながら日々努力を重ねている姿を通して、Ｓさんの思いや願いについて考えるとともに、私たちの食生活がこれらの人々の努力によって支えられていることを理解することができるようにする。

第Ⅱ章 「思考力・判断力・表現力」の育成をめざした授業の構造

4 単元の構想（社会15時間）＋α（総合）

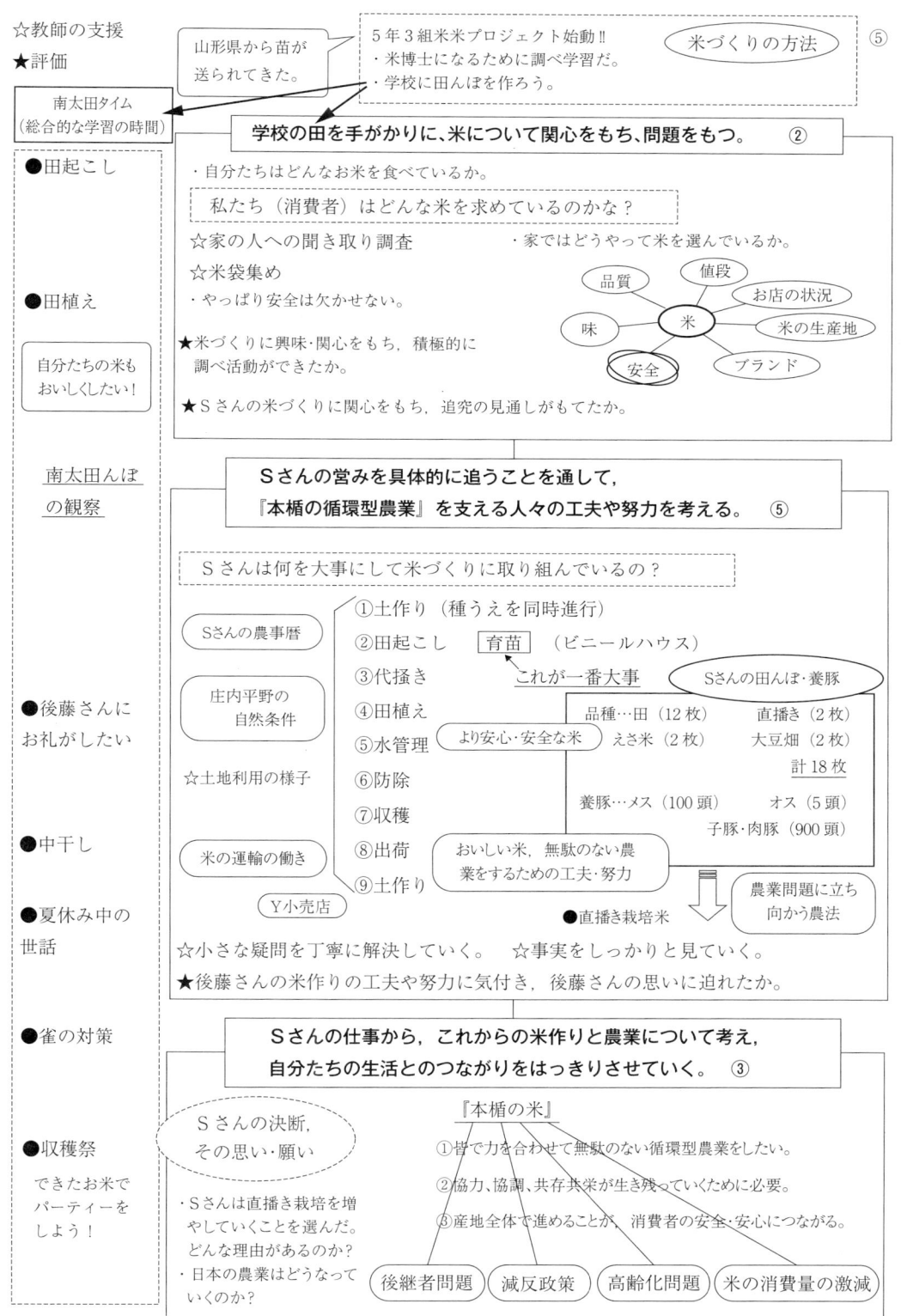

★米作りの問題点に気付き，これからの農業について考えることができたか。
★学んだことを自分たちの生活に生かしていこうとする姿勢がもてたか。

5 実際の学習の流れ

○第1時

何で米作りの学習をするのかな？

・お米は日本の主食で毎日食べるし，大切だから学習する。
・自分たちでやってみて大変だったから，農家の人の大変さを知るために勉強する。

○第2時

家の人は何に一番気をつけて米を選んでいるのか。

・おばあちゃんの家がある生産地で買う。
・うちは値段が一番って言ってた。
・おいしくて農薬が少ない米を買うと言ってた。
・米袋に生産地とか生産者とか書いてある。

○第3時

Sさんの米作りも何か工夫をしているはず。まず，Sさんの住んでいる山形県を知るところから始めよう。

・東側は山が多く，西側は田んぼばかり。
・緑が多く，山が多い→水がきれいそう。
・南西は住宅が多いよ。
・色が違う田んぼがある。

○第4，5時

(土地利用：白地図に色ぬり)

・自然が多い。
・学校も少ない→人口も少なそう。
・横浜より涼しい気候。でも日照時間は長い。
・しかも丁度，日照時間が長いのは米作りの期間。
・庄内平野の気候は米作りによい環境なんだね。

1枚の田んぼの広さ（100m×30m）ってどのくらいの広さなのか確かめてみたい。

・大きすぎてびっくり。
・仕事はすごく疲れそう。

○第6，7時

こんな広い田んぼに田植えをするのにどれくらいの時間がかかるの？　田んぼでとれる米の量はどのくらい？

（Sさんの回答：1枚の田んぼは1時間半。）
・機械だし，自分たちより早くできる。
・朝早いし，夜は遅いし，毎日続けたら疲れる。
・休む時間がなくて大変。

【「関わり合う力」を育てるための支援・手だて】

・総合的な学習の時間とのリンク

・米の生産地，値段，味，お店の状況，安全等の視点で話し合う。

〈資料〉庄内平野の航空写真，白地図
・同縮尺の南太田小の学区地図と共に配布

・色塗り作業により，横浜と全く違う土地利用の様子を理解した。
〈資料〉庄内平野と横浜の気温，降水量，日照時間のグラフ
〈資料〉Sさんの田んぼ（計18枚）
☆蒔田公園で確認

〈資料〉トラクターで田植えをしているビデオ
〈資料〉Sさんの仕事：スケジュール表

> いろいろな仕事の中でも，育苗が一番大変な作業！　でも，農家の腕の見せ所であって，一番おもしろい仕事だよ。

〈資料〉Sさんの話

○第8時

  Sさんの苗作り（育苗）の大変なところは何だろう。

・腕と腰が痛い仕事。
・最初が大切。
・鳥や虫からちゃんと管理しないといけない。
・腕の見せ所でおもしろい→やりがいがあるっていうこと

〈資料〉「苗半作」
〈資料〉米作り作業の様子の写真
・作業の様子を動作化

○第9時

  振り返りを出し合うところから始めよう。

・1本1本愛情を込めて作っている。
・苗作りはやっぱり大変。
・失敗しないための工夫が何かあるんじゃないか。
☆普通栽培と直播き栽培を比べる（直播きの農法を知る）。
・実際の米
・田植え時間
・田植え後の写真
・収量の違い（収量が落ちる）
・少ない人数で作業可能
・育苗の際の農薬不要→より安心・安全な米
・土の力を高める→Sさんの養豚とつながる

〈資料〉直播きと水稲の違い（グラフ）
〈資料〉今年から「直播き」に挑戦
〈資料〉稲作の作業別労働時間の変化

○第10時（本時）

  Sさんはなえづくりが腕の見せ所で一番おもしろいと言っていたのに，何で直播きにしたの？　直播きを始めた理由は？

6　本時座席表指導案

◎**本時目標**
「直播きをやり始めた」というSさんの決断の理由を，自分なりの根拠をもとに話し合うことを通して，農家が直面している問題（消費量の減少，就業者数の減少，高齢化，後継者など）に気付く。

◎**学習の総合**
Sさんの米を思い起こしSさんの直播えて農業をし

C	C② Sさんは「腕の見せ所で一番面白い」と言っているのに，なぜ直播きにしたのかな。不思議。でも，A児さんと一緒で，「時間が減って3倍の田んぼが作れる」だと思う。	C⑧ 直播きを始めた理由は多分苗作りにかかるお金も省けるし，手間がかからない。だから直播きに変えた。
C		

Sさんは苗作りが「腕の見言っていたのに，なんで直播直播きを始めた理由は何だろ

お金も，時間も減る。手間もんも楽になるから始めたんだ間もできる。

え〜！　直播

G児 絶対直播きの方がお得だと思う。水道代，肥料代が安く収まるし，強い稲ができるし，1枚分の時間が減るから。	B児 Sさんは直播きにしてほしくない。水稲は疲れると思うけど，直播きはあまり安心できない。なぜかというと，ほとんど機械しか使っていないから。前，パンに鉄が入っていたから，米が信用できない（B児の根拠をもう少し掘り起こしたい。本時でも発言を期待）。	A児 Sさんの新事実，直播きをやっていた。直播きの方が簡単だし，時間もかからないからSさんは直播きを選んだのかな。（Sさんの思いや農家の現状を知ったときどう変わるか。）
C	C①	

・Sさんはそんなタイプじゃな
・米が枯れちゃって大変。
・機械作業が多くて安心できな

苗作りの

でも…

米を食べる人は減っているはずだから
☆米の消費量の変化

養豚の時間を増やしたんじゃないかな。一人じゃ大変だから。

C Sさんは水稲で育てていたのに，水稲でやってほしい。直播きをやり始めた理由は，ほとんどの人がやっているから。	C Sさんは時間を短時にして，豚の時間に使ったり休んだりできる。	
		C
		H児

時間が減って3倍の田んぼが作れるから。
☆Sさんの作付面積の変化

C⑪	C⑫ Sさんが米作りに力を入れていると思っていた。それで，力を入れてやるというのは，時間をかけてやることだと思っていた。でもSさんは，水稲の方が時間がかかるけど収穫量は多いのに，直播きにすると言っていた。直播きは時間が少ないけど，収穫量は270kgも違う。私の意見はどっちもどっち。	D児

・今年は直播きにしたのに，田
・試しの年だからじゃないか。
・何で田んぼを任されるの？
・土地があっても米作りができ
・お年よりが増えて，働く人がいたことがある。

Sさんが田んぼを任されるって，どういうことなのかな？

※A児〜G児は本書における抽出児，C①〜C⑭は本時授業記録における発言児童，Cはそれ以外の児童。

第Ⅱ章 「思考力・判断力・表現力」の育成をめざした授業の構造

化の視点（学び合い，問題解決）
作りをきっかけにして，自分たちが学校で作っている稲の栽培にそのポイントを取り入れたり，経験たりして，Ｓさんの仕事の大変さを想像することができるようにしたい。また，農業に情熱を燃やすきへの決断について様々な角度からその理由を考えていくことで，「Ｓさんは自分一人のことだけを考ているわけではない」ということを知る布石になるような授業にしたい。

	Ｅ児	Ｃ③	Ｃ⑨
「せ所」で「面白い」ときにしたの？ Ｓさんがう？	田んぼ１枚の米を作るのに時間が減ってびっくり。消費量が減っているから作る量も減らすんじゃないのかな。（５年になってつぶやきが多くなった。消費量の減少に目を向けているので，農業問題につなげるきっかけとしたい。）	新しい直播きだと米が枯れてしまって、Ｓさんはまちがえたらやばいと思った。え～，だめでしょ，やったら。（学習の初めに「がんばって仕事をしている人は安心」と書いていたＳさんの決断に納得するか見守りたい。）	腕の見せ所と言っていたＳさんが何で直播きに変えたんだろう？ 多分Ｅ児さんが言っていた通りなのかな。（友達の意見を聞いて自分なりの納得の仕方をしていくことを期待）
省ける。Ｓさよ。養豚の時			
きにしないでほしい。			Ｃ
く，もっとがんばる人。			Ｓさんは今年直播きをやらない方がいい。そんなタイプじゃないから。（この学習では発言が少ないが，「Ｓさんはそんなタイプじゃない」と表現した根拠をＣ③やＢ児などと共に主張してほしい。）
い。信用できなくなる。			
農薬を減らせるらしい			
・より安全な米を目指しているから直播きにしたんだよ！・食生活がパンに変わってきた。・自分たちも給食でご飯残すし…・だからＳさんも収量の少ない直播きにしたんじゃないか。	Ｃ⑦	Ｃ⑬	
	Ｃ	Ｆ児	
	Ｃ④	Ｃ⑥	Ｃ
	Ｃ⑤	Ｇ児さんが言っていた「１時間30分で３枚できる。だから増やすんだ」という意見にはなるほどと思った。だけど，私が直播きグーと思うのは，もう一つ理由があって資料集 p.23 の「もっと詳しく」を見ると，病気に強い稲を目指していると書いてあるから，その研究で直播きが生まれたんじゃないかと思う。	
やっぱり田んぼの仕事ができる面積が増えてるよ！			
んぼは増やしていない。		Ｃ⑩	Ｃ
ないから…少なくなってきたって聞	病気に強い稲を目指しているからだよ。☆品種改良		私は直播きの方がいい。なぜなら直播きなら水稲を１枚やる間に３枚田植えできるからです。（友達の考えを聞いて一生懸命考えているので，本時でもよく考えて，Ｓさんの決断の視点を広げてほしい。）

これで直播きが安全だって言えるの？ それに，Ｓさんは安全でおいしい米をみんなにたくさん食べてほしいから作っているんじゃなかったのかな？ もう少し直播きのことを調べてみないと分からないよ。

（ ）は授業者の思い・願い。

【本時の授業記録】　2008 年 6 月 27 日（金）

※児童名は抽出児（Ａ児～Ｈ児）とその他の児童（Ｃ①～Ｃ⑭）とを便宜的に区別して記号化してある。
※5 年と 6 年の児童名を表す記号は一致している。（同一の記号は同一の児童を表す）

教師の動き	子どもの動き
T1　はい，どうぞ。	1　Ｃ①　Ｓさんは，苗作りが腕の見せ所で，一番面白いと言っていたのに，なんで直播きを始めたの？　Ｓさんが直播きをやりはじめた理由はなんだろう？
T2　よし！　じゃあ，さっきＡ児が言っていたけどノートに書いてあることをもとにしながら今日の話し合いを進めていこう。	2　Ａ児　はい，言っていい？　振り返り。 3　Ｅ児　振り返り言うの？ 4　Ｃ②　振り返りじゃなくて，今日の問題…
T3　この問題についてね。Ａ児。	5　Ａ児　あのう，振り返りからもちょっと出してるんだけど，Ｓさんは何で直播きを始めたのかは，Ｓさんはこれは時間がかからないってあそこに書いてある通りに，1 時間も減るって事は，これを 12 枚やるってことでしょ。12 枚ってことでしょ。そうしたら 12 時間分短くなるわけじゃん？　だから，短くなるとあの，Ｓさんがいつも夜遅く寝るじゃん？　寝るから，もしかしたらその寝る時間がもうちょっと増えて，朝元気に起きられるとか，そういう風にＳさんが健康に何か過ごせるといいなと思って，私は直播きの方がいいと思う。なんか寝不足になっちゃいそう。5 時とかに起きて 11 時に寝るって…。
T4　うん，あれだっけ？「Ｓさんの 1 日」。みんなはノートに貼ってある？　Ａ児の考えをまとめると？	6　Ａ児　直播きの方がいい。 7　Ｅ児　早いから健康にもいい。 8　Ａ児　Ｓさんが休める。 9　Ｅ児　あ，っていうかさ，なんて言うの…
T5　Ｓさんは休みたいの？ T6　あ，Ａ児が休ませてあげたいの。	10　Ａ児　「休ませてあげたい」の。 11　Ｅ児　だって普通の水稲でやってたら，観察するって言ってて，それでかなり時間がかかりそうだけど，直播きは種からやるから，籾からやるから，最初のうちは観察しやすいから，ちょっとは早く…。30 分したらまあ…。
T7　観察しなくて済むっていうか…，育苗をしないんだよね。全部やらないんだよね？　これ。育苗・苗作りをやらないから（時間が）ゼロになる。	12　Ｃ③　ぼくは休んじゃだめだと思う。何でかというと，Ｓさんが休んじゃうと，美味しい米とかもまずくなっちゃうから，仕事をしている人は，なんて言ったらいいんだろ，信頼できるけど，仕事とかがんばっていない人は信用できないから，Ｓさんは直播きじゃ駄目だと思う。 13　Ａ児　私が言いたかったのは，そういう事じゃないんだよ。（Ｅ児　え？）だから，その分減らせば，農業にかける時間もあるし，少しだけでも休む時間が増えるじゃん。少しだけ。（Ｅ児　あ，そうか。）その分さ，多分，もしかしたら 1 時間休憩してもあと 1 時間残っている訳でしょ？　それ全部直播きにしたら。そうしたらさ，11 時間の間にもっと直播きに力を入れられるじゃん。（Ｅ児　あ，なるほど。） （Ｂ児　はい！）（Ｃ②　はい。）
T8　Ｃ③は今，Ａ児に言ったんじゃないんでしょ？　Ｓさんが直播きをやり始めたことに対して言っているんでしょ？　がんばっ	

第Ⅱ章 「思考力・判断力・表現力」の育成をめざした授業の構造

ていなくて，信用できなくなっちゃう。 はい，B児。	（C③→うなずく。） （A児　うわ～，悲しい。） 14　B児　えっと，Sさんが休んで，直播きにしちゃったら，水稲よりも味が変わってしまうから，地元の人たちがもしかしたらSさんのも買っているかも知れないから，それをよく買っている人が味が変わって「何か変だな」と思っちゃうかも知れないし，Sさんは，休めない訳じゃないから，自分もえっと，少しは多く休んでほしいけど，地元の人も同じ味を，まあ，味を変わらないでほしいと思っていると思う。 15　A児　でも，Sさん何歳だっけ？ 16　B児　54。
T9　う～ん。あ，Sさん。	17　A児　54ってことはもう，おじいちゃんじゃん。（C　おじいちゃん？！） 18　C①　まだおじいちゃんじゃないよ！ 19　F児　おじさんだろ？
T10　F児。	20　A児　中年男性？（Cr　笑い） 21　F児　Sさんは，別に頑張っていない訳じゃないと思う。理由は，直播きにしたから頑張っていないなんて言っていなかったし，予想だけど。そんなことはないと思うし，味が変わるかもって言っていたけど，味が変わっちゃってまずくなったら，直播きなんてしないと思う。 22　A児　あ，確かに！　味が変わって「直播きなんてやめたー！」っとか言って…
T11　C②。	（C②　似てるー！） 23　C②　私もF児さんと似てて，直播きをやり始めたからって頑張ってないとは限らないし，美味しくなくなるとも限らないから，Sさんは何をやっても一生懸命だと思う。
T12　あ～。Sさんは何をやっても一生懸命？　C④。	24　C④　さっきA児が休んで欲しいって，言っていたけど，休んだら逆に，Sさんなまっちゃってぎっくり腰とかになっちゃうかもしれないし，あの，愛情がいっぱいあるの食べたいから，実力だけでさ，やるのって…。ほら，米，頑張って…。Sさんもちゃんと頑張って，いっぱい頑張って育てた，愛情たっぷりのご飯が食べたい。 25　A児　Sさん体大変だね。 26　E児　そうだね。 27　C①　いつもやっているから大変ってことだよね！ 28　C③　なんか，前にSさんと給食を食べたときに，54歳でまだ，あれ何だっけ，やってたから。まだあの，仕事を元気にやっているって言ったら，ずっと60歳になっても，ずっと頑張るって。
T13　（頑張るって）言ってた？	（C③　うん。） 29　E児　60まで頑張るってことだよね？
T14　ふ～ん，Sさん60歳まで頑張るよ，って。	30　A児　え，じゃあ60歳になったら辞めちゃうってこと？ 31　C③　辞めないけど，60歳ぐらいになってもまだやってるから。
T15　元気だった？！	32　E児　元気だもん！　若いから。 　　うん。 33　A児　なんかね，あの，元気のうちにいっぱいやっておくとその後も元気になっていくんだけど，元気の時に辞めるとどんどんへこたれていくんだって。ふにゅ～って。 34　E児　美味しくなくなっちゃうよ，それじゃ…。 35　A児　だからもう，面倒くさいってなっちゃうんだって。
T16　C⑤。	36　C⑤　Sさんは相当頑張っていると思う。だって，あの，田んぼの無駄な仕事もやっているし，それに，夜になったら飲み会とか行って何時間も何時間も何かやっているんだろうし，だから，すごく元気！ （C　パワフル！）そう，パワフル!! 37　C①　酒で生きてきているんじゃない？！

	38　C⑤　酒でできているんだよ，体が！！
	39　E児　それはないと思うけど。(Cr　笑い　＊つぶやきが多い。)
	【間】
T17　そうだね，ちょっと問題に戻していこう。もっといっぱい書いてある人いたじゃん？	40　E児　話が逸れたよ？
T18　E児。	（C②　はい，戻す！）
T19　みんな24ページあけた？　起きてますか〜？　皆さん，反応が薄いですよ。	41　E児　直播きをやり始めた理由！
	42　E児　えっと，私は，資料集の24ページにある「米の生産量・消費量と古米の変化」っていう資料を持ってきたんですけど…，
	えっと，その資料集のグラフを見ると，消費量は私たちが食べているお米の量のことなんですけど，生産量が上回るってことは，お米が余っちゃうってことになるので，ここの時点でもう生産量が消費量を上回っているから，お米を食べている人が減っているんじゃないかなって。なので，Sさんはあまりお米を減らしたい…，えっと，余る量を頑張った分減らしたくないので，直播きはお米の量が減るので，だから直播きをやり始めたんじゃないかなと思います。（A児　でも…，はい，はい。）
T20　C⑥。	
T21　ちょっと待ってね。みんなが資料集の23ページを開けたらね。	43　C⑥　えっと，まずは，資料集の23ページを見てほしいんだけど，…
	23ページの「もっと詳しく」ってところを見ると，お米の冷害やイモチ病のことが載っていて，Sさんはお米が病気にかかっちゃうのが嫌だから，直播きは力強くて病気に強い稲が育つから，直播きにしたんだと思う。
	（E児　う〜ん，なるほど。）（A児　はい！　きっと。このグラフを見てわかった。）
T22　今の付け加えで，G児，ある？自分の思い。	44　G児　私も，A児さんと同じで，強い稲ができるから，っていうのと，それと水道代と肥料代が安くなって，1枚分の時間が減って，いいことが3つもあるから（直播きにしたんだと思う）。
T23　休めるっていうのとつながって，時間が減る。っていうのと，お水が節約できる？　どこを元にして言ったのかを，もう少し詳しく説明ができると，みんなも分かり易いと思うよ。	
T24　これだよね，この大きいやつ。折角だから前に出て来て…，ここにこうやって書いてあるよって。みんなはプリントを見ながらね。	45　G児　えっと，「直播きと水稲栽培の違い」っていう先生がくれたプリントを…
	えっと，この「いいところ」の，一番下の「いいところ」っていうところに，水の節約になるっていうのと，苗作りの際に使用する農薬を使わないで済むっていうのがあって，その水と農薬の分のお金が減る…，減るから直播きの方がいいんじゃないかなって思います。
	（C②　同じです。）
	46　E児　あ，エコになるもん。
T25　あ，エコになる？　ここら辺が？	うん。今さ，地球環境でさ，水…，アフリカとかさ水がないって時さ，大変じゃん？　水いっぱい使ったらエコにならないし，でもあんまり使わないっていうんだったらエコになるじゃん。
T26　A児。	47　A児　はい！　だからさっきE児が言ってた，お米を食べる人が少なくなるって言ってたじゃん？　でも，その上じゃなくて，私は下に注目したんだけど，うんと，何か，そのお米とかパンをいっぱい食べた年にそういう風に余ってたんだけど，別にその次の年に…
T27　ちょっと，え？　ここ？	違う違う，上，上，上。その，そこの下にへこってなっているってことはさ，お米が足りないってことでしょ？（黒板の前に出てきて

第Ⅱ章　「思考力・判断力・表現力」の育成をめざした授業の構造

　　　　　　　　　　　　　　　　　説明を続ける。）
　　　　　　　　　　　　　　　ここと，ここと，ここが，へこってなってて，へこだから，もしか
　　　　　　　　　　　　　　　したらこの大きな山の後にへこってへこんでるから，もしかしたら
　　　　　　　　　　　　　　　その年，前の年にはパンとかをいっぱい食べて，その次の年には，
　　　　　　　　　　　　　　　だんだんお米をいっぱい食べるような人が増えてきたんじゃないか
　　　　　　　　　　　　　　　な～，と。だから，その後に，またもっといっぱい作って余っちゃ
　　　　　　　　　　　　　　　ったり，お米欲し～いっていって，いっぱいが～っと上に上がって
　　　　　　　　　　　　　　　しまって…。だからその，お米が下に足りなくなった時にはお米が
　　　　　　　　　　　　　　　なくって，それで農家の人たちが「いっぱい作った方がいいのかな
　　　　　　　　　　　　　　　～。」と思って作ると，みんな食べてくれないから余っちゃうんじゃ
　　　　　　　　　　　　　　　ないかなと思う。
　　　　　　　　　　　　　　　（E児　あ～，なるほど。それもある。）（C②　はい！）
　　　　　　　　　　　　　48　F児　余っちゃうっていう感じじゃなくてさ…
T28　それについて？　F児もそれ
　　　について？　　　　　　　　　いや～，うん。ていうかちょっと不思議なんだけど。生産量…，消
　　　　　　　　　　　　　　　費量が…，生産量が消費量を上回ると，余っちゃう米が出ちゃうけど，
　　　　　　　　　　　　　　　生産量が…，じゃない，消費量が生産量を上回ると，米不足が出ち
　　　　　　　　　　　　　　　ゃう。（E児　何か，古い米って書いてあるよ？）それか，古い米を
　　　　　　　　　　　　　　　食べるとか？　そうなっちゃう。
　　　　　　　　　　　　　49　E児　あれ？　しかも，その年さ，少ないよ？
T29　どの年？　　　　　　　　　　だから，上回っているときに…。
T30　ここの時に，えっと，作って
　　　いる量が上がっているときに，
　　　古いお米は無い。無いよね。そ
　　　れで？
　　　　　　　　　　　　　　　（C　無い！）あ，その前の生産量がへこんでいる時に食べちゃったのか
　　　　　　　　　　　　　　　な？
　　　　　　　　　　　　　50　C②　その時は食べていなかった。（E児　え，でも～…）
　　　　　　　　　　　　　51　A児　へこんでるって，へこんだ分だけその人たちは食べられないって
　　　　　　　　　　　　　　　ことでしょ？　そうじゃないの？　え，違うの？
　　　　　　　　　　　　　52　C②　違う，へこんだ分…，赤い線が…，違う違う違う。消費量が，生
　　　　　　　　　　　　　　　産量を下回った時に，古米を沢山食べる。古いお米を沢山食べる。
T31　食べる。うん，そういうこと
　　　だよね。　　　　　　　　　53　E児　そういうことでしょ。
　　　（17'40"）　　　　　　　　54　A児　古米って美味しくないんだよ？
T32　美味しくないの？　　　　　　　うん。
T33　食べたことある？　堅いの？　　ある。堅い。
　　　　　　　　　　　　　55　E児　だから，美味しくするために何か工夫しているんじゃないの？
　　　　　　　　　　　　　56　A児　混ぜるんだよ，混ぜる…
　　　　　　　　　　　　　57　E児　ブレンド米。
　　　　　　　　　　　　　58　B児　えっと，僕が思うには，米が足りない理由は，農家の人たちがそ
　　　　　　　　　　　　　　　のグラフを何か知って，みんなが食べていないんだったら米をあまり，
　　　　　　　　　　　　　　　あ，すごい多く作っても意味がないから，ちょっとだけ減らすみた
　　　　　　　　　　　　　　　いな感じにみんなが思って，それで，みんなが減らしたから，食べ
　　　　　　　　　　　　　　　ている量はそんなに，ちょっとずつだけど減っているのに，みんな
　　　　　　　　　　　　　　　がそう思ってどんどん減らしたから，生産量が消費量を下回った。
　　　　　　　　　　　　　59　A児　はい。先生，ちょっといい物見つけた。（E児　いい物？）あの，
　　　　　　　　　　　　　　　ここの24ページの，「米作りの問題と新しい取り組み」の下のとこ
　　　　　　　　　　　　　　　ろに書いてある，日本では，1960年代の後半から，米の生産量が消
　　　　　　　　　　　　　　　費量を大きく上回るようになりましたって書いてあるから，そんで
　　　　　　　　　　　　　　　このところにその後，この国が稲の作付け面積を制限して，生産量
　　　　　　　　　　　　　　　を調節するって書いてあったから，きっと，余らないように，あの～，
　　　　　　　　　　　　　　　なんだっけ，きっとあの，売っているんじゃないかな。余らないよ
　　　　　　　　　　　　　　　うに，こうやってこうして作ればみんながちょうど食べられるくら
　　　　　　　　　　　　　　　いの量になりますよって。
　　　　　　　　　　　　　　　（E児　ちょうどいいときって…ええっと，そこ？）
　　　　　　　　　　　　　60　C②　あ，だからSさんも生産量の低い直播きにしたんじゃないのかな？
　　　　　　　　　　　　　　　（A児　あぁ～，わかるそれ。）（E児　ここがぴったしだよ，ここ。）
T34　そうだね，このクロスしてい

029

	るところが？		（A児　ここはちょうどいいね！）（E児　ちょうどいい。）
T35	84年もクロスしてる？　うん？　ここ？ 82年か。	61	F児　っていうかさ，その前の94年じゃなくて84年もクロスしてるよ？
			（F児　あ，そこ2年か。）
T36	2006年は？　あぁ～，ここも重なっているね。	62	C②　先生2006年は？
			（A児　ちょうどぴったし！）
T37	今はどうなんだろうねぇ？　今，みんなはどう？　食べる量減っている？	63	E児　本当だ！　今はどうなんだろう？
			（C　今～??）（C　減ってんじゃない？）
		64	E児　減っていると思う。
			（B児　今までの流れから言うと…）
		65	F児　その傾向だと減っているんじゃないの？　だって増えてないもん。
		66	E児　だって増えてないよ？　ちょっとしか増えてないじゃん。
			（B児　ちょっとも増えてない。）（F児　ちょっとも増えてないしな。）
T38	消費量がっていうことね，みんなが増えていないと言っているのは。		（E児　そう。）（C　今日の給食だって…）
			（F児　生産量は高くなって…）
T39	今日の給食のこととか？	67	C②　うん。美味しくない…
T40	美味しかったのに，ご飯が…	68	A児　美味しかったよ?!
		69	C②　大量に残っている。（E児　あぁ～，かわいそう。）（B児　多いんだよ。）
T41	じゃあ，なに，Sさんは，米が食べられる量が減っているから，直播きにしたってこと？		（C　ってか，酷くない？）（E児　アフリカの話が…）Sさんが可哀そう。
		70	E児　そういうこと！　節約，節約！　ってことで。
		71	C②　味とか？
T42	味とかも関係してるか？　まずかったらやらないよって言ってたけど，じゃあ，直播きは美味しいってこと？	72	E児　あ，味気になるな～。
		73	A児　じゃない？　美味しくなかったら売れないし～。
		74	C⑤　いや，両方美味しいんでしょ？　それに水，水の節約にもなると思うから，だから，直播きにしたんじゃないかな。
T43	あぁ～，こういういいところもあるし。		（C⑤　そうそうそう。）
		75	A児　美味しいのかな？
T44	それはさ，あとで確かめてみる？　ここにあるから。じゃあ味は確かめればいいよね。しかも，味は人それぞれだから，ちょっと比べる対象としては難しいよね。		（C⑤　だってさ，みんながそんなに残すならさ…）
		76	A児　でも美味しくなかったらさ，二度と買ってくれないよ?!（E児　二度と～。）自分が食べて「まず～い！」って思ったらもうとっかえようかなっていうのはいけないと思うよ？　そんなこと考えてないよ。
			（A児とE児のつぶやきが続くが，聞き取れない。）
T45	Sさんがやり始めた理由がだんだん解決してきた？	77	E児　う～ん，わかってきたのかな？　あ，うん，うん。わかってきたよ。
		78	F児　消費量が減っているから，収穫量も時間も少ない，直播きの方が，お米が無駄に残らなくていいんじゃない？
T46	無駄にしたくない？	79	A児　だって無駄だったらもったいないじゃん。
			だって無駄にした分，食べられない人がいるわけでしょ？
T47	そっか。	80	C②　えっと，余らせたくないとか，無駄にしたくないとか，みんなに美味しく食べてもらいたいって意志があると思うし，だから，えっと，さっき，C③とかが休んだら駄目って言ってたけど，それでも一生

第Ⅱ章 「思考力・判断力・表現力」の育成をめざした授業の構造

T48	C③，何か言う？	
		懸命やっていると思う。 （A児　でも休まないと…）
		81　C③　あれ，ちょっと意見が変わったんだけど，この米を見たら，ちょっとこっちの…こっちの方が，直播きの方が実際に米が小っちゃくなっているから，だから…。 （C　いや，大きい。　C　え，直播きの方が大きいよ。）
T49	ちっちゃい？！	
T50	どうだった？	
T51	C⑦はそうだった？	82　C⑦　直播きの方が大きい！！ 　　　　うん。 83　A児　色が違う！（C　色は一緒だけど…） 84　C③　形が違う！ 85　C⑤　大きさでしょ？ 86　C②　直播きの方が大きい。 87　C⑤　大きさはびみょ〜に…。 88　F児　形はさ，なんていうの，お米によってさ〜，違うんじゃない？
T52	形が違うね。	
T53	大きさは…	
T54	うん，そう思う。じゃあ，どっちが大きいか聞いてみる？じゃあ，直播きの方が米粒が大きかった気がするって人？　じゃあ，直播きのがちっちゃかったんじゃないのっていう人？あ，いるいるやっぱり。それぞれ比べるのが違うからね。でも，大きい粒だなって思った人の方が多そうだったね。	（C　ちょっと待って，ちょっと待って！） （手を挙げる。） （手を挙げる。）
		89　C③　じゃあえっと，そうするとさ，ちょっとさ，すいとんだと…。 　　　　C　（笑い）
T55	水稲ね。	90　C③　水稲だとちょっとあの，こう見たら，ちょっと美味しいんだけど，ちょっとあの，直播きの方がまだ実際に食べてないからわからないけど，見た目で見たら，Ｓさんがうめて育てたら，もっと水稲よりも，もっと美味しくなるかもしれない。
T56	あぁ〜，Ｓさんがやればね。	
		91　A児　はい！　これちょっと結果。あ，そういえば，まとめると。水稲のことじゃない。直播きでまとめたい。直播きは，お米も余らないし，きっとね。少なくなったからお米も余らないし，早くできるし，うんと〜，あともう一個なんだっけ？　そういう風に水管理とか温度調整とか，健康観察とかしなくてもいいし，…。 う〜んと，お米粒も大きいし，いろんなことでパーフェクトなところがいっぱいあって，直播きの方がいいんじゃない？（C　同じで〜す。）
T57	ここ見て言っているのね，今ね。	
		92　E児　同じです。だって，えっと，水稲でも愛情のあるお米を作れるけど，お母さんが言うには，同じ料理を作ったとしても，作る人によって味が違うから，多分直播きもＳさんが作る米と他の人が作る米は違うと思うから，直播きでもいいんじゃないかなって。 93　C②　直播きの方がいいところがたくさんあって…。 94　E児　先生，何これ？
T58	じゃあ，直播きの方がいいよね。これ〜，Ｓさんがさ，作っている田んぼの作付け面積って，難しいけどわかる？　ちょっと配るね。 （資料配付） (26'50")	
		（C　わからない。）
T59	Ｓさんが持っている田んぼで，どのくらいの量でどんな種類を作っているのか聞いたわけ。じゃあ，Ｓさんそんなに直播きの	

031

方がいいなら，みんなよりいろいろ勉強しているんだから全部直播きにしちゃえばいいじゃん。

T60　その年，その年で変わる。F児。

T61　あぁ～。え，そう考えたのは，このグラフから？　そこ，もう少し詳しく。何で悪いところもあったりするのかな。

T62　一気に全部やってないもんね。
T63　それからね，みんな。Sさんに少し聞いてみたら，これ，来年の平成21年（予定）ってあるでしょ？　来年は，これ飛び出てるじゃない18年よりも。200飛び出てる分，下に何て書いてある？
って書いてあるでしょ？　それで，Sさんは，自分ちの田んぼはもうこれでいっぱいなんだけど，もし，作れるんだったら，これくらい作れちゃうから，もっとお米を作りたいって言っていたよ。

T64　わからなくなってきた～。

T65　ちょっと分からなくなってきたから，ノートに書く？

T66　海外進出?!　Sさんが?!

T67　じゃあ，ちょっとノートに今の自分の気持ちを…，ぐちゃぐちゃした気持ちを，書ける？　何がぐちゃぐちゃなのか，書く…。
(32'17")

（ノート記述の間，机間巡視で個別指導）

95　C②　え，でも21年の予定は，水稲…。
96　C③　何で，さっき言った，先生が「全部直播きにしちゃえばいいじゃん。」って言ったけど，全部直播きにしちゃうと，そのほとんどの人が，Sさんのところだけ直播きにしちゃうと，ちょっと何か変な感じで，しちゃうから，ちょっと水稲もSさんは入れたいって言って，米，あの～，水稲の量をおっきくして，で，その次に直播きをいっぱいにしたり…，その年に変わるんじゃないのかな。
（C　そう，そう，そう。）
97　F児　水稲の米は，まあ，いいところも悪いところもあるし，直播きの米も，今んところいいところしか出てないけど，悪い所もあったりするのかな？

98　F児　何か，ちょっとずつ増やしているから。
前まで水稲をやっていたってことは，水稲のいいところもあるのかなって。

（C　200！）（C　あ，本当だ！）
99　C　「あとこれだけ田んぼを作ることが可能になる。」

（C　うわお～！）
100　E児　そうしたら，直播きが好きになったんだね。え？　そうじゃないか？
101　F児　でもそれで，びみょ～に，95アール？
102　E児　あ，儲かりたいんだね？　そう？　違うか？（C　え？　じゃあさ…）無駄にしたくないのか？
103　C②　そういう気持ちもあるけど，みんなに食べてもらいたい。
104　B児　え，けどさ～，逆にそうすると生産量がさ～，すごい上回る。
105　E児　う～ん，何か，なにがなんだかわからなくなっちゃった～。何か少なくなっていたのに，何か多くなっているような…。あぁ～，なにがなんだか…。
106　C⑧　えっと，全国にさ，このさ，Sさんとかが作った米が…（聞き取れない）
107　E児　あぁ～，外国にも？　あのさ，外国でさ，お寿司の…。だって，お寿司のブームになって，日本食ブームとか言ってたからさ，だから日本のお米も食べてみたいと思っていると思うよ，たぶん。
（笑い）
108　A児　Sさんの庄内米，海外進出!!

（C　ぐちゃぐちゃ!!）（C　先生…。頭がパニック！）（C　よくわからない…。）
109　A児　書くことな～い。
110　C②　え～，いっぱいあるじゃん。ありすぎて書けない！
111　A児　うんと，あるにはあるんだけど，何かよくわからない。

⟨37'03"⟩

T68 偉いな，みんなよく考えていて。さあ，じゃあ，そのぐちゃぐちゃから次の問題が生まれそうかな？　問題だらけだよね，今。

112　A児　生まれた！
113　E児　なぜ？　なぜ？　なぜ？？
114　A児　はい，問題，問題！

T69 ちょっと待って，まだ書いている人もいるみたいだから…

T70 そうか，じゃあ，次のここ（学習問題）を決めてから…，また，今何も書けないで悩んでいる人もいるから，次に考えること決めてから，今日の振り返りを書いた方が書きやすいかな。
じゃあ，書いちゃった人に考えてもらおうか？　次，みんなで考えていったらいいこと。書いている人もいるけど…，言ってもらっていい？　大丈夫？　A児。

（C　書いちゃったよ？）

⟨38'49"⟩
T71 何で食べる人が減っているのか。G児。

T72 同じ？　D児の言葉でもう1回どうぞ。

115　A児　何で，さっき，消費量と生産量とお米の変化って言ってたんだけど，それで何で，食べる人が減っているのか。
116　G児　何で，Sさんは生産量を増やすと米がたくさん余ってしまうのに，200アールも田んぼを増やそうとしているの？　（C　同じです。）
117　D児　あっと，ほとんど一緒なんだけど。生産量が減って，消費量が少ないのに，Sさんは今よりもっと直播きを増やして，生産量を多くしたいのは何で？

T73 A児のとG児とD児が言った問題は少し違うけど…，次，考えていったらいい問題は…？　A児は？
T74 グー？　何がグーなの？

118　A児　グー！
だから，生産量の勉強とかそこでやったから，何で余るのかな～，と思って。だって，余ったらちょっとかわいそうじゃん。なんとなく。
119　F児　余るのかってさ，それさ～，直播きをやりはじめた理由になんの？

T75 あ，だからF児は，こっちの人の方から考えていった方が…
T76 君は違うことに疑問もったの？
ああ，そうか。時間がなくなっちゃったので，次の問題は，C児とD児が言ってくれたことを問題にして考えていくってことでいいのかな？
じゃあ，申し訳ないけどG児，もう一回お願いします。

120　F児　う～ん，何て言うの，変わっちゃうんだけど，あんまり，その。生産量とかそういうことじゃないんだけど。

うん。

（Cr　いいよ。）

121　G児　何で，Sさんは生産量を増やすと米がたくさん余ってしまうのに，200アールも田んぼを増やそうとしているの？

T77 えっと，米の消費量が減っているのに，ってことだよね？増やすんじゃなくて，ここは？
T78 あ，そうか。増やしたいと思っているのか。

122　C②　増やしたいと思っているのか？
123　E児　あ，でも予定だからさ～，確実とは限らないよね？

T79 そうだよね。	124 F児 でもさ, 予定で200アール増やすってことは, やっぱり何か理由はある。
T80 う〜ん, なるほど。	125 E児 あ, 失敗したら予備になるんじゃないの?
	126 F児 じゃあ, 何で? でも失敗しなかったら使わないってことになるの?
	127 E児 え, でも, そしたら…。
T81 じゃあ, ノートに振り返りが書きづらかったな, 今日はぐちゃぐちゃで。頭がぐちゃぐちゃでよくわからなかったって人は, この問題に対する自分の予想を書くようにしてもいいと思うよ。とりあえず, 次の問題はちゃんとノートに書いておいてね。	
(43'08")	
T82 はい, じゃあ, 時間なので1度終わりにしていいですか, 皆さん。 はい, じゃあ, またノートを出してください。では, 日直さん。	(Cr いいよ。)
	128 日直 挨拶してもいいですか?
	129 Cr いいですよ〜。
	130 日直 これで5時間目の社会の勉強を終わります。
	131 Cr 終わりま〜す。
(44'38")	

③ 6年生の実践概要（指導者：瀬田ゆかり）

【実践を振り返って】

○「井伊直弼」の実践における授業者の思い・願い, 子どもの変容

　私は, 社会科の学習を進めていく中で, 子どもたちに社会科の授業を今以上に楽しんでもらうためには, 子どもの心をしっかりつかみ, 普段から子どもと学習や生活についていつでも話ができることが大切であると感じるようになりました。子どもと向き合うことで, 個々の思いや考えなどが読み取れ, そこから子どもたちの思いを引き出せるのではないかと考えたのです。どのように授業を進めれば, 今以上に子どもたちが社会科を好きになってくれるのだろうかと考える日々が続きました。

　歴史上の人物に対面することができない学習で, 一人ひとりが興味をもって,「やってみたい」「もっと調べてみたい」と思えるようになるには, まず教師自身が教材研究やそれに基づく授業を楽しんで行うことが大切です。また, 机上の学習だけでなく, 体験的な学習を取り入れることにより, 子どもたちは, 目で確かめ体で学習することができます。そこで,「井伊直弼」の単元では, 実際に掃部山公園にある井伊直弼の銅像を見に行き, そこから, 直弼が何を思って海を見つめていたのかなど, 当時の人々の気持ちになって考えることが, 今後の授業を進めていく上で大切になってくるのではないかと考えました。

　当初, クラスの子どもたちは, 自分の考えをたくさん発言する子どもと, なかなか発言できない子どもに大きく分かれていました。そこで, 一人ひとりの意見を大切にしながら, 自分の思いや考えが語れる子どもたちに育ってほしいと思いました。つまり, 自分の思いだけを語って進んでいく授業ではなく, 黒板にクラスみんなの思いがつまった授業こそ, 私が目指してきた授業だったのです。

　普段なかなか発言しない子どもたちの中には, とてもよい意見をもっている子どももたくさんいます。その子どもたちの思いを大切にしながら授業を進めていくことは, 今後の学習全体に大きな影響を及ぼすのではないかと思いました。個を大切にしながら授業を進めることで, 井伊直弼という一人の人物についてこんなにも様々な角度から捉えることができるのだと, 子どもたちは分かってくれた

と思います。井伊直弼の学習を通して，直弼のことを本気で考え，自分が直弼だったらどのように思ったのか，資料や年表などをもとに，直弼の苦悩やそこに関わる出来事を理解することができたのではないかと感じています。これまで，自分の思いを積極的に発言してきた子どもたちも，友達の考えを大切にし，しっとりとした授業を展開することができました。

○校内授業研に対する研究主任としての思い・願い

当時，南太田小学校での社会科・生活科の重点研究も10年目を迎えていました。

実は，私自身，社会科や生活科の授業は，とても苦手でした。その原因は，小・中学生の頃の社会科の授業にありました。覚えることばかり（暗記）の授業が多かったのです。南太田小学校での重点研究を進めていく中で，暗記をすれば何とかなる学習から，一つ一つの学習を大切にし，楽しめる授業をしたいという思いが強くなりました。

最初は，どうしても社会科の授業を楽しみながら進めることができず，自分自身とても悩みました。指導案を書く時も，単元のイメージがわかない私にとって，とても苦痛な日々が続きました。しかし，「このままでは，子どもたちがかわいそう」「何とかして，自分自身の心の闇から脱出しなければ」と思うようになりました。教師が苦しみながら授業を進めても，子どもたちには生活科や社会科の授業の楽しみは伝わりません。

そこで，まず自分自身が楽しんで授業ができるよう努力しました。授業実践を重ね，試行錯誤をしているうちに，「ひと」に目を向けて授業を進めると，とても楽しいことに気付きました。それからは，どの単元でも，「ひと」を教材に学習を進めてきました。すると，「ひと」を追いかけることにより，「ひと」の周りにある「もの」「こと」なども見えるようになってきたのです。

1年生では，技術員のTさん。2年生では，公園事務所のMさん。4年生では，N浄水場のMさん。5年生では，リポーターのMさん，新聞記者のAさん，庄内平野のIさん。6年生では，源頼朝や井伊直弼などです。実際に会って話を聞いたり，自分の目で確かめたりすることで，その人の仕事に対する思いを知ることができました。

実際，授業を進めていく上で，教師の思い通りにいかないことも多いと思います。教師は，その時々の子どもの反応によって，授業展開を柔軟に変えていく必要があります。また，授業中，意図的に子どもを指名したり，事前にしっかりと教材研究をしたりすることが必要です。また，どの資料をどのタイミングで子どもたちに提示していくのか，提示するタイミングで授業の展開が大きく変わっていきます。このように，教師は事前準備をし，この単元で何を子どもたちに身に付けさせたいのかをはっきりさせることが大切になってきます。子どもたちが自ら調べようとする力を育てるためには，調べ方を教えることも大切です。子どもたちは，調べ方が分かるようになると，進んで学習に取り組むことができるようになるからです。

このように，試行錯誤しながら一単元をつくることを繰り返すことで，自分自身の授業力も向上したと感じています。一単元を学年，あるいは学校全体で知恵を出し合って考えれば，自分の知らなかったことや考えもつかなかったことを知ることができます。

校内授業研究会前日は，いつの間にか授業者のクラスに教職員が集まり，自分事のように授業について語り合う場面が見られるようになりました。一人で悩まず，みんなで知恵を出し合える教職員集団をつくっていくことが，経験の浅い先生方を育て，社会科の授業を楽しく進められる手立ての一つではないかと考えます。

2013年12月　瀬田ゆかり

【学習指導案】

第６学年３組　社会科学習指導案

指導者：瀬田ゆかり

個人テーマ：友達の会話に反応し，自分の考えを友達に伝えられる授業を目指して

　我がクラスは，自分の考えをしっかりもっているが，先生に向かって話を進めようとする子が多い。高学年という意識をもたせるためにも，自分たちで学習を進めているという形態にしていきたいと考えた。そこで，本年度は，友達の話をよく聞き，友達の話に反応し，自分の考えを友達にしっかり伝えられるようにしたいと考え，本テーマを設定した。

　普段の生活の中で，まず，自分自身の発言が相手にとって思いやりのある言葉なのか，友達の発言を自分なりに受け止めようとしているかなど，個を理解しようとする態度を身につけていってほしいと考えている。お互いを思いやる気持ちをそれぞれがもつことによって，よりよい集団生活を送ることができるのではないかと思う。友達の会話に反応し，自分の考えを友達に伝えられる授業に近づくために，次のような手立てが考えられる。

　①一人一人がじっくり考える時間をしっかり設定する。
　②今までの経験を思い出させたり，友達の発言でよいと思ったところをまねする。
　③友達の発言に反応する。（「あ～」「へえ～」「なるほど～」など）
　④グループ学習を取り入れたり，個人で調べてきたことを大いに称賛したりすることで，自分の考えに自信をもたせる。（意欲的態度）
　⑤自分の言葉で表現するように声かけする。
　⑥心で聴きあえる雰囲気を作る。

1　小単元名　「横浜開港と井伊直弼」

2　単元設定の理由

　子どもたちは，前期にY150（横浜開港150周年記念テーマイベント）の見学に行っている。今年，Y150をやっているのはどうしてなのか，横浜開国と結びつけながら，今後の学習につなげていけたらと考えている。

　そこで，本単元では，開国に関わったペリーを学習の入口で取り扱っていくが，日米修好通商条約を交わしたときの井伊直弼にも焦点を当て，横浜開国150周年と結びつけながら学習を進めていけるのではないかと考えた。

　ペリーが浦賀に現れ，黒船が来航してきたことで，日本にどのような影響を及ぼしたのか，どうしてペリーは日本にやってきたのかということについて考えていきたい。ペリーが日本に及ぼした影響を探りながら，ついに開国に踏み切り，日米和親条約を結んだことにより鎖国が終わり，世の中が大きく変わっていったことを学習していく。横浜は日米和親条約を結んでから150年になることから，どうして幕府は開国に踏み切ったのか，井伊直弼の存在と絡めながら進めていきたい。そして，井伊直弼が及ぼした影響はどんなものか，自分や友達の考えと当時の人々の考えを比較しながら学習が深まるようにしていく。

今回も人物を追っていくことにより，その前後にある歴史上の背景が浮かび上がってくるのではないかと考えている。「自分が直弼だったら」「この資料からこんなことが読み取れる」など，当時の人の気持ちになって考え，それを友達に伝えることにより，内容のある学習になっていくのではないかと考え，本単元を設定した。

3 小単元目標

黒船来航やそれに対する幕府の対応や人々の動きについて調べ，200年以上続いた鎖国政策が終わり，欧米各国との交易が始まっていく様子や開国による人々の暮らしや文明の変化についてとらえることができる。

4 単元の評価規準

社会的事象への関心・意欲・態度	社会的な思考・判断	観察・資料活用の技能・表現	社会的事象についての知識・理解
○ペリーや井伊直弼の働きや業績に関心をもち，意欲的に調べようとしている。 ○井伊直弼の営みを根拠にしながら，直弼の思いや願いについて考え，自らのあり方を振り返っている。	○井伊直弼の願いについて，それぞれの営みを根拠にしながら考えている。 ○歴史的事象の意味を追究する過程において，自分の生き方との関わりで判断している。	○年表や図絵・肖像画などの資料を活用して井伊直弼の業績を調べている。 ○調べたことをノートや画用紙・年表などにまとめ，進んで発言したり友達に分かりやすく伝えたりする努力や工夫をしている。	○横浜開国が日米和親条約によって成り立っていることを説明している。 ○横浜開国に影響を及ぼした井伊直弼が果たした業績を具体的に説明している。

5 単元の構想 （社会9時間）＋α

　　　　　　黒船来航，ペリー来たる！　　　②

☆黒船が来航したときの瓦版などをもとに，当時の混乱の様子について考えるようにする。
☆当時の人々の様子を想像するようにする。
※黒船来航の瓦版とペリーの絵を見せ，そこから何が読み取れるか考えてみるようにする。

　（どうしてペリーは日本に来たの？）　　　大統領の国書
　　　　　　　　　　　　　　　　　・日本と交流したかったんじゃないの？
　　　　　　　　　　　　　　　　　・日本のことをよく調べてたらしいよ。
黒船の長さ 75m　　　　　　　　　・国書に対して，幕府はどのように返事をしたのかな。

　・当時にしては，すごく大きいよね。
　★国書に幕府はどんな返事をしたのか考えることができたか。
　★今後の学習計画の見通しができたか。

開　国　　　⑤＋α

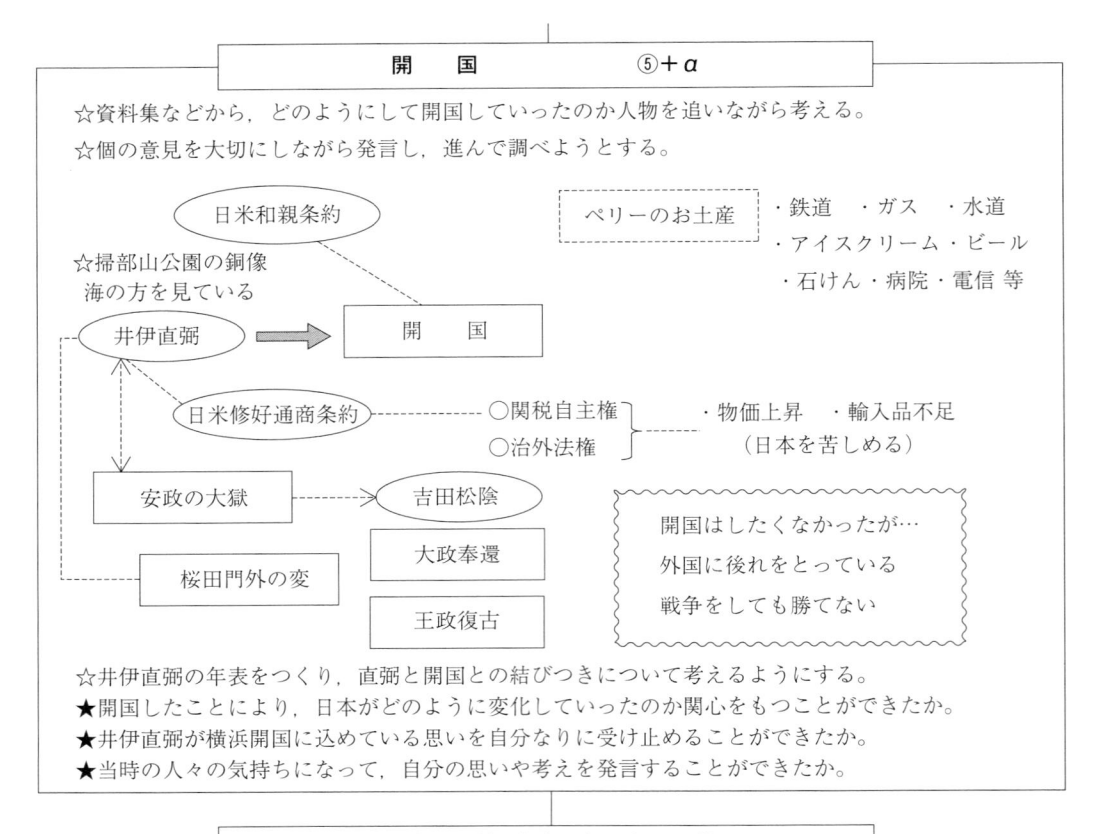

☆資料集などから，どのようにして開国していったのか人物を追いながら考える。
☆個の意見を大切にしながら発言し，進んで調べようとする。

- 日米和親条約
- ペリーのお土産　・鉄道　・ガス　・水道　・アイスクリーム　・ビール　・石けん　・病院　・電信　等

☆掃部山公園の銅像
　海の方を見ている

- 井伊直弼 → 開　国
- 日米修好通商条約 ──── ○関税自主権　・物価上昇　・輸入品不足
　　　　　　　　　　　　○治外法権　（日本を苦しめる）
- 安政の大獄 → 吉田松陰
- 桜田門外の変
- 大政奉還
- 王政復古

開国はしたくなかったが…
外国に後れをとっている
戦争をしても勝てない

☆井伊直弼の年表をつくり，直弼と開国との結びつきについて考えるようにする。
★開国したことにより，日本がどのように変化していったのか関心をもつことができたか。
★井伊直弼が横浜開国に込めている思いを自分なりに受け止めることができたか。
★当時の人々の気持ちになって，自分の思いや考えを発言することができたか。

明治政府のめざしたものとは？　②＋α

☆開国してから急速に近代化が進んでいった政府はどのような政治をしようとしていったのか考えさせていきたい。

- 人々の暮らしはよくなったの？
- 明治政府は，どのような世の中にしようとしたんだろう。

・よくなった気がするけど，ものが高くなって…

・廃藩置県　・五箇条の御誓文
・徴兵令　・四民平等　・憲法　など

★新政府がどんな政治をしたのか人々の暮らしと比較しながら考えることができたか。
★友達や自分の思い・考えを大切にしながら，具体的に発言することができたか。

6　実際の学習の流れ

○第1時（2時間続きの1時間目）

　ペリーは，何のために日本に来たの？

- 大統領の使いで，国書を届けるために日本にやってきた。
- ペリーは，外国の技術を日本に教えたかったんだと思う。
- 日本に来る前に，日本を見下していたんだと思う。日本を自由にさせたくなくて。
- それって，実は，日本はすごいと思っていたんだと思う。
- 捕鯨船の燃料補給のため。
- 大きな黒船に乗って迫力があったから，逆らえなかった。
- 200年続いた鎖国を目覚めさせようと思った。
- でも，町人にとっては，嫌だったんじゃないの？
- ペリーは，日本がいい国だから貿易しようと思っていた。
- 日米和親条約を結んで，日本に不利？　だけど，今の日本があるのはペリーのお陰。

○第2時（2時間続きの2時間目）

　幕府や村の人々はどのように考えたのかな？

- 当時，鉄砲しか持っていなかったから，日本はもうおしまいだと思っていた。
- 開国したら新しい文化が入るという人とそうでない人がいるから難しい。
- 農民は，どっちにしたって関係ないと思っていた。
- 今の日本があるのは，ペリーのおかげ。ペリーはいい人。
- 日本人はペリーの気持ちが分かったんだと思う。
- 平和な開港ができたのも，ペリーのおかげ。
- ペリーは，開国を持ちかけただけで，本当に開国できたのは，井伊直弼っていう人がいて，その人が勝手に開国した。だから，井伊直弼がいなかったら横浜開港150周年はない。

↓

「井伊直弼って誰？」

○第3時

　井伊直弼の年表をつくろう

※年表を作る上で，井伊直弼と関係する出来事も入れた方が分かりやすいということで，ペリー来航を入れることになった。

【「関わり合う力」を育てるための支援・手だて】

・何のために日本にやってきたのか，資料をもとに自分なりの考えを発表できるようにする。

〈資料〉
ペリーの肖像画
国書を簡単にしたもの
黒船の絵　など

〈資料〉
黒船の大きさと当時の日本の船を比較する表（黒船の全長は，教室約9つ分）

・自分たちの生活とだぶらせながら，分かりやすく個の考えを発表するように声かけする。

・教科書には，井伊直弼についてほとんど載っていない。そこで，直弼に関する資料を集め資料コーナーに並べておき，子どもたちがいつでも見られるようにしておく。

1815年11/19	彦根藩主の14番目の子として生まれる。
1829年	茶の湯や詠歌に志す。
1834年	『埋木舎の記』を記す。
1845年	一派創立の希望を述べる。
1846年	茶道の一派をなし，『入門記』を記す。
1847年	江戸をたち，彦根に帰る。
1850年	第15代藩主
1851年	弘道館の改革に着手
1853年	彦根藩が**相州警備**を命じられる。
1854年	**ペリー浦賀に来航**する。
1858年	羽田・大森の警備が解かれる。
	日米和親条約
	直弼，大老になる。
	日米修好通商条約
	安政の大獄
1860年3/3	桜田門外で水戸浪士らに殺される。
	直弼死去。

〈資料〉直弼の肖像画

・ほとんどの子どもたちが資料コーナーの『人物100』という雑誌に興味を示していたので，その本を中心に話し合えるようにする。

・個々が調べてきた情報は，話し合いの中で発言するように促す。

・年表を作り終わった後，それぞれのノートに疑問に思ったことを書き，次時へとつなげていけるようにする。

・調べてきた事実と自分の思いを合わせながら分かりやすく説明するようにする。

○第4時

　直弼の判断は，本当に正しかったのか（本時）

・どの本も直弼のことをよく書いている本はなかった。みんなよく分かっていなかったんじゃないの？
・開国しなければ今の日本はない。
・直弼は，相州警備の経験から，日本の兵力の貧弱さを知っていた。
・直弼が開国してくれたおかげで，今の日本がある。
・日本は，自分たちの国を自分たちだけのものにしたかったんじゃない？　そう思っている人たちが，勝手に？　開国した直弼を許さないと思ったんじゃないかな。

○第5時

　どんな条約だったんだろうか

・日米修好通商条約
・自由に税をかけられない。
・物価が上昇して大変なことになる。
・輸入品不足になる。

〈資料〉産業革命

第Ⅱ章　「思考力・判断力・表現力」の育成をめざした授業の構造

【本時の授業記録】　2009年11月6日（金）

Ｔの動き	Ｃの動き
T1　さ，じゃあ，大丈夫ですか？	1C⑪　これから5時間目の社会の勉強を始めます。
T2　今日はどんな勉強でしたっけ。	2C⑤　井伊直弼の開国の判断は，正しかったのか，正しくなかったのか。
T3　いいですか？　はい，じゃあどうぞ。はい。	3B児　え，自分の意見でいいの？ えと，おれは正しかったか，正しくなかったかって聞かれると微妙っていうか，わからないと思います。なぜかっていうと，今この暮らしがあるのは，井伊直弼の判断のおかげだけど，まあ昔の人たちのことを考えれば，安政の大獄とかでたくさんの人を殺したから，他の方法もあったんじゃないかって思うからまあ，わからない。
	4A児　私は正しかったと思います。なぜかっていうと，やっぱ，昔の人…昔の人が開国に反対している人もいたかもしれないけど，開国してなかったら，今の日本はイギリスなどの外国の植民地になってたかも知れないので，そういうことを考えるとやっぱり井伊直弼さんは，日本を守るためには良かったと思います。
T4　同じで，はい。	5E児　同じです。 6E児　私もA児さんと同じで，判断は正しかったと思います。理由は私は当時の人にとってはどうなんだろうと考えて，もし，私の今の年であれば子どもだし，新しいことが大好きな，興味がすごいある子が多いと思うので，その子どもとかは外国と手をつないでどんな品物が来るのかなとか，どういう生活なのかなとか気になっているから，開国してほしかったんだと思うけど，大人の人は百姓の人は，えっとちょっとお仕事とかも大変で辛かっただろうから，これ以上もし不作だったらやだろうなと思って開国したくなかったんじゃないかなと私は思います。商人の大人の人は辛かったから，これ以上辛くなったら困ると思った。
	7C①　えっと，私は正しかったと思うんだけど，当時の人たちは反対していたと思います。なぜなら，日本に今まで外国人とか来たことがなくて，どんな人が来るのかとか，町ではいろんなうわさが流れてたりして，日本はイギリスに侵略されそうになっていて，それを井伊直弼が知ったから開国したけど，村人たちは勝手に開国した，人の意見も聞かずに開国したって思ってたから，井伊直弼は桜田門外で暗殺されたんだと思います。C④さん。
	8C④　私はほとんどC①さんと同じ考えなんですけど，当時の人だったら良く分からないまま開国するっていうのはいやだったと思うけど，直弼がちゃんと自分の意見をみんなに言っとけばよかったと思います。自分の意見をちゃんと言ってくれれば，絶対にいい。
T5　ちょっとまって，教科書の何ページ？	9C⑫　えっと，まあC①さんと同じで，人の意見を聞かないっていうのはまずいんだけど，教科書84ページに年号…。 84ページ。他の意見の人たちもいて，鎖国とかの…（聞き取れない）。あのころは，鎖国に不安を持ってる人たちがいて，それで，結局開国したんだけど，その後に日本の金とかが輸出しちゃって，国内で少なくなっちゃって値段が上がったりしたことから，このころは開国したばっかの頃はきびしかった。
T（うなずく）	10C⑦　先生，戻っていい？　さっきのA児さんと一緒で，イギリスとフランスの連合軍に，日本は今だったら自由を奪われていたから，井伊直弼の開国はいいと思います。

041

7 本時座席表指導案

◎本時目標
資料や年表など，調べてきたことをもとにしながら，井伊直弼に興味・関心をもち，直弼が幕府の許可なしで開国に踏み切ったわけを当時の人はどう判断したのか，直弼の苦悩やそこに関わる当時の人々の気持ちを考えることができる。

◎学習の総合
200年以上も外で殺される。より，いろいろけ止めていっしい。

直弼の判断は，本当に

☆直弼が開国に踏み切った当時の人々の思いと関係付
☆直弼の年表や資料などから，達に分かりやすく伝えられる

D児
ペリーの要求を受け入れたのは正しい。もし断っていたら戦争になっていたかもしれない。勝手に将軍を決めて，反対派の怒りをかうのは当たり前。反対派の人を死罪にする判断は正しくない。自分だったら，確実に反対していた。資料をよく読み，自分の考えを的確に答えてくれるだろう。友達の考えと比較しながら発言してくれることを期待する。

C
C⑪ 開国していなかったら，ぼくは生まれていないと書いている。自分の考えを発表してくれることを期待する。

C / G児
直弼は，相州警備で日本の戦力を見てきて戦争になったら勝ち目はないと書いてあうな資料から読み取っている。また，殺されるかもしれないのに判断したのはすごいと書いていた。根拠をもって分かりやすく述べられるだろう。

（正しい）
・条約を断ったら外国に後れ
・今の日本では，到底戦争
・直弼は，そのことをよく知っ
・直弼が開国していなかった
・今は，仲良くなることが先
・植民地にされるくらいなら，

C⑦
日本のことを考えると決断はしょうがない。

C⑨
2度も意見書。そんなに開国したくなかったのでは？

C⑨
直弼が開国しなければ，江戸の街は大変なことになる。

（正しくない）
・反対派の人を死罪にするな
・今までキリスト教信者を入れ
・開国すると，今までの生活
・不利な条約
　資料①（安政の大獄）
　資料②（直弼の手紙）

C①
イギリスと中国が日本を植民地にしようとしていたことを直弼は知っていたと書いている。友達の意見を聞いて，自分の考えを素直に発言できる。直弼の判断は正しかったのかどうか自分なりの答えを出してくれるであろう。

C④
開国しなかったら植民地にされてしまう。植民地になったらいつか日本は消されてしまうから，正しかったと書いていた。当時の人は，未来のことも分からない。だから，直弼の判断は，正しかったはずだと思っている。よく考えて発言するので，直弼の判断が正しかったのかどうか，視点をしっかり定めて発言してくれることを期待する。

B児
今の人から見たらいい人。昔の人から見たら極悪人。今の日本があるのは，直弼のおかげ。Y150も直弼とペリーの努力の賜物。昔の人にとっては，正しくなかった。安政の大獄をしたからひどい。もっと別の方法があったと思うと書いている。例えを使ってみんなに分かりやすく説明してくれるのではないかと期待する。

・やっぱり直弼は，外国のこそれを日本に取り入れたかは日本がだめになると考え
・自分がやらなければ誰がやだから，殺されるのを分か
・苦渋の決断だったから仕方

（すごい人）殺されると分かっ

C②

C

★井伊直弼を調べることを通して，直弼の苦悩やそこに関わる

※A児～G児は本書における抽出児，C①～C⑭は本時授業記録における発言児童，Cはそれ以外の児童

どんな条約だったん

第Ⅱ章 「思考力・判断力・表現力」の育成をめざした授業の構造

化の視点

続いていた鎖国が，井伊直弼の判断により開国することになった。しかし，その井伊直弼が桜田門
井伊直弼が行った判断について，当時の幕府や町人の立場，また，自分たちの立場で考えることに
ろな見方が変わってくるであろうと考える。井伊直弼の思いや，それに関わる人々はどのように受
たのか，直弼のやったことを丁寧に追いながら，調べるおもしろさや共感する楽しさを味わってほ

正しかったのか。

は，本当に正しかったのか，
けて考えられるようにする。
自分で考えてきたことを友
ようにする。

C⑤
よい考えをたくさんもっているが，人の前ではなかなか自分の考えを発言できないでいる。よいつぶやきをたくさん言うので，それを拾いとり，直弼の判断が正しかったのかどうか発言してもらいたい。直弼の像を見て，秀者の像より大きくて高かったと書いてあった。開港した海を見るためだと考えている。

C
下手に断って争いになっても勝てない。アメリカと条約を結んだ方が技術面もいいから，開国してよかった。はっきりと発言できるか。

C
ただ一人，どちらでもないと考えていたが，直弼像を見に行ってから考えが変わった。

C③
直弼の判断は正しかったのか，資料などから自分なりの考えを発言してくれるであろう。

をとる。
に勝ち目はない。
ていた。
ら今の日本はない。
決だと思った。
開国した方が。

C
E児
日本は開国したおかげで，いろいろな物や機械が入ってきて今があるから，直弼の判断は正しかったと書いている。いつも冷静で，「自分だったら」「当時の人々になってみたら」などの考えをもって授業に臨む。じっくり考える派なので，様子を見ながら指名していく。

H児
判断は正しい。資料を読むと，直弼は自分が悪者になって日本をよくしようと考えたり実行しようとしたりしているので，直弼みたいな人がいなかったら今の日本はないと書いていた。少しずつ発言が増えてきているので期待したい。

A児
当時の人になってみれば，イギリスなどの大国の植民地になって支配されるよりも，開国して外国の人と仲良くなって文明を発達させる方がいいと思うから，開国したのはいいと書いている。もし開国していなかったらどうかということと比較しながら話してくれるであろう。

んて。（安政の大獄）
なかったのに。
が変わってしまう。

C⑧
C⑥
自分がこの時代に生きていたら，得をすることがないから賛成できない。
資料から，無断開国は苦渋の決断だったということから，いろいろ考えていたと改めて思っている。

とを分かっていて
った。今のままで
ていた。
るのかと思った。
っていて開国した。
ない。

C⑬
E児
当時の人にとっては不利。でも，判断は正しい。
直弼は国を守るために臨機応変に対応していたと考えている。いろいろな人の立場になって考えることができる。友達の発言を聞いて，自分が出るべき場面で，挙手してくれるであろう。

C⑩

ていて開国
出来事を理解することができたか。

だろうか （次時）

C⑫
侵略を恐れやむなく無断調印したと思う。

（間：15秒）

	11C③　開国を井伊直弼がしなかったら日本は今とちがって，まだちょんまげ時代だったり（笑），食べ物だってまずいとか，食べれないから開国して正しいと思った。
	12C⑧　ぼくもC③さんと一緒で，もしアメリカとか他の国と戦っても，敗北しちゃうから，敗北して侵略されちゃうからもし侵略されてたら今はないと思うから，開国して正しかった。
T6　ああ，戦って勝ち目がないっていうことか。	
	13D児　C⑧さんとC③さんと一緒で，井伊直弼が開国してなかったら，アメリカから来たものが今，日本になかったり他にも戦争になってたかもしれないから，井伊直弼の開国の判断は正しかったと思う。 井伊直弼は開国の判断をするのと同時に，次期将軍のあれを決定しなくてはいけなかったんだけど，その時に井伊直弼は人の意見を聞かずに勝手に将軍を決めちゃって安政の大獄をしてしまったから，その判断に対しては正しくなかったと思う。
T7　開国の判断は，「は」っていうと，じゃあ？	
	14B児　D児さんが言ったように，開国したのは悪いことじゃないけど，安政の大獄とか自分勝手なこと，おれがさっき言ったように，安政の大獄とかじゃなく，もっと別に説得する方法とかがあったと思う。
T8　安政の大獄じゃなくて，別の方法があったんじゃないか。	
	15C⑬　私も，開国は正しかったと思うけど，安政の大獄は別の方法があったと思います。
	16D児　さっき，正しくなかったって言ったんだけど，井伊直弼は仕事のことがいっぱいで，聞けたかもしれないけど，そこは書いてないからわかんないけど，予想では，そのとき開国とかでいろいろあってそういう暇がなかったんじゃないかなって思いました。
T9　暇がない。	
	17F児　他の人の意見を聞かないで開国したってことなんだけど，他の人の意見を聞いてたら，みんな鎖国とか開国しない方がいいって言って，聞きだしたらきりがないから開国した方がいいと思って開国したんだと思う。
	18A児　安政の大獄はみんな開国の話とつなげてたんだけど，安政の大獄っていうのは自分の藩をスパイみたいな人たちから守るためにしたことで結局，安政の大獄は開国を分からせるためにやったんじゃなくて自分の藩を守るためにやったことだから。
T10　これは自分の藩を守るためだけのことでやったの？	19A児　だって，開国しちゃったあとだから藩を守るためにしたことだから，そういうのは関係ないと思う。 仕方ないっていうか，スパイとかがたくさん入ってくる人たちを追い出したのだからしょうがなかったんじゃないか。
T11　じゃあ，安政の大獄は起きても仕方なかったってことか。	
T12　しょうがなかった。A児さんが言ってるけどどうですか？	
	20E児　なんか自己中だなって思う。
T13　井伊直弼が自己中って，開国は良かったんだけど。	
	21D児　暇がなかったって，さっき言ったけど，開国のことも上に知らせずに勝手にしちゃって，で，将軍も勝手に決めて，やっぱ暇がなくてしょうがなかったんだと思う。でも，判断は間違ってると思う。
T14　判断は間違ってる。	22C　うん，と思う。 23C　同じ。
T15　そこ，くわしく知りたいね。	

第Ⅱ章　「思考力・判断力・表現力」の育成をめざした授業の構造

ここ（開国）は仕方なかったんだよね，だけど判断は正しくない。どうですか？　他のみなさん。C⑨さん，どう？　正しいでしょう？	24C⑨　私は正しいと思う。開国は勝手にやったわけではないと思う。直弼は2度にわたって意見書みたいなものを提出して，2度目に開国論も言ってたから，勝手にやったわけでもないし，他の人で訴えてた人もいるから，正しかったと思う。
T16　正しかったって言う人と正しくなかったって言う人がいるけど。	25C⑥　私も，C⑨さんと同じ意見で，朝廷には知らせなかったけど，勝手にやったわけではないと思う。なぜかというと，直弼は2回意見書を提出して，2度目にははっきり開国論を言っていて，だけど上からは流れちゃったりだけど，ハリスが交渉というか話し合いに来て，その時に，ロシアやフランス等の大艦隊を率いて迫ろうとしているし，我が国と通商条約を結んだ方が的確ではないのかっていうおどしっぽい感じのことを言った。これから幕府の中でも侵略を恐れて，調印もしょうがないんじゃないかっていう意見も上がって，イギリスとかフランスも後々来ることになってるから，それでも直弼は朝廷の許可を得てから調印にこだわったのと，いろんなことがからんでいて，いろいろ悩んだ末の調印だと思うから，そんなに勝手ではないと思う。
	26D児　C⑥さんと同じで，井伊直弼の資料に「今アメリカと戦っても，とうてい勝ち目はない。しばらく戦争は避け，同盟国と交流を結んで国力を養い，その後敵を打ち払うべきである」って書いてあるから，井伊直弼は適当に決めたんじゃなくて，さっきも出てたけど2回の意見書を出してるから，悩んで，今どうせアメリカと戦っても負けるのが分かってたから開国したから，そんな自分勝手ではなかったと思う。
	27B児　勝手ではない，って意見が多いんだけど，おれは勝手だと思います。なぜかというと，たとえ朝廷に2回も意見書を出したとしても，断られて自分の独断で何を考えようと，どんな先を読もうと自分の独断で決めたことは，それは勝手だと思う。
T17　みんなの資料の8。	28C①　井伊直弼の資料に…。勝手にやったと思って，井伊直弼の資料の8ページ。井伊直弼が暗殺されたのは薩摩藩士18人って書いてあるから，村人たちみたいな，村人ではないけど，その，鹿児島の人にそんなに言ってない，ちゃんと意見を聞かなかったから，それで不満みたいなのがあって，それで人の意見を聞いてないって思われたんだと思う。
T18　皆さん資料集の58ページ開いてください。	29D児　今の資料の同じページ。直弼は大名行列の時にいた薩摩藩18人と水戸藩士によって殺されてしまったんだけど，その時，数では勝っていたんだけど，何て言うの，先生？　そういうの…。あ，ちょっと間って。資料集に載ってた。58ページ。 資料集の上の方にある，大名行列の時に使う服装で，動き辛かったら急な襲撃にやられちゃって，…。籠の中から逃げようとした時に18名の中からうたれてしまい，その時に直弼は生き延びようとはしないで，そのまま抵抗しようとせずに死んでいったから，直弼は安政の大獄とかやってたけど，自分の決めたことは正しいとは思ってなかったんだと思う。
T19　あ，自分は判断したんだけど，正しいとは思ってなかったんだ本当は。	
T20　日本のために？ 正しいと思ってなかったんだけどさ，自分の藩のために。これはいいんだ。	30B児　日本のためと思ってやったんじゃないの？　未来のため。
	31C⑤　直弼は死が分かっていながら，日本の未来を考えて開国してくれた

	から，直弼の判断はいいと思う。正しいと思う。
T21 抵抗しなかったの？	32C⑧ 奥義を究めて，たぶんもう自分は正しくないと思って，でも殺されちゃうなって思って，でも何も抵抗しないで，しょうがないと思って…。
	33G児 死ぬことはわかってたと思う。奥義を使わなかったのは太ももから腰にかけて弾が貫通しちゃってて，ほとんど瀕死の状態だったから体力を使うような技ができなくて…。だけど，死ぬことを覚悟していたのは私もそうだと思います。資料の中に，秩序を守るためって書いてあるけど，それを日本中の全員が納得するとは思わないから，敵として見ている人はたくさんいると思うから，いつ殺されてもおかしくないと気分的に思ってたと思って。それほどの覚悟でいろんなことを決めてたと思うので，井伊直弼は正しいというか，がんばった。
T22 正しいっていうか，がんばったんだ。	34C③ 井伊直弼は死ぬのは分かってるんだけど，未来の日本を予想してこうなるなって，未来の人のために開国して，みんなから不満もあるけど，次の未来のためにこれはこうするんだみたいな感じで，死ぬのも分かっているから戦わないで殺されるというか，何もしないで目をつぶりながら来るのを待って殺された。
T23 がんばったんだね。勝手に決めたとか出たけど。	35C⑩ 正しいと思っていた日本の未来のために役目をはたした感じで，役目をはたした感じ。
	（間：1分12秒）
T24 これなんでしょう？（資料提示）これ，実は，見える？ 先生が調べた部分ではまだ他に居るらしいんだけど，数えた分では，126人くらい処罰されているんです。	36C 処罰された数。 37C つかまえられた数。
	38C⑪ 先生，一家で殺されている人もいる。
T25 一家で殺されている人もいるんだよね。	39F児 全員死んだ人？ 40B児 一番左ってなんて書いてあるの？
T26 お役御免。	
T27 どうですか？ だけど，A児さんは正しいんだよね。	
T28 開国してなかったら，日本は占領されてたの？	41A児 え，それは開国の判断。開国しなかったら，進んでなかったし，日本も占領されてたし…。 うん。イギリスとかフランスに。捕鯨船の燃料を置いとくのに日本はちょうどいいとかだったし，…。
	42B児 しかも，幕府に大老より偉い人いないからさ，大老に反対されたら終わりだから。次の大老の人が開国の判断をしても，攻撃してくるから，井伊直弼の開国の判断は，まあ，正しかった。
	43D児 今まで聞いてて，最初正しくないと思ったけど。今だったら井伊直弼は開国してくれて良かったんだけど，人を殺すのは良くないと思って，だからどちらでもない。たぶん井伊直弼の時代の人だったら，開国で物価が上がったし，勝手に決められて反対しても，死罪とか刑をかせられたから，当時の人だったら井伊直弼の判断は正しくなかったと思う。今は，Y150とかもあったし，開国は良かったと思う。
T29 当時の人にとったら判断は正しくない。	44C⑭ 今までの話を聞いていて，安政の大獄は自分の藩のためのものだけど，正しくない。それで，開国は，勝手かどうか知らないけど，開国しなかったら，戦争になっていたから，正しいと思う。
	45C③ 開国が良かったのは，開国だけを広くしても認められないから，安政（の大獄）も人を殺したり自分の藩のためにこんな大勢の人を切腹

	したりはダメだと思うから，安政（の大獄）も認められたかったら反省も良くしといたほうがいいと思う。
	46C⑧　苦しい生活というので，幕府…。各地に…，当時の人は，やっぱり開国に反対で…，もしかしたら開国してなかったと思う。（よく聞き取れない）
	47F児　こういうことしないと開国できないと思って…，確かに反対する人が多いと，開国できなかったかもしれないけど，無理やり開国したから，最後殺された。開国したら役目が終わって，どうしようもないというか，殺さなくても開国だけしちゃえばよかった。
	48E児　安政の大獄で人を殺してしまったけど，反対の人が多いのは，開国してほしくないということだから，きちんと話し合いをすべきだった。
	49A児　安政の大獄で殺された人の中には，ここには書いてないけど，もちろん少しなんだけど，井伊直弼を裏切ったりして密航みたいな感じで悪いことをしている人たちを処罰しちゃってるから，安政の大獄もはっきり言って，その人たちも悪いことをしたから殺されたりしただけで，井伊直弼は，安政の大獄に対していいイメージをもっていなかった。やんなかったら，政治とかもダメになっちゃうから。
T30　良いイメージはもってなかったけど，これが原因てこと？	
	50D児　井伊直弼は殺されるってことが分かっていたっていう話がある。分かっていたならやめれば良かったけど，あそこまでして途中でやめるって言ったら，またそこで何かあるから，井伊直弼はたぶん途中で自分がやってることは間違ってるってことが分かってたんだけど，ここまできちゃって止められなかったんだと思う。
T31　井伊直弼，本当に安政の大獄はよかったのか。	
	51E児　自分でもどうしたらいいか分かんなくなってきたんじゃないの？
T32　そういう思いでずっときてたの？　じゃあ。	
	52A児　自分で何をしていいか分かんなくなっちゃって，しょうがないやって思って，やっちゃえって。
	53F児　どうしていいかわかんなくなったっていうのは，もし開国をしなくちゃいけない，何としても，さすがにそこまでやるのはできないと思うから，勢いだけじゃできないから，何としても開国するぞっていう気持ちだったんだと思う。
T33　（資料提示：直弼の日記）	
T34　日記，何となくわかる？　C4さんが書いてくれてたよね，言ってみて。	
	54C④　篤姫のビデオを見たんですけど，井伊直弼が「私のやるべきことは果たしたのです」って言ってたのをテレビ（篤姫）で見て，今の住んでいるこのまちのことを考えると，開国したことでできるんだなあって思いました。
T35　分かりやすくした（日記）のは，次の時間で。時間が過ぎてしまったので，じゃあ，この次どうしますか？	
	55C　安政の大獄は正しかったのか。
	56C　直弼のこと。
T36　では，終わります。	

02 子どもの変容をとらえる

|1| 授業記録から見えてくること

→ 発言回数

　まず，5年生の授業記録における子どもたちの発言回数は131回と高学年の話合い活動としてはかなり多くなっている。一般に，高学年の場合，低・中学年に比べると発言回数が少なくなる傾向が見られるが，この学級の発言回数が多いのは，教師の日頃の指導に加えて，4年生までの学習においても共同研究の一環として話合い活動を重視してきた成果であると考える。

　発言の内容を見ると，つぶやき（挙手や指名によらない発言）が多く記録されているために発言回数が多いとも言える。しかし，そのつぶやきを教師がうまく取り上げながら授業を進めていることや，40E児の発言のように，子どもたち自身の手で話し合いの方向を軌道修正することができており，学級編制替え後2か月余りの学級で行われた話し合いであることを考えると，これまでの学習の積み重ねがかなりあると言えよう。

　次に，つぶやき以外の発言を見ていくと，5A児や14B児等の発言のように，非常に息の長い発言もかなり多い（全体の1/4程度ある）。さらにこれらの発言内容を詳しく見ていくと，「ぼくは～だと思う。何でかというと，～」（12C③），「～と思う。理由は，～」（21F児）など，自分の考えとともに，その考えの根拠を述べていることが分かる。

　このような根拠を明確にした発言の仕方の指導（学び方の指導）も個人の取組ではなく，共同研究の一環として全職員共通理解のもと継続的・組織的に指導を重ねることが大切である。

→ 聞き方の指導

　学び方の指導に関して，もう一つ授業記録の子どもたちの発言で注目したい点がある。それは，5年生の授業記録の「私もF児さんと似てて～」（23C②），「さっきA児が休んで欲しいって，言ってたけど，～」（24C④），「だからさっきE児が言ってた～」（47A児）等の発言のように，他の子どもの発言を受けながら自分の考えを述べているケースが息の長い発言を中心に多く見られる点である。しかも，つぶやきが続く場面においても，単に自分が気付いたことや言いたいことを勝手に発言しているわけではなく，互いに関連したつぶやきが多く見られるという点である。

　発言力を高めることに主眼を置く授業や子どもたちがノートやカードの記述を次々に発表していくタイプの授業においては，このような他の子どもの発言を受けた発言はほとんど見られない。つまり，子ども同士が互いにかかわり合う中で考えを広げたり深めたりできるようにするためには，まず，人の話をしっかり聞くことの指導が大切であるということである。

　さらに，6年生の授業では，「C⑧さんとC③さんと一緒で，～」（13D児），「勝手ではない，って意見が多いんだけど，～」（27B児）等の発言のように，複数の児童の発言を受けて自分の考えを述べる子どもの姿が見られるようになっている。つまり，人の意見をしっかり聞く態

度が身に付くことにより，集中力も高まるということであり，「聞き方の指導」も継続的かつ組織的に指導を積み重ねていくことが極めて大切であると考える。

→ 資料活用

　資料活用能力も社会科の学習を通して培いたい学力の一つである。通常，社会科の授業では子どもたちは教科書の他にも地図帳や資料集を持っているほか，図書館の書籍やコンピュータを使うことも可能である。しかし，それらから得ることができる知識やデータの活用の仕方は実に様々である。

　さすがに教師が用意した資料を子どもたちの前に矢継ぎ早に提示していくような授業は研究授業の場ではあまり見られなくなっている。しかし，私が毎年行っている学生に対する調査の結果などを見ると，普段の授業の中ではまだまだ既製の資料を継ぎ足していくような，まさに教師主導型の授業も多く残っていることが十分予想されるのである。

　それに対して，この2つの授業では，子どもたちが教科書や資料集にある様々な資料を自分の考えを裏付ける根拠として活用している場面が見られる。例えば，5年生では，「私は，資料集の24ページにある〜資料を持ってきたんですけど，〜だから直播きをやり始めたんじゃないかと思います」（42E児）という発言は，専業農家のSさんの体調など個人的な視点で多くの子どもたちが考えていたのに対して，「米の生産量・消費量」という新たな視点を提示し，視点の転換を図る役割を果たしている。さらに，そのE児の発言に続く43C⑥や45G児の発言も同様に自分の考えの根拠を資料集や教師が前時に配付した資料に求めていることが分かる。

　また，6年生の授業においても，「〜井伊直弼の資料の8ページ」（28C①），「資料集に載ってた。58ページ」（29D児）の発言をはじめ，多くの子どもたちが自分で調べたことをもとに考えたことを発言している様子が見られる。

　以上のことから，資料活用に関しても教師が提示する資料を読み取るだけではなく，子どもが自らの考えの根拠として資料を活用できるように指導していくことが大切であると考える。そしてそのような資料活用に関する指導も，やはり学校の教師集団全員の共通理解のもとに行われていく方がはるかに効果的であることは言うまでもないと思う。

２ 抽出児の変容について考える

　ここでは，2つの授業記録における子ども（7人の抽出児）の発言，及び抽出児本人とその保護者に対する聞き取り調査をもとに，子どもの「思考力・判断力・表現力」に関わる変容について考えていくことにする（授業記録では，A児，B児のように，「〇児」の表記が抽出児である）。7人の抽出児の選考については，話し合いに参加する姿勢や性格等の異なる児童を2人の授業者の助言をもとに藤本が選んだ。また，抽出児とその保護者に対する聞き取り調査は，2011年9月に藤本が瀬田教諭とともに行ったものである。

　それらの結果をまとめたものが次ページからの表Ⅰ及び表Ⅱである。

【表Ⅰ】5・6年生の授業記録に見る抽出児の発言内容の比較と考察

※アンケート及び聞き取り調査は，2011年9月17日（抽出児童が中学2年時）に実施

	発言回数 5年	発言回数 6年	授業の様子（発言，態度，ノートなど） 5年	授業の様子（発言，態度，ノートなど） 6年
A児	33 (11)	6 (5)	発言回数が多く，積極的に発言しようとする姿勢が見られるが，つぶやきが比較的多く見られた。また，話合い活動やノート記述の際に，隣の子どもに話しかけたり，伸びをする仕草をしたりするなど，やや集中力を欠く場面も見られた。	6年になるとつぶやきは1度記録されているだけである。残りの5回はいずれも息の長い発言で，自分の考えとその根拠をしっかりと述べることができていた。
B児	4 (2)	6 (4)	発言は少なめだが，息の長い2回の発言の内，1回は理由とともに自分の考えを述べており（14），もう1回は資料（グラフ）を基に自分の考えを述べることができた（58）。	6年の授業では，開始後，最初に挙手をして発言すると，後半まで間をとりながら4回息の長い発言が見られた。友達の発言を受けての発言も2回あった（14「D児さんが言ったように，…」，27「～って意見が多いんだけど，～」）。また，最後の発言（42）は，最初の発言と考え方に変化が見られた。
D児	1 (1)	7 (7)	授業の終盤になされた唯一の発言が次時への問題提起（117「ほとんど一緒なんだけど。生産量が減って，消費量が少ないのに，Sさんは…」）であった。	6年の授業の中では，最も発言回数が多かった。しかも，いずれも息の長い発言ばかりで，友達の発言を受けたり（13，26），資料を使いながら考えを述べたり（26，29）している。26の発言の中では，友達の発言を受けて自分の考えを修正している部分も見られた。
E児	33 (5)	5 (2)	つぶやき（「あ，なるほど」「そうだね」等）が多いが，40「話が逸れたよ」，42「資料集24ページにある～」等の発言に見られる通り，話し合いの中で，軌道修正したり，資料を用いて新たな視点から発言したりするなど，的確な発言も多く見られた。	授業開始早々，A児の発言を受けて発言した（6「私もA児さんと同じで，判断は正しかった…」）。その後はつぶやきが1回（20）あるが，中盤は発言が見られない。授業の終盤の発言は，（48「～きちんと話し合いをすべきだった」）と，最初の発言をやや修正した内容であった。
F児	14 (4)	4 (3)	つぶやきが多いが，消費量と生産量のグラフを基にした話し合いの部分では，積極的に参加する姿勢が見られ（61，65），最後に自分なりの考えをしっかりと述べていた（78「消費量が減っているから…」）。	つぶやきが減り，友達の意見に対する自分の考え（17，47）や直弼の心情を考えた発言（53「～何としても開国するぞっていう気持ちだったんだと思う」）が見られた。
G児	4 (4)	1 (1)	前半2回の発言は，友達の発言を受けながら多面的な考え方（44）をしたり，前時に配布された資料をもとに考えを述べたりしており，いずれも息の長い発言である。終盤では次時への問題提起をしており，発言回数は少ないがいずれも話し合いによく集中していることが分かる発言ばかりである。	発言は後半に入ったところで1回記録されているだけであるが，井伊直弼の最期についてくわしく調べたことをもとに，「～と思うので，井伊直弼は正しいというか，がんばった」と直弼を評価する発言であった。
H児	0	0	「Sさんは朝4時半から起きて豚の世話をしているのは大変だと思った。田んぼは12枚5日間もかけることがびっくり」（6/20のノート）「直まきの方が時間が減るからその分，田んぼが作れるから」（6/25：前時のノート）	「判断は正しい。資料を読むと，直弼は自分が悪者になって日本をよくしようと考えたり，実行しようとしたりしているので，直弼みたいな人がいなかったら，今の日本はないと思うから」（前時のノート）

※発言回数の実数はつぶやきも含めて授業記録でカウントした回数。（ ）内は，自分の考えを根拠と共に述べるなど，比較的息の長い発言の回数。また，文中の（ ）付き数字は授業記録の発言順に一致している。

第Ⅱ章 「思考力・判断力・表現力」の育成をめざした授業の構造

	児童に対する担任の思い・願い 上段：堀畑（5年），下段：瀬田（6年）	考　察 （担任の話を基にした子どもの変容）
A児	クラスのムードメーカーだが，自分の思いのままに発言する傾向があるので，頭の中でワンクッション置いて，人に伝わるように話す姿勢を身につけてほしい。 自分の思いが強すぎて，しっかり聞かずに発言することが多かった。友達の意見を聞くことの大切さ，そして，そこから自分の考えを新たに出してほしいと思った。	5年では，E児と共に最も発言が多かったが，2/3は挙手をしないつぶやきであった。6年生になるとつぶやきがほとんどなくなったことから，思ったり考えたりしたことをすぐに口にするのではなく，他の子どもたちの意見を受け止めながら発言しようとする姿勢が身に付いてきたと考える。
B児	学習に対する情熱をもってほしい。やればできるので，集団学習の場で活かしたいと考えていた。そうすれば友達とのつながりも太くなると期待していた。 じっくり考えることができる。友達の発言を受けて自分の考えを述べてくれるだろう。根拠をしっかりもちながら発言してほしい。	友達の発言や資料をもとに，じっくり考えて発言するスタイルに大きな変化は見られないが，6年の授業では最初から最後まで満遍なく発言していること，2回も友達の意見を受けて発言していること，最後に考えを修正していることなどから，集中力が増し，より多面的に考えることができるようになってきたと考える。
D児	じっくり物事を考え，自分なりの意見をもつことができる子なので，話し合いの中ではどんどん発言してほしいと考えていた。 自分の考えはしっかりもっている。どのタイミングで発言するかが難しい。最初は，本人の様子を見ながら指名していくことで，徐々に自分からタイミングを図れるよう期待。	5年生の時は最後まで他の子どもたちの意見を聞いて，次時の問題提起をしている。6年の授業では最も多い発言回数（全て息の長い発言）を記録していることから，周囲の意見を聞きながら自分の考えを構築するというスタイルは変わらぬままに，それを全体の場で積極的に発言しようとする姿勢が培われてきたと考える。
E児	社会科の学習が大好きで，つぶやきや相槌が多い。あまり出過ぎるときは促しながらも，この子の良さを活かしながら授業を組み立てようと考えていた。 人の話を良く聞き，自分の考えをもって授業に臨むことが多い。友達の話を聞いて自分の考えを変えることもできる。より具体的に友達がうなずくような発言を期待した。	5・6年共に，発言やつぶやきの分布とその内容を見ると，最初から最後までよく授業に集中して人の話をしっかり聞いていることが分かる（40等）。息の長い発言は少ないが，根拠を明確にした発言もできる（5年：42，6年：6）ことから，話し合いに積極的に関わりながら自己の考えを構築していくスタイルを継続していると考える。
F児	自分の考えをもちつつ，周囲の考えに耳を傾けながら学習できる子。時折，考えが担任を超えていくこともあり，授業のキーパーソンとして期待していた。 自分の考えを素直に発言する。友達の考えに納得できないと，納得できるまで質問することができる。授業の途中で，よりよい方向に流れを変えてほしいと考えていた。	6年になって発言回数は1/3程度に減ったが，息の長い発言の回数は変わらない。じっくり考え，タイミングを計って発言するという基本的な姿勢は変わらないが，つぶやきが減ったことから，周囲の意見を聞く姿勢がより一層向上したと考える。
G児	自分をよく知り，自分の考えをしっかりとノートに書くことができていた。自分から発言することは少なかったが，促すと言えることもあったので，自発的な発言を期待。 発言は少ないが，自分の考えをしっかりもっている。本人の発言が友達の考えを左右することもある。人の話を良く聞いているので，遠慮せずにどんどん話の中に入ってほしい。	発言回数は少ないが，いずれも自分の考えをその根拠とともに発言しており，話し合いによく集中して自分が発言するタイミングを計りながら挙手をしていると考えられる。6年の「井伊直弼は正しいというか，がんばった」という発言からは，人物に寄り添いながら考えるG児なりの姿勢がうかがえる。
H児	真面目で勉強熱心だが，人前で話したり自分を出したりすることがほとんど見られなかった。明るくお姉さん肌の所もあるので，一歩前へ進んでほしいと願っていた。 物静かで積極的に発言することは少ないが，ノートには自分の考えをしっかり書いている。タイミングを見て指名することで，自分の考えに自信をもてるよう支援したい。	5・6年ともに発言はないが，ノートには毎回自分の考えをしっかり書いており，他の子どもたちの発言を聞きながら自分の考えを構築していることが分かる。今回の授業では発言が見られないが，6年になってまず算数の授業で発言するようになり，社会科でも発言が見られるようになっていったとの話が瀬田教諭よりあった。

※つぶやき＝挙手や指名によらないが，話し合いの流れに沿った児童の発言。
※E児とF児は，4年生の時も堀畑級。B児，D児，F児は，1年生の時も瀬田級。

【表Ⅱ】 抽出児及びその保護者に対する聞き取り調査の結果

	抽出児の回答	
	【5年生の授業で印象に残っていること】	【6年生の授業で印象に残っていること】
A児	・農家の方の大変さを深く考えることをがんばった。Sさんの米作りについては、米作りの大変さがとても印象に残っている。	・みんなと話し合い、意見を言い合っているときは、とても楽しかった。日本の開国について、井伊直弼になったつもりで考え、話し合いをしたことに自分は力を入れたと思う。井伊直弼の日本を変えたという強い思いを読み取ることにも力を入れたと思う。
B児	・インターネットでいろいろ調べたり、田植えをしたり鎌を使って稲を収穫したりしたこと。	・安政の大獄について話し合ったり、桜田門に行ったりしたこと。
D児	・Sさんに電話して疑問に思っていることを話したこと。	・桜田門を実際に見学したこと。
E児	・がんばったと思うことは、他の人に自分の思っていること、意見を分からせること。なかなかみんな分かってくれないことがあった気がする。 ・先生がいつもノートを見てコメント、アドバイスしてくれているのを見るとうれしかった。先生が自分と同じ目線になってくれたことが特にうれしかった。	・井伊直弼の授業では、たくさんの資料から関連することをたくさんピックアップしてまるでパズルのように謎を解いていった気がする。みんなが名探偵になったみたいだった。
F児	・学校の田んぼで田植えをしたこと。	・東京見学で桜田門に行ったこと。
G児	・分からないことがあった時、その場ですぐSさんに電話したのが印象的。 ・全体的に話し合いの授業が多くて楽しかった。	・井伊直弼の銅像がある公園まで歩いていったこと。疲れたけど、井伊直弼を身近に感じるようになった。
H児	・米作りについてクラスで話し合ったこと。Sさんに話を聞いたこと。	・よく覚えてない。

※「5年生の授業」「6年生の授業」は、ともに本書で紹介した単元の授業に限定した問いに対する回答である。

	抽出児の回答	保護者の回答
	【社会科の学習で身に付いた力】	【社会科の学習で身に付いた力】
A児	・多くの話をまとめる力。 ・調査活動では，別の事柄と別の事柄の共通点を探し，いろいろな視点で物事を見られるような力がついた。	・自分の考えや意見を周囲に伝え，説得する能力はあったと，様々な活動を経験する中で，異なる意見をまとめていく調整能力や最良の行動は何かを判断する能力が培われたと思う。また，問題の答えだけでなく，それに至る過程も含めて理解しようとする意欲や探求心，洞察力が育成されたと考える。
B児	・好奇心や発想力など。 ・みんなでわいわいやって解決する授業が多かった。頑張って考えたりしていれば，だんだん分かるようになった。	（欠席）
D児	・発言力。 ・発言すると関心・意欲・態度が上がった。	・自分で考えて行動に移す力。聞いてくることが少なくなった。 ・社会科の授業だけでなく，家庭科や図工などの授業につながるように行っているところがよいと思う。例えば，米作り（社会科）→ご飯を炊いて食べる（家庭科）→茶碗作り（図工）など。
E児	・自分の意見をもつことの大切さ，周りの意見に流されずに自分が思ったことを言える力がついたと思う。中学ではこのような力を発揮することは少ないけど，この先いつか活用できる日が来ると思う。 ・これだけ言いたいことが言えるのは，小学校で培われた。	・みんなで話し合って学習していくうちに，自分のすきなこと，得意なことを発見でき，それが認められ大きな自信につながった。発言が増えて自分と他者との違いに気づき，そこから違う分野への興味が広がって，どんどんよい方向で様々な力が携わってきたように思う。
F児	・まちのいろいろなものに興味をもつようになった。 ・あってるか間違ってるかではなく，自分の意見が自由に言えた。先生がそれを紙にまとめてくれて，そうするとまた疑問が出て，次の問題にしてくれる。自分の考えを取り上げてくれるのは，うれしかった。	・聞く力がついたと思う。また，聞いたことにより，興味のあるものへの探求心が高くなった。調べたいことは親に聞く，または，インターネットで調べられるようになった。 ・小説以外の科学，歴史などの学習誌など，よく読むようになった。
G児	・自分とあまり関わりのないことでも深く考えられるようになった。人の話を目を見て聞けるようになった。	・体験したことについては興味が出てくるのか，「もっと詳しく知りたい」とインターネットで調べたりしていた。 ・見学や体験学習などを繰り返すことで，仲間との協力や話し合う力がついてきた。 ・各教科ごとに学んでいることが，実はつながっているんだよということに気付くことができた。
H児	・発言力。 ・6年生になって，少しずつ発言できるようになった。	・集中力，発言力，考えをまとめる力。 ・歴史に対する興味・関心。歴史上の人物の顔のイラストがあり，昔のことを想像しやすく，興味がわいたようだ。 ・低学年では発言するときに涙ぐんでいたのに，6年になって自ら発言する姿を見て成長を感じた。

話し合いの授業における抽出児の分析は，数名の児童の発言やノートの記述などを詳しく調べ，個の思考過程の連続性などを考察するものが多いと思われるが，ここでは，前ページまでの表をもとに，本書のテーマである校内授業研究のあり方という観点から考察するものとする。

→ 発言回数の変化

　6年生の授業では，5年生の授業と比べて子どもたちのつぶやきがかなり少なくなり，トータルの発言回数もかなり減少している。したがって，A児，E児，F児のように個々の発言回数も減っている子どもが多い。しかし，この3人については，発言回数は激減しているものの，息の長い発言の割合はいずれも上昇している。つまり，5年生まで気付いたことや考えたことをつぶやきとして積極的に表現していた子どもたちは，単につぶやきを自粛するようになったというわけではなく，じっくり考えたり自分の考えを整理したりしながら発言しようという姿勢が身に付いてきたととらえるのである。これは，聞き取り調査の後，A児から瀬田教諭の元に届いた手紙に次のような記述があったことからも確認することができる。

> 　私は，5年生の時までは，自分の意見をあまり抑えたり，もう一度考えを吟味したりすることができず，しゃべっていないと落ち着かない性格でした。6年生になってから親とよく話すようになり，自分以外の人の話を聞くことがとてもおもしろいと感じるようになりました。自分の意見や見解を他の人に伝えることが一番大切だと思っていましたが，人の意見を取り入れながら，自分の話を展開させていくという考えが一番良いのではないかと思うようになったのです。

　次に，発言回数については多くの子どもたちが6年生になって減少しているのであるが，B児とD児については，発言回数が増えている。これについては，両者の6年の授業についての印象を見ると，B児が話し合いについて触れてはいるが，ともに桜田門を見学したことを挙げており，必ずしもこの単元の学習が発言回数を増やす大きな契機になったとは言えない。しかし，社会科の学習で身に付いた力については，それぞれ「みんなでわいわいやって解決する授業が多かった。頑張って考えたりしていれば，だんだん分かるようになった」（B児），「発言力。発言すると関心・意欲・態度が上がった」（D児）と回答しており，2人の動機付けは異なっているものの，他の単元も含めて社会科の学習に対する関心や意欲を徐々に高めてきた成果と考えられる。

→ 発言の少ない子どものとらえ

　さて，以上の5人の抽出児は比較的大きな変容が見られるのであるが，それに対して発言回数が少ないG児と全く発言が見られなかったH児は授業記録だけでは変容の様子をとらえることが難しい。しかし，この2人のように学級全体で行う話合い活動において発言回数が少ない子どもや，全く発言しない子どもは，授業に参加していない，あるいは授業に関心がないと単純にとらえることはできない。子どもが学習問題を自分の問題と強く意識している時や他の子どもと自分の仮説（考え）が対立した時などは，放課後や家庭で自分の仮説の根拠となる資

料をさがす活動を行うなど，意欲的かつ主体的な行動が見られる例はたくさんあるからである。
　例えば，6年の学習について，H児の保護者は，聞き取り調査で次のように述べている。
　「『横浜はじめて』の学習で，アイスクリーム，ガス灯，石けん，日米修好通商条約，開港のことなど，親子で調べました」（H児保護者）
　聞き取り調査では，他にも保護者から次のような話があった。
　「クラス内やクラス間にもよい意味の競争意識があったようで，それがまた学習意欲につながっていたと思う」（E児保護者）
　「とにかく質問が多くて，答えるのが面倒くさいと思ってしまう親で申し訳なかったと思う。そのうち，自分でインターネットなどを利用して調べるようになると，これも親に話したいようで，調べることが楽しいんだと感じた」（F児保護者）
　このような放課後や家庭での子どもたちの調査活動の様子やその内容について，懇談会や3者面談等の機会を通して教師が児童理解を深めていくことが，考え合う授業を成立させる上で大切となる。

→ ノート活用

　H児は，5，6年の授業とも発言が全くなかったが，毎時間のノートには自分の考えがしっかりと記述されており，発言はなくとも授業に参加し，考えていたことが分かる。
　A児のように発言の多い子どもは，ノート記述の時間を確保しても「書くことな〜い」（109A児）のような反応をするケースがよく見られる反面，H児のように全く発言しない子どもに対して，ノートやカードに自分の考えを書くよう指導を重ねていくと，自分の考えや調べて分かったことなどを詳しく書くことができるようになるのは，経験上知っている教師も多いと思う。
　私も，学級担任をしている時は，「ノートは黒板を写すためのものではなく，自分の学習の足跡を書き留めておくためのもの」として，「世界で一冊の自分だけのノート」にすることを子どもたちに指導してきた。「自分の学習の足跡」とは，授業中に自分が気付いたこと，考えたこと，不思議に思ったことなどを書き留めたり，放課後や家庭で調べて分かったことなどを自分の言葉で詳しく記録しておくということである。したがって，授業が始まるときにはノートを開いて，日付を書いておくというルール以外，いつ，何を，どのように書くかは，基本的に全て子どもたちに任せることにした。
　このように「自分の学習の足跡」をノートに記述していくことは，社会科，生活科，総合的な学習の時間のように，子どもの主体的な問題解決のプロセスを重視する教科においては特に大切な意味をもつ。一つは，教師が子どもたち一人ひとりの興味・関心や思考の変容をとらえる手がかりにすることができるということであり，もう一つは，子どもたち自身が自己の学習を振り返る（自己評価する）際の手がかりにもなるということである。

03 教師の指導性について考える

|1| 教師の発問から見えてくること

　前項で明らかにしたような子どもたちの変容の背景には，2人の指導者の様々な努力やすぐれた授業力があるのは確かであろう。しかし，子どもたちだけでなく教師自身も共同研究としての校内授業研究会を通して，そのような力を伸ばしてきたことを忘れてはならない。ここでは，教師の指導性について「発問」と「資料提示」という観点から，さらに2つの授業を検討していくことにする。

→ 意図的な指名

　授業中の教師の発する言葉を全て発問とするならば，当然「指名」も発問ということになる。算数の計算問題のように正解が一つに限定される発問を教師がした場合には，席の順に指名したり子どもの普段の発言状況や算数の学力等を考慮して指名したりしても，特に問題はないであろう。しかし，ここで取り上げている社会科の授業のように，子どもによって学習問題に対する考えや立場が異なる（複数ある）場合には，教師の指名は重要な意味を持ってくる。

　例えば，発言の少ない子どもたちの場合，自分の考えは持っていてもどこで手を挙げるか迷っている内に授業が進んでしまい，タイミングを逸してしまうというようなこともある。そのような時，教師が話し合いのタイミングを見計らって指名することで，その子が生きる場を生み出すことができるのである。5年生の授業のG児に対する堀畑教諭の指名（T22）がまさにそれにあたる。

　堀畑教諭は，それまで一度も発言のないG児をここで意図的に指名する。それに対してG児は「私も，A児さんと同じで，強い稲ができるから，っていうのと，それと水道代と肥料代が安くなって，1枚分の時間が減って，いいことが3つもあるから（直播きにしたんだと思う）」（44G児）と発言する。この発言は，指導案の座席表の記述（前時のノートの記述）とほぼ一致しているが，発言の冒頭に「A児さんと同じで」と述べていることから，単に指名されてノートを読んだのではなく，自分の考えを発言する機会を探っていたと考えられる。これだけでもG児が前時に書いたノートの内容を教師が把握した上での意図的な指名と言えるが，堀畑教諭はさらに「どこを元にして言ったのかを，もう少し詳しく説明ができると，みんなも分かりやすいと思うよ」（T23）とG児に対して問い返す。すると，G児は，待ってましたと言わんばかりに「えっと，『直播きと水稲栽培の違い』っていう先生がくれたプリントを…」（45G児）と根拠とした資料について発言を始める。そして，その発言を遮るように「これだよね，この大きいやつ。折角だから前に出てきて…，ここにこうやって書いてあるよって」（T24）という教師の発問を受けて，G児は皆の前で自分が根拠とした資料を紹介するのである。

　このときの発問について後日，堀畑教諭は次のように述べている。

　「G児は普段からあまり積極的に発言するタイプではないけれど，指名すると的確な発言が

できることが多いので，初めは座席表にも記したように授業の後半に私が出す資料（Ｓさんの作付面積の変化のグラフ）を見て自分の考えを発信してほしいと考えていました。しかし，この時はＣ⑥の発言と同じような視点でＧ児も自分の考えをノートに書いていたことを思い出し，指名しました。その後の問い返しは，Ｇ児がＡ児のつぶやき（『このグラフを見て分かった』）を受けて『Ａ児さんと同じで』と言ったのを聞いて，同じ資料を根拠にしていると考え，ノートには書いてなかったけど問い返してみました」

　Ｇ児だけでなく６年になって発言が増えたＤ児も，発言は少ないものの，記録に残っている発言は全て息の長い発言ばかりである。この２人のように他の子どもたちの意見を聞きながら自分の考えを練り上げていくタイプの子どもたちや，自分から進んで手を挙げることが苦手な子どもたちに対して，子どもの実態把握をもとにした意図的な発問をタイミング良くできるかどうか，まさに教師の力量を問われるところとなる。

→ 問い返し

　ここでは前述のような発言者に対する「問い返し」についてもう少し掘り下げて考えるため，２つの授業における両者の発問を次のような観点で分類したところ，下表のような結果になった。

　なお，下表の発問回数が授業記録と一致しないのは，「あ〜。Ｓさんは何をやっても一生懸命？　Ｃ④」（５年生，Ｔ12）のように２つのカテゴリー（この場合は「発言内容の確認」と「指名」）が含まれている発問の場合，両方の観点にカウントしているためである。

【表Ⅲ】発問の分類：上段は発言回数，下段は全発問に対する割合

発問の観点	５年生の授業	６年生の授業
〔指名〕	計17回 17.9％	計4回 10％
〔発言内容の確認，明確化〕	計39回 41.0％	計19回 47.5％
〔問題提示，質問〕	計17回 17.9％	計11回 27.5％
〔行動等の指示〕	計10回 10.5％	計2回 5％
〔説明，解説〕	計3回 3.2％	計3回 7.5％
〔その他〕	計9回 9.5％	計1回 2.5％

※「指名」や「指示」等を発問のカテゴリーに含めない場合もあるが，話し合い活動ではそれらが重要な意図を持つことがあるため，ここでは教師の発言はすべて発問としてとらえている。

表Ⅲをもとに2つの授業を比較すると,「発言内容の確認,明確化」が,共に4割以上でもっとも多くなっていることが分かる。つまり,どちらの授業者も,しっかりと子どもの発言を受け止め,その内容を確認しながら他の子どもに周知したり,さらに詳しい説明を求めて発言者に問い返したりする発問を日頃から心がけているのである。そして,前述のG児の事例でも分かるように,子どもたちの発言を受け止めて板書するだけではなく,再度発言した子どもに問い返す発問を日々の授業で意図的・継続的に行っていくことが息の長い発言を可能にし,その子どもの発言力の向上につながっていると考えるのである。

　さらに,表Ⅲからは共に「行動等の指示」や「説明,解説」等,教師の一方的な指導(直接指導)が少なく,子どもたち自身に考えさせたり発言を求めたりする発問(間接指導)が多いことも分かる。子どもたちが主体的に話し合う授業をめざす上で,教師が一方的に行動等の指示を出したり,資料の説明や解説を長々としたりするような直接的な発問は必要最小限にとどめるべきであると考えるのである。

|2| 分節関連構造図から見えてくること

　ここでは,2つの授業の分節関連構造図(図Ⅰ,図Ⅱ)をもとに,資料提示という観点から教師の指導性について考えていくことにする。

→ 資料提示のタイミング

　図Ⅰと図Ⅱの「主な教師の支援」を比較して気付くのは,教師の資料提示が5年生は第4文節,6年生は第3・第4分節と,いずれも授業の後半に行われていることである。そこで,これらの資料提示が行われた直前の話し合いの構造を検討しながら,それぞれの資料提示の意図を考えてみることにする。

　まず,5年生の場合,Sさんが直播きを始めた理由について,時間短縮,生産調整,経費削減など様々な視点から話し合いを進めていくが,第3文節後半に「これちょっと結果。(略)まとめると〜」(91A児)の発言から複数の理由があるという流れになり,「直播きの方がいいところがたくさん」(93C②)という極めて抽象的な言葉でまとまってしまう。それに対して,教師は「Sさんの作付面積のグラフ」を資料として全員に配布するとともに,「そんなに直播きの方がいいなら,(略)全部直播きにしちゃえばいいじゃん」という発問を子どもたちに投げかける。

　この時,前掲した堀畑教諭自身の振り返りの言葉を借りれば,まさにここが本時の「山場」という思いだったと考える。つまり,それまでSさんの話や資料集の資料などをもとに具体的な話し合いを進めてきたにもかかわらず,その結論が「いいところがたくさん」という抽象的な言葉で落ち着いてしまいそうになったことに対して,堀畑教諭はもう一度具体的な話し合いに戻すべく資料提示という手を打ったということである。そして,資料の読み取り時間を5分近く確保するとともに,机間巡視しながら個別指導を行っている。

　その資料提示後の展開を見ると,「直播きの米も(略)悪い所もあったりするのかな?」(97F児)等,直播きよりも水稲の方が大きな割合を占めていることを知った子どもたちが再

び動き始めたことが分かる。しかし，子どもたちの動きは，教師の意図として指導案に記されている減反や高齢化の問題に向かうのではなく，「儲かりたい」（102E児），「みんなに食べてもらいたい」（103C②）等，根拠のない発言の後「なにがなんだか…」（105E児）と混乱していく。

　それを見た堀畑教諭は結論を急ぐことなく，混乱してきた子どもたちのためにもう一度自分の考えをノートに整理するための時間を確保し，個別指導に入る。

　その結果，第5分節では，子どもたちの話し合いによって次時の学習問題，「何でSさんは生産量を増やすと米がたくさん余ってしまうのに，200アールも田んぼを増やそうとしているのか」が決まり，本時が終了する。

　以上のような授業後半の展開を見ると，5年生の場合，話し合いが抽象度の高い安易な結論でまとまろうとしたタイミングを見計らって，教師がその状況を打開するという強い意図を持って資料提示という手段を講じたと言えよう。

　次に，6年生の場合は，第2分節の最後の発言，「正しいと思っていた日本の未来のために役目をはたした感じで，役目をはたした感じ」（35C⑩）の後，1分12秒もの沈黙（間）を経て，教師から資料が提示されている。

　まず，この「間」が生じるまでの経緯を見ると，第1分節では，井伊直弼の開国の判断の是非（学習問題）に対して，「正しかった」と直弼の判断を肯定する立場と，「どちらとも言えない」「正しくなかった」と否定的な立場の対立構造で話し合いが進んでいく。しかし，「直弼の独断」であったという否定的な立場の根拠が，「2度の意見書」という肯定派の提示した事実によって崩された後は，否定的な立場であったB児とD児も「日本のため」という考えに変わっていく（29D児，30B児）。第2分節では一転して，反対意見が出なくなり，5年生と同様に「日本の未来のため」という極めて抽象的な言葉に収斂された結果，長い「間」（1分12秒）が生じるのである。そして，その膠着状態を打開する意図で瀬田教諭による資料提示が行われたとすれば，6年生の資料提示も5年生の場合と同じような意図とタイミングで行われたと考えるのである。

　その後の話し合いの展開を見ると，第3分節では，安政の大獄を根拠として「開国の判断は正しかったが，安政の大獄は間違いであった」という流れになり，直弼の心情に迫る考えが提示された後，最終的に「安政の大獄は正しかったのか」（55C）の問題を残して本時が終了する。

　以上のように，教師の資料提示後の活動は，ノートに考えを整理する活動（5年生）と引き続き話合い活動（6年）という違いはあるものの，どちらも話し合いの膠着状態を抜け出し，次時につながる問題を生み出していくことから，両者の資料提示には「話合い活動における膠着状態の打開」という共通点が見えてくるのである。

→「間」を生かす

　一般に，授業の中で「間」ができるというのは，授業者にとってあまり気持ちの良いものではない。まして，大勢の参観者の前では尚更である。早く何とか手を打って話し合いの継続を図りたいと考えても仕方がないような状況である。なぜ，瀬田教諭はそのような状況で1分

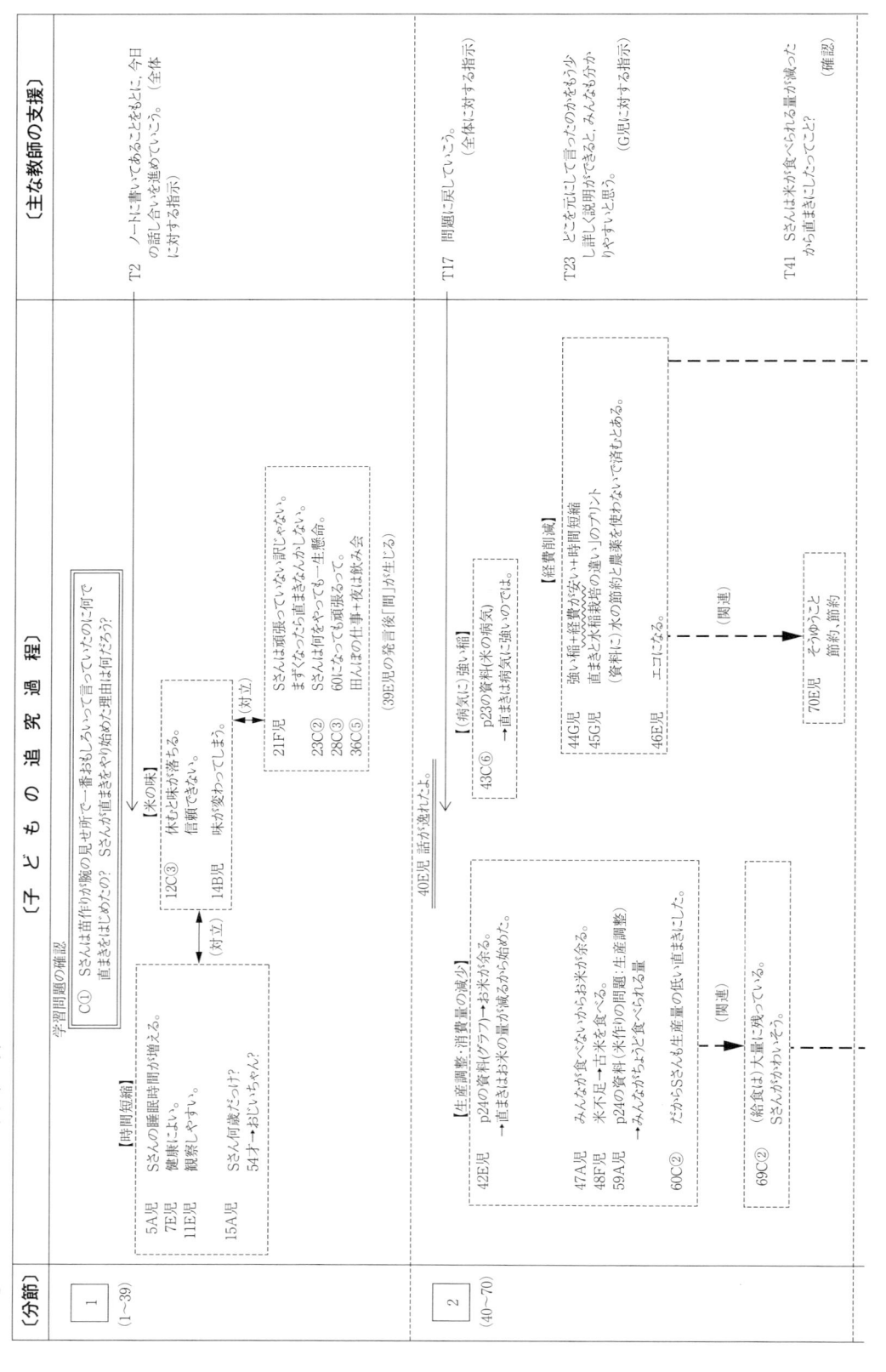

[図I] 本時分節関連構造図（5年）

〈分節〉	〔子どもの追究過程〕	〔主な教師の支援〕
1 (1〜39)	学習問題の確認 C1 Sさんは苗作りが腕の見せ所で一番おもしろいって言っていたのに何で直まきをやりはじめたの? Sさんが直まきをやり始めた理由は何だろう? 【時間短縮】 5A児　Sさんの睡眠時間が増える。 7E児　健康によい。 11E児　観察しやすい。 15A児　Sさん何歳だっけ? 　　　　54才→おじいちゃん? （対立） 【米の味】 12C3　休むと味が落ちる。 14B児　信頼できない。 　　　　味が変わってしまう。 （対立） 21F児　Sさんは頭悪っているんじゃない。 23C2　まずくなったら直まきなんかしない。 28C3　Sさんは何をやっても一生懸命。 36C5　60になっても頑張るって。 　　　　田んぼの仕事÷夜は飲み会 （39E児の発言後「間」が生じる）	T2　ノートに書いてあることをもとに、今日の話し合いを進めていこう。（全体に対する指示） T17　問題に戻していこう。（全体に対する指示）
2 (40〜70)	40E児 話が逸れたこと 【産業調整・消費量の減少】 42E児　p24の資料（グラフ）→お米が余る。 　　　　→直まきは米の量が減るから始めた。 47A児　みんなが食べないからお米が余る。 48F児　米不足→古米を食べる。 59A児　p24の資料（米作りの問題：生産調整） 60C2　みんながほどよく食べられる量 　　　　だからSさんも生産量の低い直まきにした。 （関連） 69C2　（給食は大量に残っている。 　　　　Sさんがかわいそう。 【病気に強い稲】 43C6　p23の資料（米の病気） 　　　　→直まきは病気に強いのでは。 44G児　強い稲＋経費が安い＋時間短縮 45G児　直まきと水稲栽培の違いのプリント 　　　　（資料に）水の節約と農薬を使わないで済むため。 46E児　エコになる。 （関連） 70E児　そのほかこと 　　　　節約、節約	T23　どこを元にして言ったのかがもう少し詳しく説明ができると、みんなも分かりやすいと思う。（G児に対する指示） T41　Sさんは米が食べられる量が減ったから直まきにしたってこと?（確認）

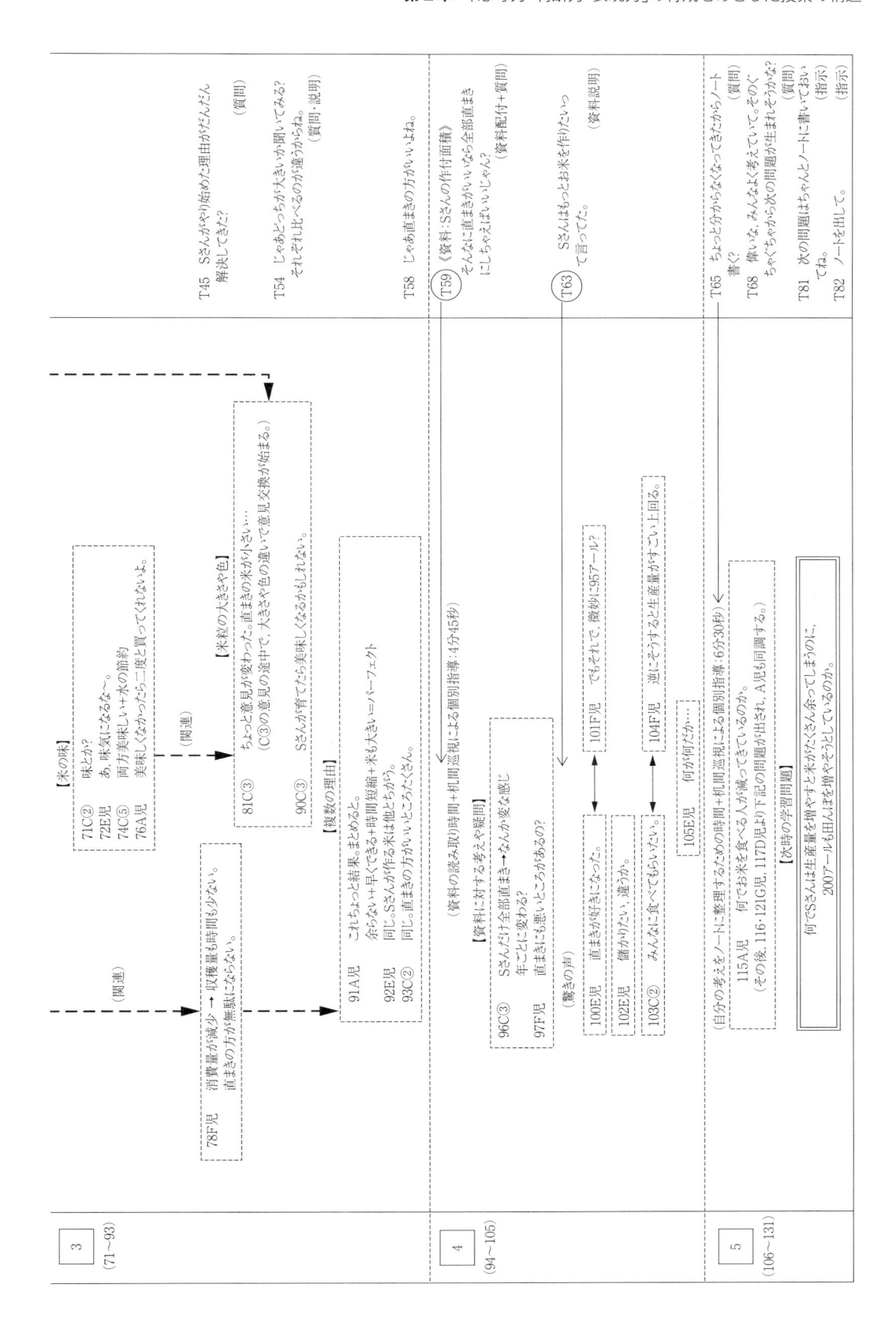

第Ⅱ章 「思考力・判断力・表現力」の育成をめざした授業の構造

T45 Sさんがやり始めた理由がだんだん解決してきた？（質問）

T54 じゃあどっちが大きいか聞いてみる？それぞれ比べるのが違うかね。（質問・説明）

T58 じゃあ直まきの方がいいよね。

《資料・Sさんの作付面積》
T59 そんなに直まきがいいなら全部直まきにしちゃえばいいじゃん。（資料配付＋質問）

T63 Sさんはもっとお米を作りたいって言ってた。（資料説明）

T65 ちょっと分からなくなってきたから、ノート書？（質問）

T68 悩いた、みんなよく考えていて。そのでちゃんとちゃんから次の問題が生まれたどうかな？（質問）

T81 次の問題はちゃんとノートに書いておいてね。（指示）

T82 ノートを出して。（指示）

【米の味】
71C② 味とか？
72E児 あ、味気になるなぁ～。
74C⑤ 両方美味しい→水の節約
76A児 美味しくなかったら二度と買ってくれないよ。

（関連）

81C③ ちょっと意見が変わった。直まきの米がだんだん…
（C3の意見の途中で、大きさや色の違いで意見交換が始まる。）

90C③ Sさんが育てたら美味しくなるかもしれない。

【複数の理由】
91A児 これちょっと結果、まとめると。
92E児 余らない＋早くできる＋時間短縮＋米も大きい＝パーフェクト
93C② 同じ。Sさんが作る米は他とらない。
　　　同じ。直まきの方がいいところたくさん。

（資料の読み取り時間＋机間巡視による個別指導：4分45秒）

【資料に対する考えや疑問】
96C③ Sさんだけ全部直まきになんか変な感じ
97F児 年ごとに変わる？

（驚きの声）

100E児 直まきが好きになった。
102E児 儲かりたい。
103C② みんなに食べてもらいたい。

101F児 でもそれで、徴妙に95？

104F児 逆にすると生産量がすごい上回る。

105E児 何が何だか…

115A児
（その後、116-121G児、117D児より下記の問題が出され、A児も同調する。）

次時の学習問題
何でSさんは生産量を増やすと米があまってしまうのに、200アールも田んぼを増やそうとしているのか。

78F児 消費量が減少 → 収穫も時間も少ない。
直まきの方が無駄にならない。

（関連）

3 (71～93)
4 (94～105)
5 (106～131)

061

[図Ⅱ] 本時分節関連構造図（6年）

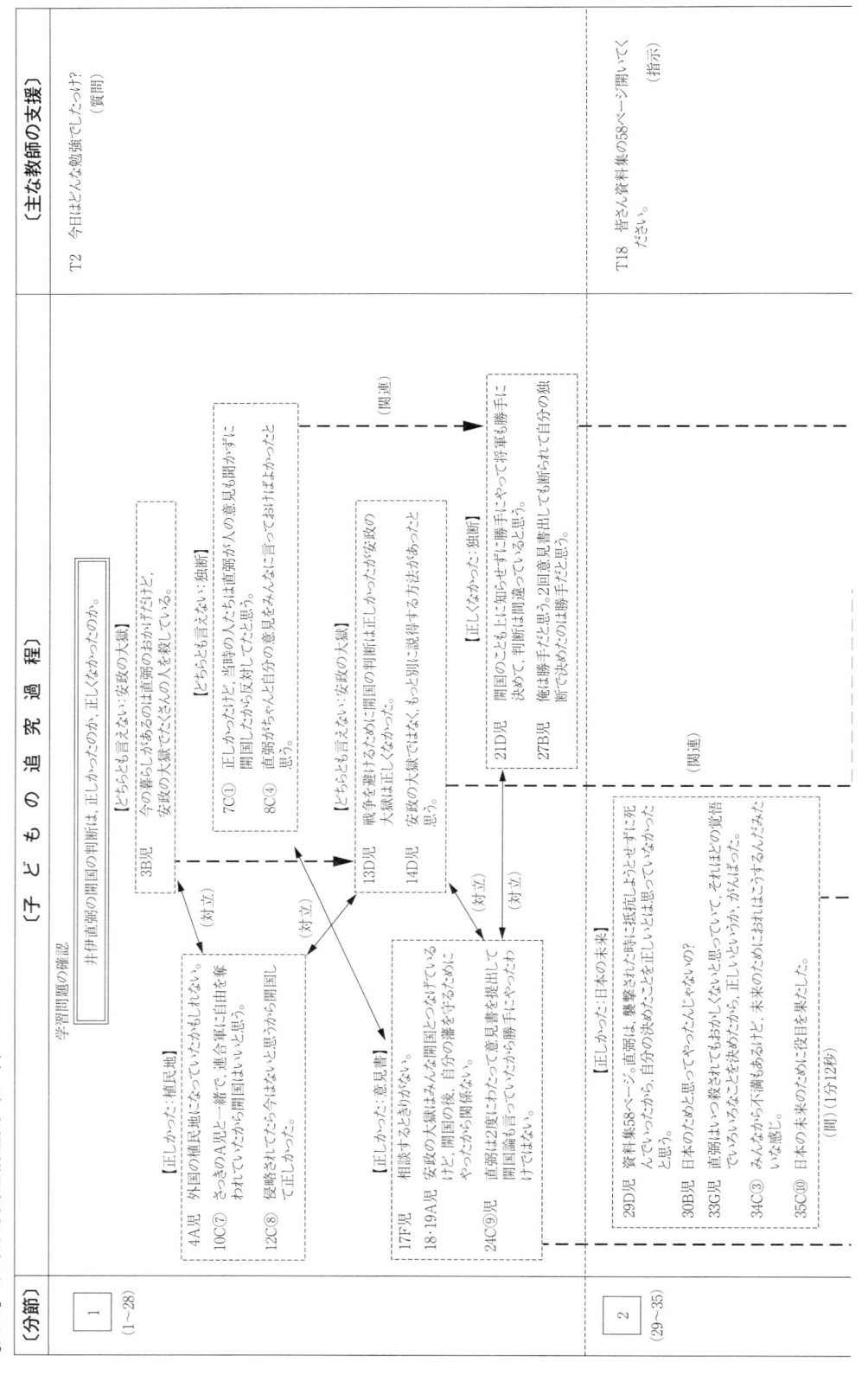

〈分節〉	〈子どもの追究過程〉	〈主な教師の支援〉
1 (1~28)	学習問題の確認 井伊直弼の開国の判断は、正しかったのか、正しくなかったのか。 3B児 【どちらとも言えない：安政の大獄】 7C⑤ 正しかったけど、当時の人たちは直弼の人の意見を聞かずに開国したから反対してきたと思う。 8C④ 直弼がちゃんと自分の意見をみんなに言っておけばよかったと思う。 13D児　14D児 【どちらとも言えない：安政の大獄】 戦争を避けるために開国の判断は正しかったが安政の大獄は正しくなかった。 安政の大獄ではなく、もっと別に説得、説得する方法がなかったと思う。 21D児　27B児 【正しくなかった：独断】 開国のことも上に知らせずにやって将軍も勝手に決めて、判断は間違っていると思う。 俺は勝手だと思う。2回意見書出しても勝手に自分の独断で決めたのは勝手だと思う。 【正しかった：植民地】 4A児 外国の植民地になっていたかもしれない。 10C⑦ さっきのA児と一緒で、連合軍に自由を奪われていたから開国はいいと思う。 12C⑧ 侵略されて今ではないと思うから開国して正しかった。 【正しかった：意見書】 17F児 相談することも少ない。 18・19A児 安政の大獄はみんな開国とつないでいるけど、開国の後、自分の運を守るためにやったから関係ない。 24C⑨児 直弼は2度にわたって開国と意見書を提出して開国論はも言っていたから勝手にやっただけではない。	T2 今日はどんな勉強でしたっけ？ （質問）
2 (29~35)	【正しかった：日本の未来】 29D児 資料集58ページ、直弼は、襲撃されて時に抵抗しようとせずに死んでいったから、自分の決めたことを正しいとは思っていなかった。 30B児 日本のためだと思ってやったんじゃないの？ 33G児 日本のためはいつ殺されてもおかしくないと思っていて、それはひとの覚悟でいろいろなことを決めたから、正しいという、がんばった。 34C③ みんなから不満もあるけど、未来のためにおれはこうするんだよと言った感じ。 35C⑩ 日本の未来のために役目を果たした。 （間）(1分12秒)	T18 皆さん資料集の58ページ開いてください。 （指示）

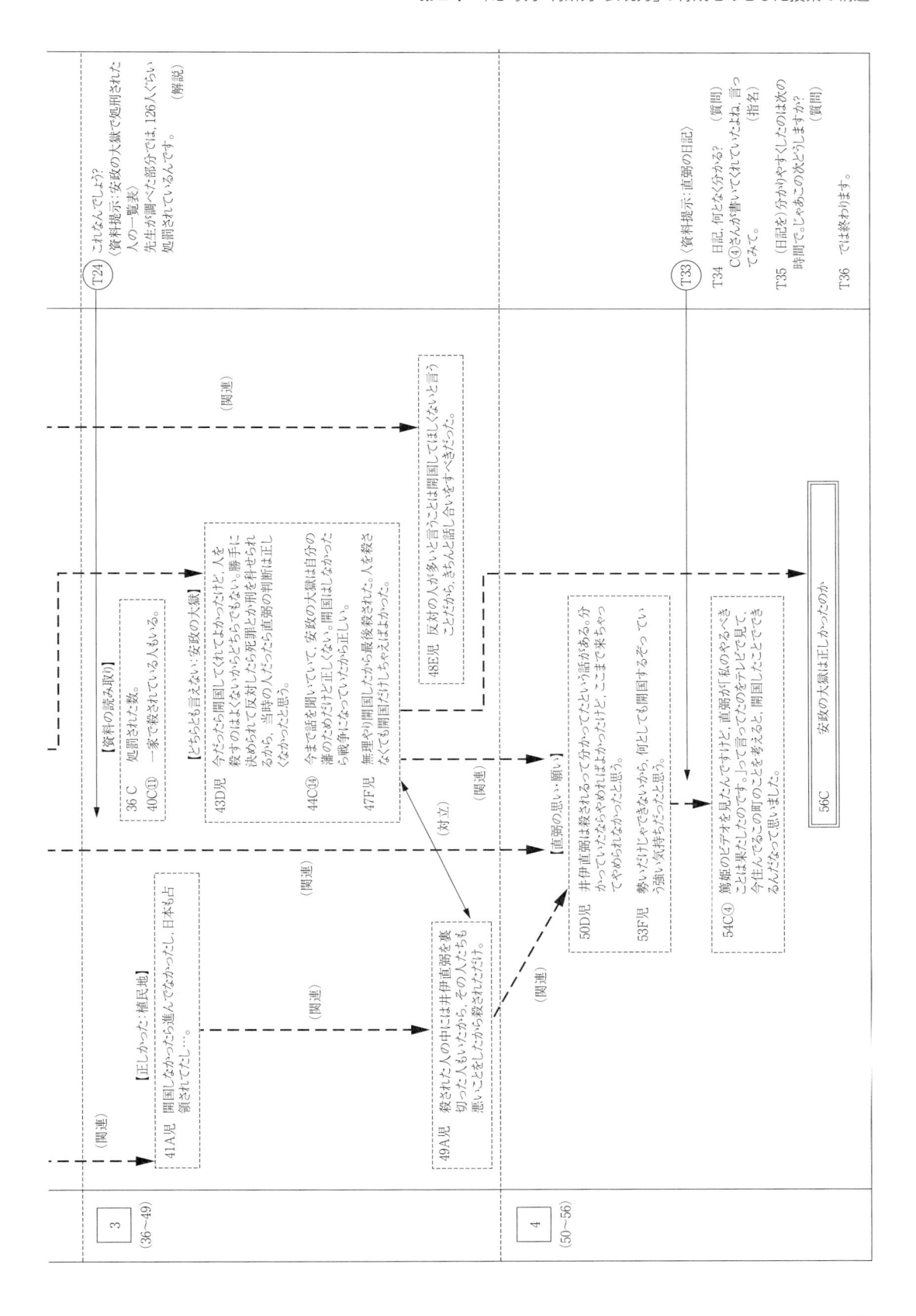

第Ⅱ章 「思考力・判断力・表現力」の育成をめざした授業の構造

T24 これなんでしょう？
〈資料提示：安政の大獄で処刑された人の一覧表〉
先生が調べた部分では、126人ぐらい処罰されているんです。（解説）

【資料の読み取り】
36 C 処罰された数。
40C① 一家で殺されている人もいる。

【どちらとも言えない：安政の大獄】
43D児 今だったら開国してくれてないからどちらでもない。人を殺すのはよくないからどちらでもない。勝手に決められて反対したら死罪とか刑を科せられるから、当時の人たちの判断は正しくなかったと思う。
44C① 今まで話を聞いていて、安政の大獄は自分の藩のためだけど正しくない。開国はしたくなかったから戦争になってもいいっていうから正しい。
47F児 無理やり開国したから最後殺された。人を殺さなくても開国だけしたらよかったと思う。

48E児 反対の人が多いって言うことは開国してほしくないと言うことだから、きちんと話し合いをすべきだった。

T33 〈資料提示：直弼の日記〉
T34 日記、何てなとかかる？
C④さんが書いてくれていたよね。言ってみて。（指名）
T35 （日記を分かりやすくしたのは次のどれかあるのどれかと思いますか？（質問）
T36 では終わります。

【正しかった：植民地】
41A児 開国しなかったら進んでなかったし、日本も占領されてたし…。

49A児 殺された人の中には井伊直弼を裏切った人もいたから、そのひとたちも悪いことをしたから殺されただけ。

【直弼の思い・願い】
50D児 井伊直弼は殺されるってことが分かっていたのにやめればよかったけど、ここまで来ちゃってやめられなかったかな。
53F児 勢いだけじゃないかな、何にしても開国する気持ちだったと思う。

54C④ 篤姫のビデオを見たんですけど、直弼が私のやるべきことは果たしたので、って言ってたのをテレビで見て、今住んでるこの町のことを考えると、開国したことでできてるんだなって思いました。

56C 安政の大獄は正しかったのか

3 (36～49)

4 (50～56)

12秒もの間，待ち続けることができたのであろうか。

　ここでもう一度，授業記録にある瀬田教諭が提示した資料の内容を見ると，安政の大獄で処刑された人々に関する詳細な資料である。安政の大獄については，第2分節で立場を変えたB児とD児が第1分節で正しいと主張する子どもたちに対する反論の根拠としてすでに示している。つまり，その2人にとって，直弼の独断だったという主張は崩されてしまったものの，安政の大獄については，18・19A児の反論があるだけで，まだ十分な話し合いができていない状況であったということになる。

　このような状況を把握していた瀬田教諭は，ここでもう一度B児やD児あるいは2人に同調する意見を述べたC⑬などの子どもから再び安政の大獄についての考えが出てくることを期待して（信じて）待っていたのではないか。つまり，できればこの膠着状態を教師の手ではなく，子どもたちの手で打開してほしいという思いを込めた1分12秒ではなかったのだろうか。

　後日，その辺りのことについて，瀬田教諭自身は次のように述べている。

　「自分ではそんなに長く待った覚えはないのですが，本時の話し合いは，直弼の開国の判断を正しかったととらえる子どもが多いと予想していたので，正しくなかったと考える子どもたちをフォローするために安政の大獄の詳しい資料を用意していたと思います。だから，もう一度子どもから安政の大獄の考えが出てくるのを待ったというより，誰でもいいから膠着状態を抜け出す発言をしてほしいという気持ちだったのではないかと思います」

　もちろん結果論に過ぎないが，そうであるならば，ここでは資料提示の前に，B児，G児，C⑬のいずれかの子どもを指名し，安政の大獄について発問するなど，あくまで間接的な指導に徹する方法もあったのではないだろうか。

　ところで，この「間」は，子どもたちにとってはどのような意味があったのであろうか。

　一端自分の立場を変えたD児は，この資料提示後に再び安政の大獄を根拠として「正しくなかった」（43D児）ともとの立場に戻っている。一方，B児は，その資料にはふれずに「まあ，正しかった」（42B児）と多少心を動かされた様子が見えるものの再び立場を変えないまま，最後まで発言はしていない。つまりここまで同じ立場で考えていたと思われるような動きをしていた2人であったが，ここで異なる立場の発言が見られたということは，教師の提示した資料の重みがこの2人にとって異なっていたと考えるのである。

　何も考えずに時間だけが経過していくような「間」は，教師が少しでも早く何か策を講じる必要があるかもしれないが，今回のように充実した話合い活動の中で生じる膠着状態としての「間」は，子どもたちが様々な思考をめぐらせる時間として大切にすべきものであると考える。つまり，思考力・判断力・表現力を高める契機として，子どもたちが真剣に考える「間」を授業の中で教師が保証することが話合い活動を充実させるための大事なポイントとなると考えるのである。

第Ⅲ章
自らの授業力を高めるために
~私の授業研究~

　本章で紹介する実践は、どれも個人的な授業研究としてではなく、校内授業研究の一環として行われたものばかりである。授業者は、それぞれ自校の校内研究を推進する先生方である。それぞれの経験年数や授業スタイルは異なっても、子どもと向き合う姿勢やよりよい授業を追究する姿勢には共通するものがある。

　チームや団体を組織する上で、「自立した個による集団の形成」を一つの理想型とするならば、そのチームや団体を構成する個々のメンバーの力量をどのように高めていくかは大きな課題となる。つまり、学校という組織の中でよりよい教育を保証していくためには、個々の授業力を高める取組は必要不可欠といっても過言ではないと思う。そして、その取組をリードする教師は、誰よりも厳しい自己評価の規準を持ち合わせる必要があると考えるのである。

　紙幅の関係で8名の実践記録のすべてを紹介することはできなかったが、自己の授業力向上をめざす先生方やこれから教師をめざす人たちには、ここで紹介する実践をヒントにして、よりよい授業をめざしてほしいと願うところである。

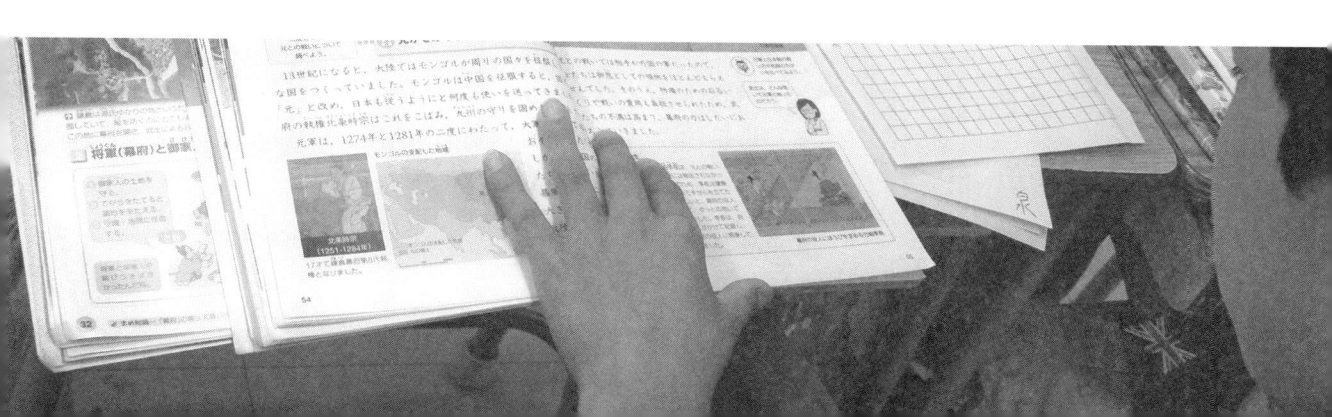

01 自らの価値観を転換する子ども
～「がんばるぞ わたしのしごと，大すき かぞく」～

1年 生活科

|1| 単元目標

家族の家庭での仕事を調べたり，実際に分担して行ったりする活動を通して，自分ができるようになったことに気付き，自分の役割を積極的に果たすことができるようにする。

|2| 評価規準

生活への関心・意欲・態度	活動や体験についての思考・表現	身近な環境や自然についての気づき
○家庭生活を支える家族のことや自分でできることなどについて関心をもち，家族の一員として自分の役割を積極的に果たそうとしている。	○家庭生活やそれを支えている家族のこと，自分でできることなどについて，自分なりに考えたり，工夫したり，振り返ったりして，それを素直な方法で表現している。 ○家族の気持ちになって考えたことを，内容や方法を工夫しながら伝え，表現し合っている。	○家庭生活を支えている家族のことがわかり，自分でできることに気付いている。

|3| 単元について （一部抜粋）

①子どもの実態

入学当初は個の活動を好み，協力したり協働したりする姿はあまり見られなかったが，たんけんや観察，秋のパーティーの取組などを通して，友達に声を掛け合ったり，協働したりしながら活動に取り組むことができるようになってきた。

活動に取り組むことは大好きなのだが，継続的に取り組んだり，相手意識を考えながら取り組んだりすることに対しては，まだ定着しているとは言えない。しかし，子どもたちは「力を合わせる」「自分からがんばる」という学級目標を大切にしようという気持ちをもっている。そのような気持ちを大切にしながら，生活科の学習での成就感・満足感を得られるようにし，そのことが自分の生活への気付きや見直し，発展や充実につながるようにしていきたいと考えている。

②単元の意図や教材について

子どもたちは仕事や手伝いが大好きである。しかしその気持ちは相手意識から起こっていることもあるが，多くの場合は「ほめられたい」「認められたい」という気持ちから起こっていることが多い。そこでこの単元では，自分の家族の仕事を調べたり，体験したりすることにより，家族やその仕事について具体的かつ実感的にとらえ，自分の働きを見直すとともに，家族に対する愛着を深めたり感謝の気持ちを高めたりする学習にしたい。

実態調査の結果，手伝いに対しては「頼まれてからする」という子どもが多く，自分からやることを見つける子どもはごく少数であった。しかし子どもたちは，入学以来の学校生活の中で，掃除・配膳など様々なことができるようになってきている。家族の生活や仕事を見つめ直すことにより，家族の一員として「手伝い」ではなく「仕事（役割分担）」をしたいという気持ちを育てたい（家族の仕事：ここでは炊事，洗濯，配膳などの家事を指す）。

　家族の仕事を分担して行う過程で，それがうまくいかなかったり，忘れてしまったり，継続への意欲が落ちてしまったりという「壁」にぶつかることが予想される。「おうちの人は，なぜわたしたちと違って続けることができるのだろう」という問題意識をもち，解決する過程で，目的意識・相手意識の大切さや，継続して取り組むことの大切さなどに気付いてほしい。そのことが家族への感謝の気持ちを具体的にもつことにつながると思う。そしてその壁を乗り越えようとする過程で，自分の成長に気付くとともに，学校生活の見直しやさらなる充実につながることを期待している。

|4| 部会テーマとのかかわり

> 夢中になって　よりよい生活を創り出していく生活科学習

→「夢中になって」について

　生活科では子どもの意欲や気付きを大切にするが，いつも楽しさだけを追いかけていくと，楽しい活動を与えられないと行動できない子どもに育ってしまう危惧もある。活動の契機と「夢中になる」ことや気持ちがあれば，その思いを大切にしながら継続的に活動したり，困難に負けずに取り組み続けたりすることができると考える。

→「よりよい生活」について

　自分の生活を支えている人に実際に出会い，話を聞き，体験することで，自分たちの生活は多くの人々に支えられていることに気付き，自分に関わる人々に愛着をもつことができるだろう。そういう気持ちが実感を伴った感謝の気持ちや，自らの行動の振り返りにつながってくるのだと考える。

→「創り出していく」について

　先生や家族の仕事を知り，自分の働き方と比べることにより，仕事を継続的に行う大切さや，方法を工夫したり改善したりする大切さ，自分の役割を全うすることによる充足感に気付いてほしい。そして自分のやりたいことを継続的に実現するためには，友達と協働することが大切なこと，みんなで決めたことはみんなで守ること，小さな達成感を積み重ねていくこと，そのようなことが生活をよりよくする原動力となることに気付いてほしい。

5 単元構想図（11時間）

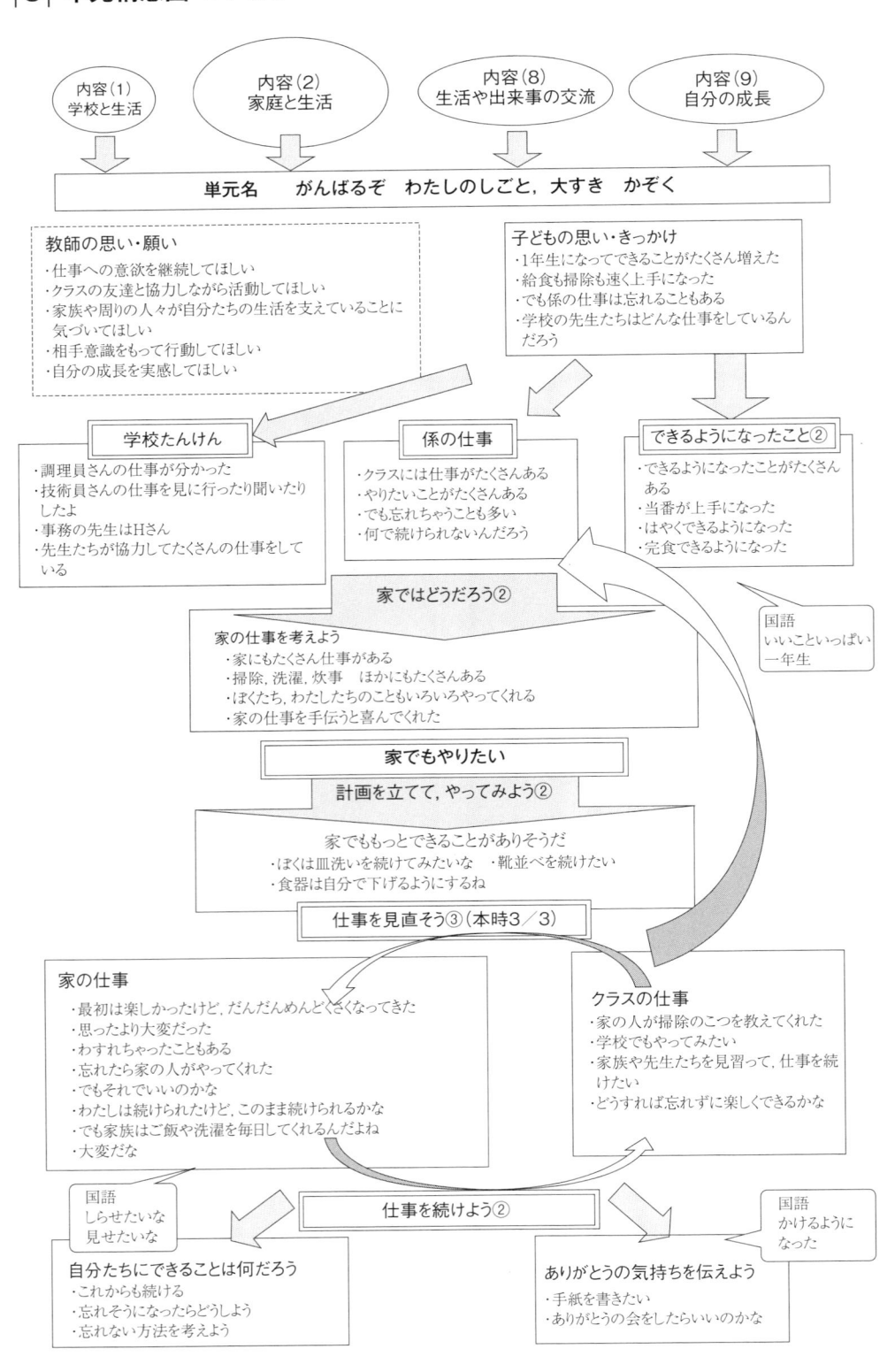

```
内容(1)          内容(2)          内容(8)              内容(9)
学校と生活       家庭と生活       生活や出来事の交流    自分の成長
```

単元名　がんばるぞ　わたしのしごと，大すき　かぞく

教師の思い・願い
- 仕事への意欲を継続してほしい
- クラスの友達と協力しながら活動してほしい
- 家族や周りの人々が自分たちの生活を支えていることに気づいてほしい
- 相手意識をもって行動してほしい
- 自分の成長を実感してほしい

子どもの思い・きっかけ
- 1年生になってできることがたくさん増えた
- 給食も掃除も速く上手になった
- でも係の仕事は忘れることもある
- 学校の先生たちはどんな仕事をしているんだろう

学校たんけん
- 調理員さんの仕事が分かった
- 技術員さんの仕事を見に行ったり聞いたりしたよ
- 事務の先生はHさん
- 先生たちが協力してたくさんの仕事をしている

係の仕事
- クラスには仕事がたくさんある
- やりたいことがたくさんある
- でも忘れちゃうことも多い
- 何で続けられないんだろう

できるようになったこと②
- できるようになったことがたくさんある
- 当番が上手になった
- はやくできるようになった
- 完食できるようになった

国語　いいこといっぱい　一年生

家ではどうだろう②

家の仕事を考えよう
- 家にもたくさん仕事がある
- 掃除，洗濯，炊事　ほかにもたくさんある
- ぼくたち，わたしたちのこともいろいろやってくれる
- 家の仕事を手伝うと喜んでくれた

家でもやりたい

計画を立てて，やってみよう②

家でももっとできることがありそうだ
- ぼくは皿洗いを続けてみたいな　・靴並べを続けたい
- 食器は自分で下げるようにするね

仕事を見直そう③（本時3／3）

家の仕事
- 最初は楽しかったけど，だんだんめんどくさくなってきた
- 思ったより大変だった
- わすれちゃったこともある
- 忘れたら家の人がやってくれた
- でもそれでいいのかな
- わたしは続けられたけど，このまま続けられるかな
- でも家族はご飯や洗濯を毎日してくれるんだよね
- 大変だな

クラスの仕事
- 家の人が掃除のこつを教えてくれた
- 学校でもやってみたい
- 家族や先生たちを見習って，仕事を続けたい
- どうすれば忘れずに楽しくできるかな

国語　しらせたいな　見せたいな

仕事を続けよう②

国語　かけるようになった

自分たちにできることは何だろう
- これからも続ける
- 忘れそうになったらどうしよう
- 忘れない方法を考えよう

ありがとうの気持ちを伝えよう
- 手紙を書きたい
- ありがとうの会をしたらいいのかな

6 本時の学習

①本時目標

　自分の家族が毎日仕事をやめずに取り組むことができるわけを考える活動を通して，相手のことを考えながら継続的に仕事に取り組む大切さに気付くとともに，これからの自分の仕事への取組方を考えることができる。

②展開

学習活動と予想される子どもの反応	教師の支援○と評価◎
1　今日の学習を確認する。	
大人はどうしてやめずに仕事を続けることができるんだろう	
2　考えたことをグループで出し合う。 ・子どものころにがんばったから，できるようになった。 ・子どものころ怒られたから，できるようになった。 ・逆にぼくは褒められてうれしかったからだと思う。 ・私たちのことを考えているから。など 3　考えたことをクラス全体に伝える。 ・大変だけどがんばっているからすごいと思う。 ・自分たちも仕事をがんばりたい。 ・忘れないようにするにはどうしたらいいのかな。 4　自分がやめずにできるようになるにはどうしたらよいか考える。	○机間巡視しながら，具体的な場面を想起しながら考えるよう助言する。 ◎自分の考えを伝えることができたか。（思考・表現） ○「賛成」「付け足し」などの発言を促し，共感しながら友達の発言を聞けるようにする。 ◎家族の気持ちになって考え，自分の気持ちを伝えることができたか。（思考・表現）

▼

【授業当日の座席表指導案】（部分）

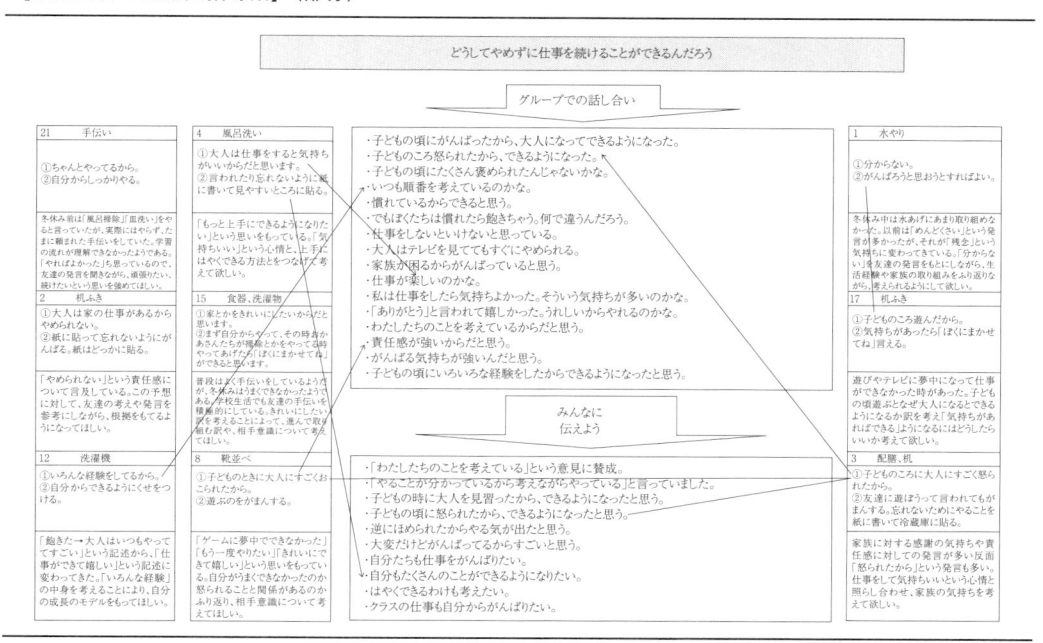

7 本時と，本時以降の子どもの思考

　本時の中では，予想通り多様な考えが出されたが，子どもたち皆が納得するような考えは出なかった。そこで，次時でも本時の続きをした。その中で，子どもたちは「大人は，家族のことを考えている」「大人は，力を合わせている」という考えに納得していった。具体的には「お父さんとお母さんが一緒に料理を作っている」「お母さんが料理を作っている間に，お父さんがお風呂に入れてくれる」等の姿を想起し，大人が家族のためを思い，協力・分担しながら家事をしている姿を「忘れずに続けられる理由」ととらえていった。

　それ以降は，自分たちももっと協力・分担するために「仕事をもっと増やしたい」という考えが出されたが，何を増やすかを考える過程で「まずは自分のことを自分ですることが先なのではないか」という発言が出された。生活を振り返ってみると「朝起こされている」「寝なさいと言われてから寝ている」「歯磨きも自分からしていない」などの発言が多く出され，「増やすどころではない」「まず自分のことができるようになってから，仕事を増やそう」という考えになっていった。そして「これからも続けたい」という思いをもちながら，学習をまとめていったのである。

8 考察

①子どものみとり，魅力ある教材，単元構成・学習形態の工夫について

ⅰ．子どものみとりについて

　本単元では，学習を毎回録音・録画し，記録を起こしながら子どもをみとっていった。子どもたちはこの単元を通して，大きな変容があった。ほとんどの子どもが「やりたくない・面倒くさい」だったのが，「仕事を続けたい」に変わったのである。

　下の表は子どものカードの記述や学習時の発言の変容である。

	導入時 家の仕事に対して 家族に思っていること	学習時の発言から	まとめ 学習が終わって
A児	おふろそうじ，めんどくさい。おにいちゃんはいじわるだからきらい。	今ね，ごちゃごちゃなの。めんどくさいのとやりたいのがごちゃごちゃなの。	ゆっくりしたかったら少しは家の仕事をするよ。少しはゆっくりしてね。みんなで手分けして仕事をしよう。
B児	めんどくさい。しあわせにくらしたい。	家族に楽させたい。自分でできることを増やしたい。	立派な大人になるように育ててくれてありがとう。わたしも仕事を頑張ります。

　この記述からも子どもたちが葛藤しながら仕事に対して価値づけ，意味づけをして，自分の生活を見直してきたことが分かる。

　子どもたちは家の仕事をすることになった時，「楽しみ」「だけど続けられるか心配」「言わ

れてからするか心配」という思いをもっていた。実際に仕事をする中で「楽しかった」「でも言われてからやったこともある」「忘れた時もある」「なぜ大人は忘れずに続けられるんだろう」という思いをもち，本時ではその問題を取り上げた。本時だけではこの問題は解決しなかったが，次時に「家族のことを考えている」「力を合わせている」という発言に共感，納得していった。

そのような話し合いを通して，子どもたちは仕事に対して，「冬休みだけでなく，これからも続けたい」という思いをもつようになった。その理由も，最初の頃は「ほめられてうれしい」等のことが多かったが，学習が進むにつれ「家族を楽させたい」「家族の仕事を減らしたい」「自分が成長するために自分のできることを増やしたい」等の発言に変わってきた。そして「これからも続けたい」「仕事を増やしたい」という思いを強くもち，今でもクラス全員，家での仕事を続けている。

それに伴い，クラスの当番活動も早く終わるようになったり，係活動に忘れず主体的に取り組むことができるようになったりと，子どものクラスでの働きぶりも変わってきた。

子どもが学習内容と自分の生活を関連づけ，友達との意見交流を通して自分のしていることや学びの価値を高めていったことをとらえることができた。

ii．魅力ある教材について

子どもたちは元々家の仕事について「やりたくない」「面倒くさい」と語っており，仕事は子どもの元々の価値観としては，魅力あるものではない。しかし，経験を積み重ねたり，体験したことを互いに出し合ったりすることを通して，仕事について「大切だ」「もっとやりたい」と価値を高めていった。

子どもが夢中になって取り組める活動は，活動や学びを自ら創ったり継続し続けたりする原動力となる。しかし，個々が最初からもっている「夢中」を繰り返しているだけでは，個人的な楽しさで終わってしまい，学習としての深まりがなくなることも考えられる。

この実践では，元々子どもが夢中ではなかった「仕事」に対して価値の転換が起こったからこそ，活動の継続につながったのだと考える。

iii．単元構成の工夫，学習形態・方法について

子どもたちが仕事に対する価値を高めていく過程を振り返ってみたい。子どもたちの問題意識は次のような変遷をたどっていった。

---
①学校の先生はたくさんの仕事をしている。自分だったらできるかな
②家の仕事を自分たちはしなくていいんだろうか
③大人はどうして仕事を忘れず続けられるんだろう（自分たちはなぜ忘れてしまうんだろう）
④仕事を忘れず続けるにはどうしたらいいんだろう
⑤自分のことは自分でするためにはどうしたらいいだろう
⑥仕事を増やすにはどうしたらいいだろう

この単元では学校たんけんでの「大人はたくさんの仕事をしている」ことについての気付きをきっかけに，子どもたちが自然に問題意識を深め，自分の生活のあり方を見直すことをねら

った。実際に子どもたちは仕事について前向きに，主体的にとらえ直し，問題意識を深めていった。

本時の学習問題「大人はどうしてやめずに仕事を続けることができるんだろう」については，子どもが考えるには難しい問題であり，定まった結論に導けるものでもない。実際の学習でも，1時間では結論が出なかったが，子どもたちは次時に「家族のことを考えている」「力を合わせている」という結論を出し，納得していた。もちろん子どもが出した結論がこのようなものでなくても構わなかったと思っている。子どもたちが身近な大人の生活の様子に問題解決する過程で気付き，自分たちなりに納得するプロセスが大切なのだと考える。

単元を通しての授業記録をふり返ると，一見活発に学習が流れている時は，発言者が限られ，深まりがない傾向があった。そのため，進んで話すことができる場の設定，全体で発言しやすくする前段階のウォームアップ的な活動も積極的に取り入れていった。全体での話し合い，個々の活動，グループでの活動，交流場面のバランスは，これからも精査していきたい。

②夢中になってよりよい生活を創り出していく子どもをめざして

この学習を通して驚かされたのが，最初ほとんどの子が家の仕事について「やりたくない」「面倒くさい」と言っていたにも関わらず，単元の終末には「続けたい」「増やしたい」と変容したことである。家族に対する思いも，最初は「○○してくれてありがとう」だったものが「育ててくれてありがとう」「家族に楽させたい」「家族の仕事を減らしたい」というものに変わってきた。

そして，この単元の大きな特徴が，部会テーマが「夢中になって……」であるにも関わらず，子どもが夢中ではない（むしろやりたくない）ことを教材に選び，単元構成していることである。ともすると，「夢中＝楽しい活動」になりがちであるが，子どもたちは夢中ではなかったことに価値を見出し，継続的に活動する意欲を高めていった。

子どもが夢中になって活動できることはもちろん大切であるが，子ども自ら価値を見出し価値観を転換するためには，最初は夢中ではないことで単元を構成することも大切であると感じた。

「子どもの実態」「教師の思い」「学習指導要領の目標」から，教材を選び単元構成すること，子どもが学びを創るからこそ，「よりよい生活」にしていきたいという思いをもち続けることができるのだということを，この実践から改めて感じることができた。

（千葉　教生）

付　記

この実践の元原稿には，単元全体の詳細な記録が付いており，1年生の子どもたちの追究が継続的に行われた様子が記されていたことを付記しておく。

02 地域の教育力と社会科学習

3年
社会科

|1| 地域教材の開発～教材との出会い～

　3年生には，生産の仕事を学習する単元がある。その単元では，地域には生産に関する仕事があり，それらは「自分たちの生活を支えていること」や「地域の人々の生産活動にみられる工夫や特色」について考えていく学習をする。

　わたしたちは，この単元で生産の仕事について知ることができる「材」をさがした。できるだけ子どもに身近な材であってほしいと思っていた。子どもに身近な材として，次のような条件に合う材を考えた。

> ○子どもたちが歩いていける距離にあること（距離的に近い）
> ○繰り返しかかわらせていただけること（心的距離も近くなる）
> ○子どもたちが少し知っていること（経験があること）

　そこで，学校と地域を結ぶ地域コーディネーターから紹介いただいた方がTさんだった。Tさんは，「まちたんけん」で子どもたちが見つけた畑で農業を営み，全部で48種類の野菜を育てている。野菜作りは子どもたちも経験しているため，仕事を思い浮かべやすいと考え，Tさんから野菜作りについてお話を聞かせていただくことにした。

　Tさんは，長屋門の家を引き継いだ17代目で，本郷台のまちに対する愛着も深く，子どもたちの中には，幼稚園のときにTさんの畑で，さつまいも取りをした経験がある子もいた。現在は，ご夫婦で学校の近くの畑で作った野菜や果物を，栄区にあるJA横浜の農産物直売所で売っている。無農薬で野菜を育て，できるだけ新鮮な野菜を食べてもらいたいという願いをもって野菜作りをされている。

　学校のすぐ近くに畑やご自宅があり，子どもたちは自分たちで野菜作りの様子を見に行くこ

【野菜づくりの仕事をしているTさん】　　【本郷台のまちたんけんマップ】

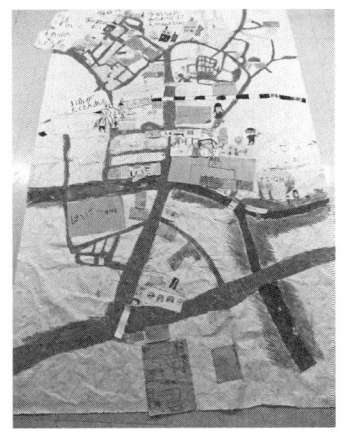

とができる。だから疑問をもって繰り返しかかわることができるので，材を引き寄せることができるにちがいないと考え，ご協力をお願いした。

Tさんご夫妻は快くお引き受けくださり，夏休みから何度も取材に応じてくださり，どのように野菜を作っていらっしゃるかなど，丁寧に教えてくださった。

この単元で，本郷台のまちに畑をもっているTさんの野菜作りの仕事を具体的に調べることで，野菜作りの仕事の進め方や野菜作りと自然条件とのかかわり，生産物の販売などに見られる工夫を考えることを目標とした。そして，子どもたちが，Tさんの仕事を通して，地域には生産の仕事があり，それらは自分たちの生活を支えていることを理解できる単元づくりを考えた。

|2| 子どもにとっての切実な問題

「あれ。おかしいな」
「なんでだろう」
「どうやっているんだろう」
というような疑問は，材に出会うと子どもたちの中に生まれる。大切なことは，その疑問が単元のねらいに向かっていくことができることと，その思いがどれだけ子どもたちにとって切実になっていくかということである。

子どもたちが出会った社会的事象と自分の知っていることや経験が結びついたとき，子どもたちの頭の中のイメージが具体的になってくる。具体的になればなるほど，分からないことも明確になり，考えたい問題が生まれる。「知っている」と思っていたことを改めて見直したり，当たり前だと思っていることと出会った社会的事象に「ずれ」があることに気付いたりできるからである。

授業でこんな場面があった。さといも掘りの仕事を見せてもらったときのことである。学校にもどってきて見学してきたことを情報交換している場面である。

C 「さといもをくわで掘っていたね」
C 「そうそう，フォークみたいなくわだった」
C 「こんな風に掘っていたよ」
T 「どんな風に？」
C 「こんな風に（とやってみる）」
C 「そうそう，まわりをまず掘っていたよ」
C 「そうそう，こんな感じで（やってみる）やさしく」
C 「まわりをやさしく掘っていたんだよね」
C 「だってきずつけたらだめだから」
T 「きずつけたらだめなの？」
C 「だってきずつけたら，新鮮じゃなくなっておいしくなくなる」

C 「お客さんが買ってくれないよ」
　　C 「お客さんに喜んでもらうためにはきずつけないようにしないといけないから，さ
　　　といもがどこの場所にあるかどうか分かるまではやさしくまわりを掘るんだよ」
　　C 「でも強く，ガッて掘っていたときもあったけどなあ」
　　C 「確かに……，見た見た」

　だんだん掘っているときのTさんの動きに子どもたちの関心は絞られてきた。
　実際に同じ場面を見た子どもたちが動作で表現したり，様子を言葉に表したりすることで，「Tさんのさといも掘りの仕事の様子」の具体的なイメージを共有することができた。そうなったとき，子どもたちの中で，「こんな風にくわを動かしていたのはなぜだろう」という思いが生まれていた。
　それは，「こんな風にやっていた」と様子を細かく表現することで，その意味やとらえていた具体的な場面の様子にくいちがいが生じ，友達と話すことでその思いが膨らんでいったのである。

3 共同思考の場へ

　考えたい問題がはっきりしてきたら，それを解決していくための活動が必要である。この場面では，もう一度そのときの様子を撮影していた映像をみんなで見てみた。
　3年生の子どもたちは実物を見ることで，興味・関心を深めていたが，「どう掘っていたか」という問いをもってもう一度映像を見ることで，さらに問題は切実になっていった。

　　C 「ほら，ここ」
　　C 「本当だ，○○ちゃんがやっていたみたいに，やさしく掘っているね」
　　C 「でも，ほら，ここでガッて強く掘っているよ」
　　C 「本当だ，くわを上の方まで持ち上げて，思いっきり掘ってる」
　それぞれ動作化しながらTさんの様子をとらえようとしていた。すると，
　　C 「分かった。初めはさといもがどこにあるか分からないから，やさしく掘って場所
　　　をさがしているんじゃない？　そして，どこにあるか分かったら，深いところまでお
　　　いもがあるから，力強く『ガッ』ってやっているんじゃない」
　　C 「力強く掘るために，くわを上まで持ち上げていたんだ」
　　C 「いもを傷つけないためにそうしているんだね」
　　C 「しかも，フォークみたいなくわだから刺さりやすいんじゃない」
　　C 「先は丸くなっていたから，さといもは傷つかないようになっているんじゃない」
　　C 「なんですきまがあるのかな」
　　C 「分かった。フォークみたいになっている方が，かたい土にも刺さりやすいんじゃ
　　　ない。私たちがケーキを食べるときは，フォークを使うように」

このように，「さといもを掘る」という作業をじっくり見ることで，Tさんが，
　　○やさしくまわりをほる　○力強くほる　○フォークのようなくわをつかっている
という事実に気付き，その事実を子どもたち同士で共有していく過程の中で，子どもたち同士の言語活動は活発になった。そして，自分たちでTさんの仕事の技やその作業の意味について考えを深めていくことができた。

　問題をもって映像を見ることで，共通の視点をもって子どもたちは事実をとらえようとすることができた。そうすることで，子どもたちは，

　C「思ったより，速いなあ」
　C「それなのに，傷ついていないなあ」
　C「よくできるよねえ」
　C「しかも，あのくわ結構重かったのにねえ」
　C「疲れないのかなあ」
　C「慣れているからだいじょうぶなんじゃないかなあ」
　C「いやあ，疲れないわけないでしょう。あんなに広い畑を2人でやっているんだよ？」
　C「やっぱりすごいよねえ。よくできるよねえ。」

など，新たな疑問が生まれたり，新しい気付きを得たり，自分の見方を広げたり，深めたりしていく姿へと変容していった。

　このように，子どもたちが，友達と話したいと思い，話し合うことで考えを深めていくことができたのは，子どもたちが切実な問題をもとに，具体的な事実を子どもたちみんなで共有していたからだと考えている。

4　総合的な学習の時間への広がり～「Tさんってすごい」という思い～

　見学に行ったり，Tさんの仕事の様子を話し合ったりしていくうちに，子どもたちの中には放課後にもTさんの畑におじゃまして，仕事を見せてもらう子も増えてきた。学校の近くでもあるので，遊んでいるときにも仕事を見かけることもあり，子どもたちが「昨日Tさんと会ったんだよ」「いいなあ」などと話している姿も見かけた。子どもたちは，学習を進めていく中で，Tさんの思いや願いを考えたり，Tさんの仕事の意味や技術のすばらしさに気付いたりして，どんどんTさんのことを好きになっていった。
　学習のまとめをしているときに，
　「Tさんの野菜作りについて，みんなに知ってもらいたいな」
　「劇にしたいな」
　「どうして，おいしい野菜ができるのか，Tさんの工夫を知ってもらいたいな」
　「Tさんにも，ぼくたちがどれだけ勉強したか知ってもらいたいな」

などの思いが，子どもたちの話し合いの中から生まれてきた。

　そこで，「Tさんのおいしい野菜づくり」という劇のシナリオを自分たちで作り，Tさん夫妻を演じる子，育っていく野菜を演じる子，害虫を演じる子などに分かれて，どんな思いでどんな風に仕事をしているのかを，台詞や動作で表していった。

　劇を作りながら，子どもたちは改めてTさんの思いや願いを確認し，さらにTさんやTさんがいる自分たちのまちへ愛着を深めていくことができた。

（園田　陽子）

03 地域の教育力と総合的な学習の時間
～日米桜交流100周年記念「里帰りの桜」～

4年
総合的な
学習の時間

|1| 活動のきっかけ

　平成24年5月27日，日米友好のシンボルとしてアメリカに桜が贈られてから100年を記念して，ワシントンから「里帰り」した桜のうちの1本（神奈川県下で3本）が横浜市栄区に分配されることになり，「シドモア桜100周年・里帰りを喜ぶ市民の会」と横浜市の共催で授与式が行われた。事前に栄区役所より，授与式で区長と一緒に苗木を受け取る小学生の募集があり，今年10歳になる記念に，言われのある木やそれを大事に思う人々とかかわる活動に参加し，この木の成長を永く見守ってほしいと願い，本校で4年生から参加者を募集することにした。

　5月27日に野毛山公園で行われた贈呈式では，本校の4年生の53名が参加し，栄区に寄贈された桜の苗木を受け取った。また，参加者全員で横浜市歌をベースにした「アラメヤ音頭」を踊り，里帰りの桜を祝った。その後，「なぜ桜をアメリカにおくろうとしたのだろう」「なぜ栄区に桜が来たのだろう」「アラメヤ音頭って何だろう」などの疑問をもとに子どもたちの活動がスタートした。

―〈学習の導入〉―
○交流会の写真　　○桜の苗木が育っている写真　　○「里帰りを喜ぶ市民の会」「よこはまアラメヤ音頭の会」Aさんが鍛冶ヶ谷に在住していることを紹介

栄区のじまん　　【子どもの思い】
栄区の新たな名所になるといいな

日米桜交流　5/27　野毛山公園にて
・なぜ，栄区に来たの？　・なぜ，本郷台小学校の4年生なの？

1912年
シドモア桜
シドモアさん
Bさん
・シドモア桜って？
・シドモアさんは，どんな人？

横浜港から船でアメリカへ
アメリカ
ポトマック河畔
タフト大統領夫人

里帰りを喜ぶ市民の会
横浜市歌
アラメヤ音頭
Aさん
・里帰りを喜ぶ市民の会ってどんな活動を？
・アラメヤ音頭とシドモア桜の関係は？

管理
・シドモア桜を管理しているのはだれだろう

植樹　・桜はどこへ植樹するのだろう？

2 繰り返す問題解決

①まずは，子どもたちがもった疑問を解決しようとスタートする

子どもたちは，自分たちがもった疑問をもとに調べ始めた。「シドモア桜」「アラメヤ音頭」などのキーワードをもとに調べ学習は進んでいった。調べていくうちに，「エリザ・R・シドモアさん」「タフト大統領夫人」「Aさん」「Bさん」など，さまざまな人々がかかわっていることも分かっていった。

②事実を整理しながら，さらに問題を追究していく

事実が少しずつ分かり，事実と事実が結び付いていくごとに子どもたちの関心も高まっていった。同時に，次につながる疑問もうまれていき，その疑問をさらに追究していくことが問題解決につながっていった。しかし，「なぜ，桜が栄区に来たの？」「なぜ，本郷台小学校の4年生なの？」「アラメヤ音頭とシドモア桜との関係は？」という疑問のように，子どもたちが追究してもなかなか解決できない問題もあり，「Aさんに聞いてみたい」という思いが高まってきた。

③学びの方向性を見極める

そこで，Aさんに疑問に思ったことを聞くだけでなく，「里帰りの桜」について知り得たことを発表して聞いていただく機会を設けた。相手に伝える目的をもつことで，学習内容はさらに整理され，自分たちの言葉で伝えようとすることでクラス全体の共通理解を図ることにもつながった。Aさんとは事前に何度も打ち合わせをし，「栄区に桜が来ることになったことのすばらしさ」に目が向くようにお願いをした。

また，栄区役所のCさんにも来ていただき，3月に本郷台駅前で植樹式を予定していることと，本郷台小学校の子どもたちにもかかわってほしいことを伝えていただいた。

【子どもたちの問題追究の過程】

```
なぜ桜をアメリカに贈ったのだろう
   ↓ ・調べ学習（日米交流の歴史）
なぜ栄区に桜が来たのだろう
   ↓ ・Aさんの話　・区役所Cさんの話
植樹式のアイデアを提案しよう
   ↓ ・意見をまとめ，提案
かがやきステージで植樹式のことを伝えよう
   ↓ ・学習過程を劇にして発表
本郷台駅前の植樹式を成功させよう
   ↓ ・お琴　・アラメヤ音頭
リーフレットを作成しよう
   ↓ ・物語の作成　・レイアウトの検討
「里帰り桜」本郷台駅前植樹式
```

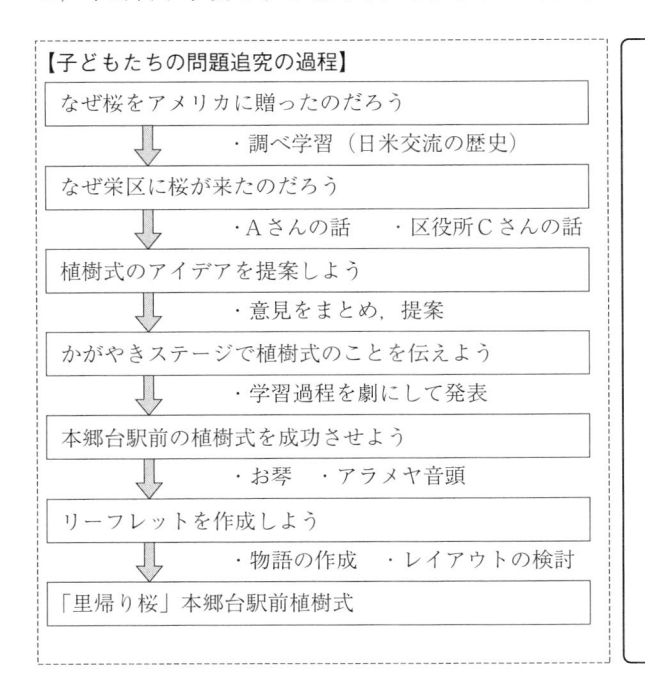

【子どもの感想から】

栄区になぜ桜が来たかということが分かりました。その理由は，自分が調べたことと少し違っていたのでびっくりしました。具体的な計画があるので栄区に贈られたということと，栄区に愛着があったということです。わたしは，2つめの理由におどろきました。だから，わたしはやっともらえた桜の苗木を大切にしていきたいなと思いました。そして，植樹式の案もたくさん出していきたいと思いました。

④新たな視点での問題追究が始まる

　「里帰りの桜」について追究すると同時に，3月に行われる本郷台駅前植樹式に対する期待も高まっていった。植樹式を成功させるためにどんなことをするのか，地域の人にどのように知ってもらうのかなどの視点からも追究が始まった。事実が明らかになっただけでなく，さらに次の目標を見据えることができたことで，子どもたちの問題追究への意欲はさらに高まっていった。

→ 植樹式のアイデアを提案しよう

　歴史ある「里帰りの桜」が自分たちのまちに植樹され，しかも，自分たちがその植樹式にかかわることができることを知った子どもたちは，「植樹式で○○したい」という思いをもち，それを区役所のCさんに提案することにした。

　区役所のCさんと，子どもたちの思いが実現可能かどうか検討を重ねながら，子どもたちの提案をおおむね受けていただく方向で話を進めることができた。

【子どもたちの植樹式への提案】
・ポスターをつくって地域の方に宣伝したい。
・植樹式の司会・進行をおこないたい。
・桜の周りに花を植えたい。
・「里帰りの桜」について分かるような看板を立てたい。
・学習してきたことをまとめ，リーフレットを配布したい。
・栄区音頭，アラメヤ音頭を参加者で踊りたい。
・お琴で「さくらさくら」を演奏したい。
・タッチーパンやクッキーを販売したい。

→ かがやきステージで植樹式のことを伝えよう

　「かがやきステージ」という本校の学習発表の場で，これまでの学習経過やこれから行われる植樹式について保護者や地域の方々に伝えようと活動した。どのようにして伝えたら自分たちの思いが伝わるのかを考え，これまでの学習経過を劇にして発表することにした。当時の場面を描いたり登場人物のセリフを精選したりする中で，歴史ある桜であることの認識や植樹式への期待がさらに高まっていった。

→ 本郷台駅前での植樹式を成功させよう

　駅前の植樹式の日程が決定し，当日のプログラムが固まってくると，そこに向けての練習が始まった。ポスターの作成，お琴による演奏，栄区音頭・アラメヤ音頭の練習，劇の修正，リーフレットの作成，司会・進行の打ち合わせなど，植樹式当日までに行うべきことはたくさんあったが，「植樹式を成功させたい」という子どもたちの強い思いとこれまでの活動の充実感が活動をさらに後押しした。

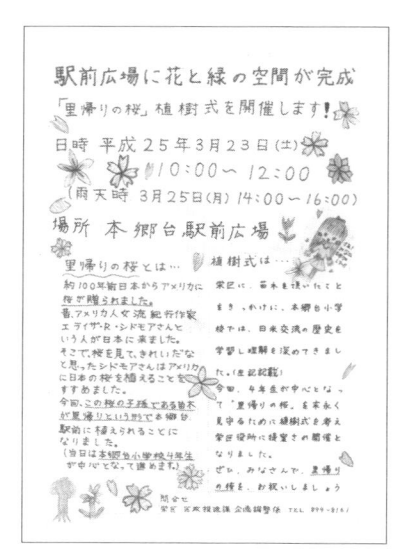

③ 地域の教育力を生かす

①地域を支えている方や地域に愛着をもっている方の思いにふれる

　地域を支えている方や地域に愛着をもっている方から，直接にお話をいただいたことはとても効果的であった。それは，学習の方向性が定まるだけでなく，その方々の生き方にふれることにもなった。「自分たちのまちに桜が来るなんてすごいこと」「ぜひ10年後もお祝いしたい」「わたしたちが伝えていきたい」など，子どもたちがまちに対する愛着をどんどん深めていくのが感じられた。そのことが，自分たちでかかわっていこうとする主体的な態度にも表れていた。

②これまでの学習との関連を図る，生かす

　「本郷台駅前植樹式で○○したい」という子どもたちの提案の中には，これまでの学習との関連を図ったものが多く含まれていた。「音楽で学習したお琴の演奏を植樹式でも披露しよう」とか，運動会で教えていただいた栄区舞踊連盟の方に「アラメヤ音頭を教えてもらおう」など，地域の教育力を生かした活動が展開された。

　このように地域の方に活動にかかわっていただくことで，学習内容が充実するとともに，「植樹式にもぜひ来ていただいて一緒にお祝いしたい」というように，地域の方たちとともに歩もうとする心情も強くなった。

④ まちを創る子どもたち（総合的な学習の時間を通して培った力）

　問題解決を繰り返したり地域の方とかかわったりする中で，子どもたちは多くのことを学んできた。

　それぞれの場面で自分たちの知り得たことを発表する，発信するという目的をもつことで，どのように自分たちの思いや考えを伝えたらよいかを学ぶことができた。また，発表したり発信したりすることで得られた満足感や充実感が，次の課題解決に向けての意欲となっていった。「植樹式についてまちの人に知らせたい」という思いは，ポスターづくりやリーフレットづくりの活動につながり，事象を簡潔に表したり，レイアウトを工夫したりするなど，見ている人の側に立って考えることができた。

　本郷台駅前植樹式に向けて，これまでの学習を生かした活動が展開できたのも子どもたちの生きた学びへとつながった。学習したことをそのままで終わらせずに，活用できる場面があることや活用できることを知った子どもたちが得たものはとても大きかった。

　さらに，これらの活動を通して，地域の方の思いを知ったり感じたりしたことは，自分たちもまちにかかわっていこうという態度を養うことにつながり，まちに愛着をもつ子どもたちの育成にもつながった。活動を通して，「これからも桜を大切に見守っていきたい」というような，これからの本郷台を描いていた子どもたちも多くいた。

　このように地域を見つめ，地域に積極的にかかわっていくような活動を通して，まちを創る子どもたちが育っていくと考えるのである。

5 「里帰りの桜」本郷台駅前植樹式　平成25年3月23日（土）

①オープニングコンサート（合唱「ふるさとの四季」，お琴演奏「さくらさくら」）

開会前のオープニングコンサートでは，特別音楽クラブによる合唱や4年生代表児童によるお琴演奏が行われた。

「お琴の演奏は大成功でした。1回も間違えずにひけてとてもうれしかったです。歌も大成功で，口ずさんだり目をつぶってうっとりしたりしている人もいて，とても幸せな気持ちでした」

②除幕式，植樹式

アメリカ国務省日本語研修所所長，日本さくらの女王，4年生の代表児童などが，記念銘板の除幕を行った。銘板には，「里帰りの桜」が栄区に植樹された経緯が記されている。その後，「里帰りの桜」の植樹を記念して，根元にたくさんの花を植えた。

③演劇「おかえり　里帰りの桜」

「里帰りの桜」について学習してきたことを劇にして発表した。桜が栄区に来るまでにかかわった多くの人々の思いを動きやセリフにして表し，見ている人たちに100年という歴史の重みと本郷台駅前に植樹されることになった喜びを伝えることができた。

④アラメヤ音頭・栄区音頭

参加者全員が輪になり，「アラメヤ音頭」と「栄区音頭」を踊った。横浜市歌を口ずさみながら，みなさんで本郷台駅前の植樹を祝うことができた。

【植樹式を通して（子どもたちの感想から）】

○みんなに伝えようという気持ちをもって話したので，前を見ながら言えました。100年に一度のすごい会の司会・進行ができてとてもうれしかったです。はっきりと言葉を言うことができて，見ている人に伝わったと思います。

○植樹式に向けて，たくさんの人に知ってもらいたいなと思いながら準備をしてきました。リーフレットを書くときは，短く，そしてくわしく書くように工夫しました。いろんな人が植樹式に来てくれたので，とてもうれしかったです。

○リーフレットをもらった人が「こんなのをもらってもいいの」と言ってくれて，とてもうれしかったです。ぼくたちの勉強の成果が生かされたんだと思いました。

○開会の言葉，お琴，特別音楽クラブ，ハナミズキの配布などたくさんのことがあったけれど，練習の成果を発揮して，すべてのことをやり遂げることができました。これから，私たちが主催となりお祝いした里帰りの桜がたくさん育ってくれるとうれしいです。ぜひ，10年後もお祝いしたいです。

（市岡　直也）

04 具体的な人の生き方に学ぶ
〜「庄内平野のSさんの米作り」の実践を通して〜

5年
社会科

|1| どのように単元を構想するか

①学校の財産をいかして，教材研究を進める

　ここで紹介するいわゆる稲作単元においては，勤務校では，数年来庄内平野で稲作に取り組まれているSさんに取材をお願いし，お2人の米作りを中心に学習を展開してきた。毎年，都合がつく教員と5月の連休前後に，それまでに実践された指導案をもって，庄内平野へ出かけて行く。その都度発見や感動があり，取材を終えて戻ってくると，教員を囲んで，その成果を共有している。私たちのおしかけ取材に対し，ご多用にもかかわらず，笑顔で応じてくださる農家の方々には，頭が上がらない。

　毎年少しずつの積み重ねによって，稲作単元の指導計画案が形作られていく。

　また，米作りに関するいわゆる「工夫や努力」を具体的な内容として資料化していくことができた。主な内容は，灌漑整備による水管理，苗作り，堆肥を用いた土づくり，乾田Ｖ溝直播農法などである。それらを子どもの実態に応じて教材化し，授業展開してきた。

　本実践は，このような学校の財産の上に位置付けられていると言える。

②研究テーマを確認する

　私の勤務校では，地域や子どもの実態に応じて次のような研究テーマを設定するとともに，その具現化をめざして，各教科等で授業実践を行っている。

> 「子どもの切実な追究を生む学習過程の在り方」

③研究テーマに迫るための手立てを設ける

> ①　生活の向上や安定をめざした具体的な人物の営みを通して，子どもが食料生産を学ぶことができるような単元を構想する。

　Sさんの人柄も含めて，Sさんの米作りを追いかける。従って，単元の最初の段階からSさんと子どもが出会うような単元の構成を図る。また，映像資料や完熟堆肥の実物など，米作りが具体的にイメージできるようにしていきたい。そして，Sさんを中心に地域の取り組みへと学習が展開できるようにしていきたい。

> ②　「ずれ」が生じるような事実と出合うことができるような場面を設ける

　庄内平野で米作りを営むSさんは，養豚業も営むなど，複合経営に取り組んでいる。養豚に取り組むことによって出される糞尿を堆肥として生成し，それを活用した米作りに取り組んできている。Sさんは，完熟堆肥を使って土作りをすることで，化学肥料を減らし，消費者のニーズに合わせ，より安全でおいしい米作りをめざしている。完熟堆肥を生成するための設備

投資や，労力，散布するための機械の購入など，完熟堆肥を取り入れた土作りは簡単なことではない。堆肥は米作りにも良いと学んだ子どもにとって，Ｓさんが化学肥料を使っているという事実は，大きな矛盾になり，問題が生まれると考える。その問いを追究することが，米の安定生産と，消費者のニーズに応えることとの関係を考えるきっかけになると考える。

> ③ 子どもたちのノートや発言から，子どもたち相互の見方・考え方を関係付ける。

同一の資料の読み取りについて，子どもたちがどの視点から読み取っているのかをみとり，相互の関係を板書に位置づけたり，問い返しをして全体化を図ったりする。このような働きかけにより，「○○さんの意見も確かにそうだと思うので，……」「わたしもやっぱり……だと思います。なぜかというと，〜」「○○さんの考えと違って……」「○○さんの意見もいいとは思うが，もしそうだとすると〜なので，わたしは，……だと思います」等，他者の考えを参考にしながら，問題解決に向けて取り組む姿勢が育つと考える。

2 授業実践の概要

①単元設定の理由

○子どもの実態（略）

○教材について

私たちの食べる米の多くは，東北地方を中心に生産されている。そして本校では，バケツ稲の学習の中で，庄内平野で米作りを営む方々に毎年指導を頂いている。こういった出会いを大切にし，本単元では庄内平野の米作りを中心に学習していくことで，子どもの興味や関心を高められるのではないかと考えている。また，庄内平野は米作りを行うのに適した地形であり，自然環境を生かした農業が営まれている。鳥海山の雪解け水や，夏の日照時間，豊富な水と広大な平野など，調べると様々な米作りに適した自然環境が庄内平野にはあり，子どもにとっても調べやすく，自然環境と米作りの関係を捉えやすいと考える。

子どもが，米作りを少しでも身近に捉えられるように，Ｓさんの米作りをじっくりと調べていきたい。Ｓさんは，堆肥を土に混ぜることで，化学肥料を減らす努力を行うなど，消費者のニーズに合わせて様々な米作りの工夫や努力を行っている。

また，Ｓさんは地域全体のことを考えて農業に取り組んでいる。堆肥散布組合を作って，地域の養豚団地で生産される堆肥を地域で活用できるようにしたり，カントリーエレベータによって，そこに参加する農家全体の作業労力の軽減と米の品質向上を図ったりしていることもその具体例である。

②単元目標

庄内平野のＳさんの米作りを具体的に見つめることを通して，鳥海山の雪解け水や，夏の日照時間，広大な平野など自然環境を生かした米作りが営まれていることを理解するとともに，Ｓさんたちが，消費者のニーズに合わせて，地域で生成される堆肥を利用したより安全でおいしい米作りに取り組んでいることや，効率的に生産するために堆肥散布や農業機械の共同利用

などに取り組んでいることを考えることで，私たちの食生活がこれらの人々の努力によって支えられていることについて考えられるようにする。

③**単元の評価規準**（省略）

④**指導計画（12時間扱い）**

	学習活動（○）中心資料（資）	主な学習内容
1	○家から持ってきた米袋や「もとだての米」の袋を調べたり，比べたりする。 （資）Sさんたちが販売する米袋，Sさんの顔写真	・東北地方の米作りが盛んであること。 ・米袋から見える，販売の工夫。
2 3	○庄内平野の様子やSさんのもっている田んぼについて調べる。 （資）庄内平野やSさんの田んぼをまとめたビデオ映像や写真，庄内と横浜の土地利用図	・庄内平野の広さ ・Sさんが，広大な面積の田んぼで米作りを行っていること。
4	○庄内平野での米作りが盛んな理由を調べる。 （資）庄内平野の地図，庄内平野の気候	・自然環境を生かした庄内平野の米作り
5 6	○Sさんから米作り（土作り，育苗，水管理）や養豚の話を聞く。 （資）Sさんの話，農事暦，1日の作業表	・丈夫な苗を育てようとするSさんの工夫や努力
7 8	○Sさんの堆肥作りについて調べる。 （資）完熟堆肥，堆肥作りの工程表	・良い完熟堆肥を作るための工夫や努力
9	○Sさんの堆肥と化学肥料の量に関する資料から，Sさんの米作りの工夫を考える。 （資）堆肥と化学肥料の量が分かる表	・肥料の量を工夫することで，おいしいお米を作ろうとしていること ・消費者のことを考えた米作り
10 11	○V溝直播きについて調べ，SさんがV溝直播きの田んぼを増やしている理由を考える。 （資）農事暦，収穫量の変化，農業者数のグラフ	・米作りを行う農家の数の減少と高齢化問題 ・V溝直播きの良さと，新しい農法に挑戦するSさん
12	○Sさんの米作りの学習を振り返る。 （資）学習のあしあと	・日本の食料生産に関する問題 ・自分たちの食料を生産している人々の工夫や努力

⑤**単元の流れ（実際の流れと今後の学習予定。（資）は資料）**

⑥**本時について（単元の流れ 9/12）**

○本時目標

化学肥料とSさんの完熟堆肥の特徴について調べ，それらの比較を通して，Sさんが消費者の要望に合わせて質の良い米を継続して生産しようとしていることに気付く。

○本時展開

○学習活動　・予想される児童の反応	＊教師の支援
○前時に出された子どもの問題意識である「完熟堆肥と化学肥料の違いは？」について，自分で調べてきたことをもとに話し合う。 　| 【完熟堆肥の特徴】 | 【化学肥料の特徴】 | 　|---|---| 　| ・効き目はゆっくりで，費用が高い。 ・堆肥をまく量が多い。 ・使い続けると土が良くなる。 | ・効き目は早く，費用も安くすむ。 ・堆肥をまく量は少ない。 ・使い続けると土が悪くなる。 | ○（資料１：設備投資に関わる費用の内訳）について話し合う。 　・施設を作るのに，何年もかかって研究したり費用をかけたりしているんだ。 　・堆肥を作っている時に，周りの家から苦情もきたんだ。でも続けたんだね。 　・こんなに完熟堆肥を熱心に作っているのに，何で化学肥料も使っているの？ 　・だって，完熟堆肥はすぐに効果が出ないからじゃないかな。それに，化学肥料は，量を間違えなければ効き目も早いし，費用も安い。 　　　　　完熟堆肥だけじゃだめなの？	（前時展示資料） 　化学肥料とＳさんたちが生成した完熟堆肥の特徴をまとめた表 ＊子どもが意見を述べる際，考えの根拠を示す資料をきちんと伝え切れていないと教師が判断した場合は，資料を強調できるよう黒板に貼るなどする。
○資料２（H10年から現在までの完熟堆肥と化学肥料の撒布量の推移を示したグラフ）を見て，気づいたことや変化の予想を発表する。 　・堆肥を入れ始めてから，化学肥料の量は減ったんだ。 　・でも，どうやって減らしたのかな？ 　・堆肥をいれるんだから，いっきに化学肥料を減らしたと思うよ。 　・できないと困るから，減らしたり，増やしたりしてるんじゃないかな？ ○平成10年から現在までの使用量のグラフを見て，疑問や感想を発表し合う。 　・すぐには減らしていないんだ。なんでだろう？ 　・土がふかふかして，おいしいお米だって言われてから減らしたんだね。 　・すぐに化学肥料を減らすのはＳさんだって不安だ。 ○授業の感想をノートに書き，Ｓさんの米作りについて自分の考えをまとめる。 　・Ｓさんは，毎年，消費者により安全でおいしい米を食べてもらいたいと考えて米を作っている。そのために完熟堆肥を使って土を良くして，少しずつ化学肥料を減らす努力をしている。	＊堆肥と化学肥料の量に関して意見がつながってきたときに，（資料２）を提示する。 ＊減らし方に着目するように，平成10年と現在の使用量以外は隠して提示する。 ☆Ｓさんが，消費者のことや，安定した収穫量のことを考えて，工夫して米作りを行っていることに気付いている。

3 考察（来年度へ向けて）

> ①　生活の向上や安定をめざした具体的な人物の営みを通して，子どもが食料生産を学ぶことができるような単元を構想する。

《成果》
○品質の高い米を地域とともに安定して生産していこうとするＳさんの営みを通して学習を

展開していくことや，映像資料等も含めて，米作りが具体的にイメージできるように資料提示することは，子どもの追究意欲を高める上で大変有効であった。
○本単元と並行して総合的な学習の時間でバケツ稲に取り組んだことで，Ｓさんの米作りと比較しながら，実践していく機会につながった。
○本校の社会科カリキュラムをもとに指導計画を立てたが，実際の授業展開は大幅な変更を行った。どのように子どもの問題意識が連続していくのか，学級の子どもたちのことを想定しながら，学級カリキュラムとして指導計画を立てることの大切さを改めて学んだ。
《課題》
○Ａさんの話を直接聞いてからの子どもの問題意識は，当初教師が想定していたことと大きく異なっていた（「④指導計画」と「⑤単元の流れ」を参照）。子どもの問題意識と単元目標との整合性を吟味しつつ，年々変化する農業の状況について教材研究を重ねることの大切さを強く感じた。来年度以降は，複合経営の視点を指導計画に盛り込むことが必要と感じた。

② 「ずれ」が生じるような事実と出合うことができるような場面を設ける。

《成果》
○完熟堆肥を導入するまでの経過，実施する上での工夫や努力の一端に触れた子どもにとって，Ｓさんが化学肥料を使っているという事実は，多くの子どもにとって矛盾（「あれだけ苦労して完熟堆肥を作ってるのに，何で化学肥料を使っているの？」）となり，追究意欲を高める上で，有効であったと感じる。その結果，子ども自らが問題を解決するために必要な事実（資料）を求めるようになった。
《課題》※上述の《①に対する課題》参照

③ ノートのみとりや子どもの発言か，子どもの相互の見方・考え方を関係付ける。

《成果》
○子どもがどの視点から読み取っているのか，教師が真摯に耳を傾けたり，ノート記録を読み取ったりして，それを板書に位置づけたり，相互の考えを関係づけたりすることを心がけた。特に，子どもの見方・考え方の違いを明確にすることは，他者から学ぶ姿勢を育む上で有効であったと感じている。
《課題》
○教師の出る場，発言がまだ多いと感じている。本時目標の吟味をしっかり行い，教師の出る場を精選することが大切であると改めて学んだ。

4 本単元で用いた資料（一部抜粋）

①完熟たい肥と化学肥料の比較（前時展示資料）

完熟たい肥	比べること	化学肥料
遅い	効果	早い
高い	値段	安い
大量	必要な量	少量
良くなる	味	ふつう
良くない	使い過ぎ	良くない
土が良くなる	入れ続けると	土が悪くなる
約120kg	米のとれる量（10aあたり）	約600kg

②堆肥作りの設備にかかった費用（資料1）

設　備	費　用
保管施設（建物）（たい肥を保管する建物）	円
かくはん機一式（ブタのふんともみがらをまぜる機械）	円
軽量袋詰機（たい肥を袋につめる機械）	円
バキュウムカー（ブタのふんをくみ取る車）	円
総　額	約1200万円

（赤羽　博明）

付　記

　赤羽先生の実践には，紙幅の関係で紹介できなかったが，本人自らテープを起こした本時の詳細な授業記録が付いている。その記録を見ると，第Ⅱ章で紹介した実践同様に，子どもたちの息の長い発言（つぶやきを含めて58回）が連続し，同時に教師の発問は18回と，子どもたち主体の話し合いが行われていたことを付記しておく。

05 身近な地域の歴史に学ぶ
～地域の歴史素材「畠山重忠」の教材化～

6年
社会科

1 社会科学習指導案

1 日　　時　平成22年6月24日（月）　第5校時
2 学年・組　6年1組　34名
3 単 元 名　「武士の世の中を探ろう～いざ鎌倉！二俣川で散った畠山重忠～」
4 単元目標

　源平の戦いの様子や，源頼朝が全国に守護・地頭を設置し，鎌倉に幕府を開いたことについて調べ，武士による政治が始まったということを理解できるようにする。
　また，元との戦いにおいて，北条時宗が全国の武士を動員して元の攻撃を退けたことについて調べ，幕府の支配が全国的に広がっていったことに気付くことができるようにする。鶴ヶ峰にある畠山重忠の史跡について調べ，畠山重忠という鎌倉時代を代表する武士に迫ることにより，武士の考え方・生き方に触れ，当時の武士について自分なりの考えをもつとともに，ご恩と奉公の関係を理解できるようにする。

5 単元について（一部抜粋）

ⅰ．児童の実態

　飛鳥時代，奈良時代の学習では，聖徳太子や聖武天皇，鑑真といった人物に迫りながら，自分たちが生み出した学習問題について調べたり，考えたりしていった。その学習においては，「自分がその人だったら……」といった発言が見られるなど，歴史上の人物の立場となって考える子もいた。調べ学習にも意欲的で，友達と協力しながら進んで調べたり，表現の仕方を工夫してまとめたりすることができる。
　課題は，一部の子の発言で話し合いが進んでしまう傾向が見られることである。また，最後まで人の話を聞くことができていない児童もいる。人の話を最後まで聞くこと，友達の意見のよいところをさがしながら共感的に聴くこと，また人の話を耳だけでなく，「目」と「心」で聴くことの大切さを繰り返し指導している。

ⅱ．単元の意図

　本単元では，鎌倉時代のしくみや命をかけて戦ったこの時代の武士などについて，子どもたちが身近に感じることができるように，地域にゆかりのある鎌倉時代の武将「畠山重忠」の教材化を試みた。重忠の歴史跡を自分たちの足で歩き，目で見て感じることで，鎌倉時代の武将を身近に感じることができ，さらには地域への愛着も生まれるのではないかと考えたからである。横浜市旭区はもちろん，地元埼玉などの様々な地域で愛され，語り継がれている畠山重忠を深く追究することで，鎌倉時代のしくみや将軍と御家人の関係について捉えることができると考え，本単元を設定した。

6 テーマに迫るための手立て

【研究テーマ】

一人ひとりが輝き，共に学びあい，よりよい生活を創り出していく子どもの育成
～学びあいかかわり合いながら，自らの学びを創り出していく子を目指して～

【高学年テーマ】

> 問題解決する中で，人の思いを受けとめ，自分ごととして考えようとする子

【手立て】

① <u>今も残っている地元の歴史跡を自分たちで歩き，自分の目で見て肌で感じることで歴史を身近なものとする。</u>

　何百年前の歴史に関心をもったり，歴史上の人物を身近に感じたりすることは難しく，自分の学びを創り出していくことは容易なことではない。そこで地域の素材を生かして教材化を図ろうと考えた。歴史という時間的隔たりをうめるために，自分たちで見学するという体験を入れることで，歴史上の人物や事象に関心を高められるようにしたい。外で活動することが大好きな子どもたちなので，見学をできる限り有意義なものにして，そこから子どもたちの学ぶ意欲や追究したくなる気持ちを高めていきたいと思う。

② <u>その時代の人の気持ちがわかるように，紙芝居などを用いて，具体的に場面がイメージできるようにする。</u>

　現代とかけ離れた世界観をもった鎌倉時代について，教師による語りや，資料を読むだけではイメージがつかみづらい。文字だけの資料だけでなく，視覚的に分かりやすく，学習している時代やそのときの状況を捉えさせる資料が必要だと考えた。そこで子どもにその時々の状況や人物の思いをよりイメージできるように，また楽しく理解できるようにするために，紙芝居を使いたい。紙芝居によって子どもの興味・関心をひきだし，歴史の場面をより鮮明に描けるようにしたい。そして，人物の言動に迫っていきながら，「自分ごと」として問題を捉え，深く考えることができるようにしたい。

③ <u>話し合いでは，座席表を使って，それぞれの子の考えをしっかり見取った上で議論が深まるようにする。</u>

　自分の考えをもっていても意見がなかなか言えない子がいるという実態があり，全員での学び合いというものがまだまだできていないのが現状である。一部の子の意見では，学びの深まりも限定されていってしまうので，できるだけ多くの子が考えを伝え合う中で，学びを深めていければと思っている。そこでまずは，座席表を作ることで，子ども一人ひとりの見方，考え方を事前に知り，さらに子ども同士の考えのつながりや対立を把握したい。それを授業構成に生かしたり，話し合いの時に議論が深まったりできる手立てとしたい。

7 単元の構想（10時間）

前単元：藤原氏が、天皇の親類として朝廷での地位を独占して、政治を行っていた。
貴族が力を持ち、優雅で満ち足りた生活を送っていた

武士の世の中を探ろう～いざ鎌倉！二俣川で散った畠山重忠～

【武士のおこりと源平の戦い②】

この人はどんな人だろう？
重忠が馬をかついでいる写真を見せる。

・武士はどのようにして生まれたんだろう？①
・武士の誕生、貴族と違う生活　・源平合戦について知る。
・源氏（源頼朝）と平氏（平清盛）ってどんな人物？

自分だったら源氏と平氏どっちにつこうかな①
・保元の乱や平治の乱の勝者、敗者、平氏の政治
・源平合戦の流れ、平氏滅亡、源氏の勝利
・源平の戦いで活躍した武士、畠山重忠について知る。
・源頼朝が勝って、鎌倉に幕府を開いたんだ。

【源平の戦いに勝利した源頼朝が作った鎌倉幕府ってどんなしくみだろう？①】

なんで鎌倉に幕府を開いたのだろう？
・鎌倉道
・鎌倉の地形、切り通し

源頼朝はどのような政治をしたのかな？
・守護・地頭を全国に置いたこと
・ご恩と奉公の関係

【私たちのまちに残る歴史にはどんなものがあるのかな？⑤】

自分たちで畠山重忠の歴史跡を歩いてみよう②
・ガイドボランティアさんに協力をお願いし、鶴ヶ峰を探索する。

社会科　　　　　　　　　国語科（ガイドブックを作ろう）
　　　　　　　　　　　　・鶴ヶ峰に残る畠山重忠ガイドブックを作ろう

畠山重忠はなぜ殺されてしまったのだろうか②
・畠山重忠、畠山重忠と北条氏の関係について調べ、まとめる。

裏切られ、何万騎が攻めてきたことを知った重忠はなぜ戦ったのだろうか①

その後の北条氏の政治について、承久の乱や元寇を調べる②
・強大な国「元」、北条時宗のはたらき　・元と日本の戦いのちがい
・全国の武士が九州に集結

8 本時目標

重忠の言動について話し合うことを通して，ご恩と奉公のしくみを理解し，重忠の立場となって考えることにより，当時の鎌倉武士の生き方を考えることができる。

9 本時展開

学習活動（○）　予想される児童の反応（・）	支援（・）　評価（☆）　資料（資）
○前回の授業の振り返りをする。 「なぜ重忠は鎌倉へ向かったのだろうか？」	（資）鎌倉道（埼玉から鎌倉までの地図）
裏切られ，何万騎が攻めてきたことを知った重忠はなぜ戦ったのだろうか？	
○学習問題について話し合う。 ・息子の仇打ち。 ・どんな立場に置かれても命をかけて戦うのが武士だから。 ○紙芝居を見て，自分だったらどうするか考える。 ・もし自分だったらきっと一度引き返すと思う。 ・この時代に生まれていたら，戦う道を選んだかもしれない。 ・ご恩と奉公の関係があって，重忠はそれを守ろうとしたから戦ったんじゃないかな。 ・なぜ重忠が，「坂東武者の鑑」と呼ばれていたかが分かった気がする。 ○明日が重忠の命日（850年前）であり，毎年6月22日にみんなが訪れた薬王寺で慰霊祭が行われるわけについて話し合う。 ・それだけ重忠は地域の人に愛されているんだね。 ○振り返りをして次時への学習の見通しをもつ。 ・重忠が亡くなった後，鎌倉幕府はどうなったのかな。	（資）鶴ヶ峰から万騎が原をみんなで眺めた写真 （資）紙芝居 ・重忠がどんな気持ちだったのか，重忠の言葉からその思いを考えることができるようにする。 （資）重忠の言葉① ☆重忠の立場となって当時の武士の生き方を考えることができる。（思）

【資料　重忠の言葉①】

> 謀反の心など露ほどもないのだ。国家の危機に際して一身一家を忘れて，献身するのは，武士たるものの本望である。息子が死んだ今となっては家などを考えなくてよい。それより一時の命を惜しんで，かねてより陰謀があったように思われたくない。命を惜しむものは，ここから去るがよい。ここでいさぎよく戦おう。

2 考察

歴史とは，古ければ古いほど子どもたちにとってかけ離れたものとなり，「歴史があって今がある」という「今」とのつながりを感じることが難しくなる。まして，1000年近く前の鎌倉時代の姿を想像することは容易ではなく，映像資料や文献など歴史を教えてくれる事実が数

多くあるわけでもない。

　そのような中で，子どもたちにいかに歴史を身近なものとするかを考え，子どもたちが今住んでいる横浜市旭区にある地域教材を用いて単元構成を考えることにした。

　横浜市立中尾小学校の最寄り駅の二俣川駅の隣に「南万騎が原」という地名がある。その地名はまさに授業（本時）でも扱った北条氏の万単位の騎馬隊に由来している。今も残る地名が当時の歴史を物語り，そして地域のボランティアの方々の努力によって，今なお当時の歴史が語り継がれている。

　子どもたちは，ボランティアの方々のガイドを聞きながら，鶴ヶ峰に残る数々の史跡を回り，最後は鶴ヶ峰の高台から万騎が原付近を眺めた。畠山重忠が134騎で菅谷館から「いざ鎌倉」に向かってやってきて，北条側の数万騎の軍勢を見たときの様子を想像しながら眺めたのである。畠山重忠も立ったのであろうその舞台に自分も立ち，史跡を回りながら，目で見て肌で感じながら想像することで，子どもたちに少なからず興味を抱かせることはできたように思う。

ガイドボランティアさんに教えてもらいながら，鶴ヶ峰を探索している様子

　私自身も歴史を身近にすることの手立てとして，身近な地域の歴史を学ぶこと，そして実際に自分の足を使って自分の目で見て肌で感じることの意義を感じることができた。

　しかしながら，畠山重忠という人物だけを通して，鎌倉時代の歴史（武士の世の中）を学習することは難しい。学習指導要領に明記されている学習内容をしっかりと理解した上で，単元を構成しなければならない。畠山重忠という人物を学習の入り口としたり，学習意欲を喚起するために地域探索を学習の中に取り入れたりしながら，子どもたちが「楽しく」「自ら学びたい」という気持ちをもって主体的に学習に取り組めるように，さらに考えていきたいと考えている。

（廣瀬　貴樹）

06 子どもたちがかかわり合い，追究する社会科学習
～「開国が日本にもたらしたもの～よりよい国をめざして」～

6年 社会科

|1| 単元目標

　ペリーの来航と開国，明治維新，文明開化などについて調べ，廃藩置県や四民平等などの諸改革を行い，欧米の文化を取り入れて日本の近代化が進められたことや，大日本帝国憲法の発布，条約改正，日清戦争，日露戦争，科学の発展等について調べ，国力が充実していったことを理解できるようにする。また，近代国家を目指した国の発展の陰で公害問題が起きたことや労働問題があったこと，差別が続いたことを知り，よりよい生活をしようとした人々の願いや努力したことについて追究することができる。

|2| 単元について

①児童の実態

　子どもたちは，6年生になってから，学級目標の中に「考え」という言葉を入れるほど，考えをもって工夫したりそれを伝え合ったりすることの大切さを意識してきている。

　社会科の学習では，ノートに自分の予想を書き，それについて資料をもとに調べたり話し合ったりし，自分の考えをまとめたりすることができるようになってきた。まとめの中には，自分の考えの根拠や自分だったらどうするかなど，自分に絡めて書ける子も増えてきている。また，発言の時にも互いの意見をつなげて話したり，ただ事実を述べるだけでなく，それに対する自分の事実のとらえや考えを述べられる子が増えてきた。

　ただ，歴史の単元では，一人ひとりの知識量に差があり，それによって意欲の持続に差が出てしまう傾向がある。教科書に載っている大きな図や写真，絵などをじっくり見たり，みんなが同じラインに並んで学習できるような材の提示を工夫する必要性を感じている。

　また，自分の考えに自信がもてず，話し合いの中でみんなの前で話すことに苦手意識がある子もいる。社会科の授業に限らず，小集団での話し合いを取り入れたり，グループ発表の場面を作ったりするなどの対応を続けている。

②単元の意図

　本単元では，幕末から明治，大正の時代を経て昭和の初期に至るまでの約70年間に起こった歴史的事象を学習する。まず，この時代は，これまでに学習してきた時代と比較して，短期間に急激な変化が起きたことを年表なども交え，丁寧にとらえるようにする。

　幕末から明治初期の学習では，黒船来航をきっかけに開国が行われ，長く続いた江戸時代が倒壊して明治維新による新しい時代が始まったことを押さえる。

　そして，明治政府が廃藩置県や四民平等などの諸改革を進めるとともに，欧米の文化を取り入れて近代化を進めていったこと，大日本帝国憲法の発布，日清・日露戦争，条約改正などについて調べ，近代国家としての体制を確立した歩みをとらえられるようにする。さらに，国力

を伸長しようとするなか，朝鮮や中国をはじめとする近隣諸国を巻き込んだ戦争の時代へと移っていったことを理解できるようにしたい。

　子どもたちは，江戸時代の差別された人々が理不尽な理由で差別されていたことに関心を寄せており，どうして権力をもつ側がそのような方法をとったのか，なぜ人は差別するのかを考えてきている。

　このようななか，「解放令」によって差別された人々への差別が制度の上でなくなったにもかかわらず，依然として差別がなくならなかったことや，政府に頼らずに自分たちの力で差別のない社会をつくっていこうという運動のなか「全国水平社」が結成されたことをつかみたい。同時に，日本自体が西欧諸国との不平等条約に苦しんだことを理解するなかで，自分自身への差別に対する考えに少しでも揺さぶりをかけたいと考えている。

3 授業の実際の流れ

学習活動（○）と内容（・）	教師の支援（・）
○前時までを振り返り，大きな問題意識を確認する。 ○開港前後の横浜の様子などをみて，これからの学習についての意欲をもつ。	・興味をもてるよう横浜の今と比べられるような港の資料を用意する。
○黒船の大きさやペリーの絵などを比べて，当時の人々がどう思ったか考える。 〈調〉ペリーは，何を要求したのか。 　アメリカが要求してきたことに日本はどう対応したのかな 〈予〉・怖くてたたかうのをやめた。 　　　・いろんな大名に戦わせた。 ○幕府が日米修好通商条約を結ぶまでの経緯や条約の内容について調べる。 ○江戸幕府が倒される頃に活躍した人物について調べ，年表とのかかわりを考える。 　当時の人々はどのような国にしたかったのだろう 〈予〉・争いのない国にしたかった。 　　　・外国文化を取り入れて，強い国にしたかった。	・これまで学習したことから，開国の要求への幕府の対応を予想することを大切にする。 ・今までの学習を生かし，自分なりの予想をたてることを大切にする。 ・横浜で起きたことを多く取り入れる。
○黒船来航から幕府が倒れるまでにあった出来事や明治政府が行ったことを年表から読み取り，考えたことを出し合う。 　新しい政府は，どんな国にしたかったのだろう 　・負けない強い国　・文化が進んだ国 ○五か条の御誓文から，新政府の方針を読み取る。 ○文明開化について　・鉄道開通　・横浜はじめてものがたり ○富国強兵　・富岡製糸場　・足尾銅山　・学制 ○四民平等 　新政府の政策は本当にみんなに受け入れられたのかな	・資料を読み取って，明治政府の方針を考えられるように張り出す。 ・予想したことについて調べ，それをもとに話し合う形で進める。 ・具体的な生活の変化について調べる。 〈資料〉地券 〈資料〉西南戦争 〈資料〉各地で起きた士族の反乱

095

・学制は作っても，授業料を払わなければならなかったんだ。 ・平等といっても平等でなかった人たちが，不満に思ったと思う。 ○自分だったら明治政府にどんなことを言いたいか表す。	
○ノルマントン号事件の概要を風刺絵から捉える。 　どうしてノルマントン号の船長は助けられなかったのだろう ○不平等条約に対して，明治政府が取り組んだことを調べる。 ・岩倉使節団も条約改正を目指していたんだ。	・教科書の年表資料を生かして，条約改正までの事象をまとめるように助言する。
○自由民権運動の高まり，議会政治が始まったことについて確認する。 　「国民の意見を広く聞いて政治を行う」ことに本当になったのか ・憲法を作って国会を開き政治をするようになったのは進歩だ。 ○風刺画から気がついたことを出し合う。 　条約改正にも関係した二つの戦争は，どんな戦争だったのだろう ○日清・日露戦争の経過を年表や資料をもとに話し合う。	<資料>大日本帝国憲法の内容 <資料>風刺画 ・二つの戦争を分かりやすく表にまとめるようにする。
○韓国併合について調べようとする。 　韓国との関係はどうなったのかな ○朝鮮の人々は日本の行ったことについて，どう思ったのか話し合う。	・開国以来の日本の動きと関連させて考えられるように振り返るよう促す。
○足尾銅山鉱毒事件と田中正造についての文章を読み，さらに調べる。 　人々の暮らしはどうなっていたのだろう ○銅山は重要な政策の一環であることや，田中正造が鉱毒事件解決に尽力したことなどについて考える。	・田中正造が行ったことについての資料を用意する。 <資料>日本の工業の発達
○「解放令」によって，制度的には平等となったけれど，実際には差別がなくなっていないことをつかむ。 　明治になって差別はなくなっていないけれど，どうやって今のようになったのか	・江戸時代以降に起きたことを振り返りながら自分の考えをもてるようにする。
○不平等な社会を平等にしようとして努力した人々の努力や願いについて考える。<本時> 　差別された人々はどうやって差別をなくそうとしたのか	<資料>水平社宣言を出すまでの青年の話 <資料>水平社宣言
○人々の暮らしはよくなっていったのか，調べまとめる。 　みんなの暮らしはよくなったといえるのかな	<資料>有権者数の推移

4 本時目標

水平社宣言や水平社宣言を出すまでに努力した人々がしたことを読み取ることを通して、平等な社会を目指した人々が、一揆や強訴ではなく人権宣言というかたちで自分たちの願いを宣言したことを理解することができるようにする。

5 本時展開

学習活動（○）　予想される児童の反応（・）	支援（・）評価（●）資料（資）
○学習問題について確認をする。 　差別された人たちはどのようにして差別をなくそうとしたのか 　・勉強して見返す。　　・訴えると思う。 　・勉強してえらくなって、差別をなくす。 　・法律を作る。　　　・政府は他の策をとらないのか。 　・反乱を起こしても、結局制圧されるから意味ない。 　・結局制度を決めるのは偉い人で、自分に有利なことしかしないと思うから、解決しないと思う。 　・今だって、本当に平等とはいえない。 ○西光万吉ら青年がしたことの資料を役割演技もいれながら読み取る。 　・自分だけでなく、仲間と一緒に訴えた。 　・一つの村だけでなく、全国的な仲間に向かって言っている。 　・全国にいるんだと分かると、強くなれる気がした。 ○「全国水平社宣言」で何を言いたかったのかグループに分かれて読み、意見交流をする。 　・「同情やあわれみでは差別はなくならない」ってあるけど、どういうことかな。 　・これって誰に向かって言っているんだろう。 　・「解放令」のときは、政府が出しただけだったけど、今回は自分たち自身で出している。 ○全体で資料から分かったことや考えを出し合う。 　・学校に行けないなんて、本当につらかったんじゃないのかな。 　・「人間を大切にすることが本当はどんなことであるかをよく知っているからこそ」って、これまで自分たちが大変な思いをしてきたから分かるってことだね。 　・でも、これが出たからと言って何か決めたわけでもないよ。 　・自分たちの利益だけのために、一揆を起こすのと違う。 　・みんな人は尊敬する存在だと、世の中に宣言している。 　・一人ひとりが変わらないと世の中って変わっていかない。 ○次時の確認をする。 　・他にも、女性は選挙権がなかったなんて、いい暮らしになったとは言えないよ。 　・選挙権をもっているのはお金持ちだけだったよね。 　・他には、どんな問題があったのかな。	（資）解放令 ・自分の予想を一度読み、振り返るようにする。 ・自分が差別に対してどうするかという考えの段階の子がいるので、差別をなくすためにどうしたかという問題をもう一度確認する。 （資）水平社宣言を出すまでの青年の話 ・悩みながらも、全国の仲間に呼びかけた様子が分かるように役割演技を入れる。 （資）全国水平社宣言 （資）山田孝野次郎少年が話している写真 ・誰が、誰に向かって、どんなことを言いたかったのか、グループで考えるよう助言する。 ・水平社宣言全文を分かりやすくしたものを配布する。一部考えさせたいところを強調しておく。 ・これまでの身分制度や学習内容にふれた発言があったときは、その資料を振り返る。 ・今までの学習を生かした考えや自分自身にかかわるような発言が出たときには称賛できるようにする。 ●よりよい暮らしを目指して、水平社宣言を出した人たちの努力や願いを考えることができたか。

6 考察

　歴史学習を進める上で,「自分たちの生活を作っていく上で,先人のよかったところはとりいれ,よくなかったことは繰り返さない」という意識を常々確認しており,自分たちの生活と歴史のなかの事象をつなげて考える大切さは繰り返してきていたと思う。それぞれの時代のなかで,差別が生まれる人の心の動きや,格差について引っかかる子がいた。弥生時代や古墳時代では,支配する人とされる人と身分が分かれたときにどんなことが起きたか,ロールプレイを交えて考えてきた。江戸時代は,安定して戦いが減ったけれど,身分が分かれたことに疑問をもち話し合った。このような子どもたちの意識の流れを大事にしようと考え,この単元を通して,江戸時代から続く身分のことや格差のことにふれたつぶやきをひろったり,つなげたりした。そのことで,クラス全体の大きな問題意識として「差別」や「格差」があがっていったと思う。そのような問題意識のつながりが本時のなかの発言にも現れていたのではないか。

　本時で扱った内容については,いかに自分自身のこととして迫れるかを大切にした。自分自身への問いかけをなるべく意識できるように,ノートでのまとめの記述を大切にしたり,問い直しをしたりすることも意識した。

　ただ,そこへの問題意識をもって考えてきたのだが,本時に盛り込んだ学習活動の多さによって,それを考える時間が少し少なくなってしまった。次時で,差別とはいったい人のどのような考えからなのか,水平社宣言で言いたかったことは何かということに,少し迫ることができた。

　本時の中で次のような問題提起となる発言が見られた。

```
C72　おれは差別はなくならないと思う。
C73　なくならない!?　がんばってるのに。
C74　何でかっていうと絶対いじめる人とか差別する人は,そんなゼロにはならないと思うから,陰で言ったり差別する人はたぶんなくならないと思う。
```

　今の自分や周りのことも照らし合わせて,きれい事ではすまされない問題について考えている現れとみることができると考える。

　また,今回役割演技や小グループでの水平社宣言の読み取りなどを入れたことにより,自分一人ではなかなか考えが広がったり深まったりしなかった子どもたちも,互いの立場の差を感じたり,その立場になって感覚として捉えたりすることができた。

```
C56　おれ？　就職できなかったら,お金入ってこないから,買えないでしょう,食料が。それで,田畑耕そうとしたって,道具が壊れたら道具が買えないとおしまいでしょう。就職しないと終わっちゃうからさ。そこは,就職くらいは残してほしい。
```

　また,上記のように切実な問題に気づいている子もいた。
　さらに,下記のように,互いの立場を取り上げることで,なんと言えばよいかを考え,水平

社宣言の中での一つのポイント，「全国の仲間とつながろうとした」ことはとらえることができたと思う。

> C38　差別されている人とか，場所に差別はよくないことだから，自分たちもされていやだから，苦労しているからやめなさい。
> T38　差別やめなさいって言ったのかな。
> C39　自分の体験を話して，自分が苦労していることを話して，その人が苦労しないようにした。
> T39　この，学校で一緒はいやだって言っている人たち？　周りの人たちどう思う？　納得しない？　やられてやだからって言われてどう？
> C40　そう言われて，少しはそう思うかもしれないけど。でもやっぱり。
> C41　もしあなたが廊下に出て勉強することになったらどう思いますか。いやなんですよ。私たちもいやなんですよ。それを分かってくださいよ。
> C42　シーン。
> C43　分かってもらえなかった。
> T40　よく読んでもらっていい？　呼びかけた先って誰？
> C44　誰？　人々だって。
> T41　周りの人かな。
> C45　困っている人。
> T42　周りの人に「やめてください」って言ったんじゃなくて。
> C46　言ったら逆に言われる。
> C47　大丈夫だよ。
> T43　A児に向かって，なんて言ったと思う？
> C48　仲間になろうぜ。
> C49　おいおい，A児には言ってなぜおれのことは仲間にしない？
> C50　仲間になろうぜ。
> C51　仲間になろうぜ。（B児にも）
> C52　いいよ。

そのようななか，最後のC75〜C77あたりの児童が，水平社宣言の内容を読み取っていき，差別をやめてくれ，という内容以上に「人間の尊厳を守ろうとしている」という点にもう少しで迫れるというところで終わってしまったことが最大の反省である。

次の日の授業の中で，もう一度水平社宣言で何が言いたかったのかを考えた際，「みんなで団結したんだ。その方が聞いてもらえる」「一人じゃないんだと思うと強くなれる」「『平等である』『差別をなくす』って言いたいんじゃないか」などといった話し合いができ，ようやく自分事としてとらえられた子が増えたと感じることができた。今回の反省を活かし，さらなる授業力向上をめざしていきたい。

（田崎　順子）

07 地域の伝統や歴史に学ぶ総合的な学習の時間

6年 総合的な学習の時間

1 本校の研究テーマ

> 自分の思いをもち，豊かな心で学びあい，伝えあう子の育成
> ～主体的に考え，自分の言葉でいきいきと表現する子をめざして～

【高学年部会テーマ】
> 自分の思いを明確にし，友達の考えと比べたり，友達のよいところを取り入れたりして，自分の考えを深め，伝えることができる子の育成

2 これまでの取り組み

　豊かな自然に囲まれた本校の6年生は，これまで総合的な学習の時間の活動として，3年生「地域の伝統，おはやしにチャレンジ！」（伝統文化：後掲），4年生「朝日の里と交流しよう」（福祉），5年生「みんなのために○○します」（キャリア）等の経験を積んできている。また，4，5年生の2年間では，「愛川宿泊体験学習」の活動を通して，一人ひとりが自分のよさを生かして役割を果たすプロジェクト活動にも取り組んでいる。

　このような経験から，本学年の児童は，「自分の思いや願いをもつ」「実現に向けて自分のよさを生かして協力しようとする」力は比較的身についているように感じる。ただ，思いが強すぎて周囲と歩調を合わせにくくなることや，コミュニケーションをとりながら協力していく過程については，継続的に指導していく必要がある。

　そこで，6年生の総合的な学習の時間の学年年間テーマを「学校のため，地域のためにできることに取り組んで，6年間お世話になった小学校や東俣野のまちに感謝の気持ちをあらわそう」とし，年間計画を見渡して，できるだけ計画的に活動に取り組めるように配慮しながら学習を積み重ねてきた。

　4月には「1年生の給食や掃除のお手伝い活動」，6月には「たてわり活動」と「日光修学旅行プロジェクト活動」，9月には「なかよし訪問交流（特別支援学校との交流活動）」を行ってきたが，どの活動も一人ひとりが自分の役割を理解して意欲的に活動をすすめることができた。また，活動の過程で先生方や他学年の児童からほめられたり感謝の気持ちを伝えられたりする中で，自信をもつことにつながってきている。

3 実践紹介①～大凧づくりにチャレンジ（6年生）～

　大凧づくりは，3年前の6年生が立ち上げた単元である。これまで毎年6年生が立派な凧を作り上げ，大空に揚げている。4月に年間計画を児童と話し合う際に，担任から大凧の取り組

みについてたずねたところ,「やってみたい」という声が多く,今年も学年全体で取り組むことにした。

　自分の兄姉が取り組んだ児童も多くいるので,活動への憧れのような気持ちもあるように感じた。また,毎年大凧づくりでお世話になっている地域の指導者の方と,顔見知りである,またはよく知っているという児童もいて,そういった点でも活動への関心は高いと感じた。

　6年間,行事として取り組んできた「凧づくり凧揚げ大会」の取組を通して,和凧に親しみを感じていることも加え,6年間の学校での思い出として各学級での願いを伝統的な図柄や文字に託して揚げようという気持ちを強くもっている。

　本単元では,児童が「大凧にわたしたちも挑戦してみたい」と考えている点を生かして活動をスタートした。ただ,例年と同じように活動するのではなく,本学年の児童の個性やよさを生かしながら活動に取り組むことができるようにしたい。これまでの学年で生活科や総合的な学習の時間で積み重ねてきた経験を生かして,「自分はこうしたい」「もっとよくしたい」という自分の思いや願いをどの子も明確にもち,それをお互いに伝え合う中で,自分たちらしい大凧づくりに取り組めるよう支援していきたいと考えている。

　また,課題となっている「歩調を合わせること」や「コミュニケーション力」についても取り組むことができるように支援していきたい。大凧づくりは,2畳という大きさから,当然1人では作業を進めることが難しい。「周囲と声をかけ合う」「視線を合わせる」「合図を送り合う」などのコミュニケーションが必要となってくる。多少の失敗があっても,大凧づくりの体験を通して,歩調を合わせることの大切さを体得してほしいと願っている。

　さらに,学年全体での活動が進むと,話し合いの中などで,自分の思いとは違う方向にものごとが進むことも予想できるが,その過程を重要なものととらえて取り組ませたい。大凧をつくることで,自分の思いとは反対の考えをもつ人がいるという現実を知り,悩むこともあるかもしれないが,そこで自分なりに折り合いをつけたり考えを修正できたりした児童を大いに認め励ましていきたい。葛藤する中で答えを見つけた経験が,きっとものごとを進めるときの「見通しをもつ力」もはぐくむであろうと考えるし,「失敗からも学ぶ」たくましさを身につけていってほしいと願っている。

　本校の児童は,父母の代や祖父母の代から地域で生活している児童が比較的多い。将来,この東俣野のまちで生活する子も多くいるのではないかと考える。その時,今回の大凧づくりの経験で地域の伝統文化を学んだことをもとにして,地域の活動に参加する子が一人でもいたらうれしいと考える。また,そうでない児童にとっても,地域のつながりがだんだん薄れていく中,今回の活動が貴重な経験となり,将来入った地域社会で自分のよさを発揮して,伝統文化も大切にしながら生活していってほしいと願っている。

①学習内容（伝統・文化，キャリア）

学習対象	学　習　事　項
地域の伝統文化とその継承に尽力する人々	○地域の伝統文化，「凧づくり」についての理解 ○凧づくりを楽しみながら伝えている地域の人々の思いや願い ○凧に込められた先人たちの思いや願い
話し合って図柄や文字を決め，協力して作る大凧	○自分や友達の良さや得意なこと，成長への気づき ○大凧づくりにこめた自分の夢や希望 ○大凧づくりを通した，周りの人々との関係への気づき ○大凧づくりを通して気づいたものづくりの喜び

②活動の流れ（文末の数字は時間数）

> 「地域の伝統，大凧を協力して作り空高く揚げよう!!」
> ～体験から学んだことや考えたことを周りの人に伝えていこう～

○今までの6年生が作った大凧を見てみよう。①
○大凧の骨となる竹ひごを長さに合わせて切ろう。①
○学級の大凧の図柄や文字を話し合って決めよう。④
○大凧の骨組みを組んだり，和紙を切り取ったりして準備をしよう。①
○和紙に下絵をかこう。①
○下絵に色を塗っていこう。④
○大凧お披露目会（大凧発表会）について話し合う。③
○自分の役割分担となったことを調べたり発表の準備をしたりする。④
○絵を骨に貼る。③（地域の凧づくり名人Sさんの協力）
○糸目をつける準備をする。③
　（地域の凧づくり名人Sさんの協力）
○凧に糸目をつける。③
　（地域の凧づくり名人Sさんの協力）
○大凧発表会の準備をしよう。③
○大凧発表会をしよう。②
○活動の振り返りをしよう。①
※次年度，5月の連休に大凧を揚げることを確認し，活動を締めくくる。

③本単元の話合い活動から

　子どもたちの大凧づくりの取り組みは，12時間目までは，ほぼ活動計画の通りに進んできた。しかし，13時間目の「大凧発表会について話し合う」活動で，一人ひとりの発表会へのイメージが微妙に違っていたことから，朝の学級や学年の時間などを活用しながら児童同士の共通理解を図ることになった。

　　＜話し合った内容＞
・大凧発表会はだれのために行うのか。5年生へ？　保護者へ？
・発表会の目的は？
　　＜子どもたちの主な意見＞
・伝統だから来年も5年生に取り組んでほしい。
・発表会はしなくてもいいのではないか？　作ってやったー！　でいいのでは？
・全校児童には朝会でお披露目することができるし，保護者へは，授業参観などのときに発表できるから，あえて発表会はしなくていい。
・でも自分たちのがんばりを認め合う場はほしい。
・成長を見せたい。達成感がある。
・大凧は近くで見てもらって細かいところまで見てもらいたい。
・Sさんへの感謝の気持ちを伝えたいが，それは発表会までしなくても手紙でもいいのではないか。お忙しいかもしれない。
・Sさんに手紙だけでは，自分たちのがんばりを伝えきれないのでは？　絵柄の意味や文字の意味など，一生懸命話し合ったことを伝えて喜んでいただきたい。
・発表会というと堅苦しい感じがする。
・この間のSさんとの活動のとき，協力しないで遊んでいる人がいた。
・このままでは「みんなのがんばりを喜ぶこと」なんかできないのでは？
　　＜決まったこと＞
・大凧発表会（仮）は「自分たちのがんばりを喜ぶ」ことを目的に行う。
・Sさん，5年生，保護者は声をかけて来ていただけたらうれしい。
・「発表会」という堅苦しい形でなく「楽しく」「笑顔で喜べる」会にする。

　この話し合いを通して，一人ひとりの子どもが本音をぶつけ合うことができ，大凧づくりの意義を6年生全員で再確認することができたと考えている。

　そして，私たち教師も，総合的な学習の時間を子どもたち主体の活動にするためには，こうした話合い活動を通してお互いの思い・願いや考えを出し合い，よりよい活動を生み出すことができるように支援していくことが大切であると再認識することができた。

4 実践紹介②〜八坂神社のおはやしにチャレンジ（3年生）〜

①活動が始まるきっかけ

　学年児童は62人の元気な子どもたちであったが、入学当初から集団行動が苦手な子どもいて、学年経営に工夫が必要であった。そこで、担任としては、何か学年の経営の柱になるような活動がないかと考えていた。

　地域の神社には、地域の方が指導をしてくださる「子どもお囃子連」があり、学年の児童が何名か所属していた。お囃子の練習ではいつも集中して取り組んでいることや、学年の他の児童も太鼓のリズムに興味をもつ児童が多く、みんなで「お囃子」に取り組むことはできないかと考えた。

　お囃子連の指導者の中に同学年の子どもの祖父がおり、連絡をとったところ、学校に来て指導をしていただけるということになり、活動を立ち上げることにした。

②活動の概要

○5月のまちたんけん（社会科）の際、八坂神社の総代の方に、八坂神社の歴史や年中行事、建物やいちょうの木のお話を伺った。
○7月のまちたんけん発表会（ポスターセッション）で八坂神社グループが発表。
○9月に「おはやしにチャレンジ」の活動を立ち上げ、マイ太鼓づくりの活動に取り組むとともに、地域のお囃子の指導者の方に太鼓の指導をしていただいた。
○11月からは、週1回、はばたきの時間（総合）で太鼓の練習。
○2月から「はばたき発表会」への準備を行い、3月に発表会。

③成果と課題

　初めのうちは不安そうに太鼓をたたいていた子も、活動を続けていくうちに、お囃子もとても上手になり、熱心に取り組む姿が見られるようになった。活動を継続する中で、自分たちのことを「東俣野小子どもお囃子隊」として、「まちや地域を明るくするために活動をしよう」というめあてをもち、盛り上がった。4年生になってもまちを明るくするために取り組みたいという強い思いをもって進級することができた。

　課題としては、地域の指導者の方のご指導をいただける時間がどうしても限られてしまったことがある。特別に夜間の練習に希望者だけ参加することができることになり、保護者の送迎をお願いして、やっと継続して指導をしていただくことができた。今後もこの活動に取り組む学年があったときのために、指導の様子をビデオに撮らせていただいたので、今後、保存して活用できるようにしたい。

　ポスターセッションは難しいところがあった。特に、伝える内容を精選してポスターにわかりやすくかくこと、伝えたいことを明確にして話すことが難しかった。ワークシートなどを作って指導をして、大分わかりやすい内容になったグループもあったが、指導の仕方も今後の課題になっていくと考える。

（平島　幸江）

08 自らの生き方を考える総合的な学習の時間
～「S保育園と交流しよう！」～

6年
総合的な
学習の時間

|1| 単元（学習材）について

　実際にS保育園に行ってみると，園児が非常にのびのびと生活していることが分かる。まさに「心も体も元気な子」といった印象を受ける。1回目や2回目の交流では，年長さんと部屋の中で交流していた。年長さんの様子を見ると，最初は，もじもじしている子どもが多かったが，交流を重ねていく中で，少しずつではあるが，笑顔が見られるようになり，4回目の交流では，自分が縄跳びをしている姿を見てほしいと年長さんから6年生に話しかけている様子も見られた。

　子どもたちは，当初，年長さんとのかかわりだけを意識していたが，職員の方々ともふれあい，学ぶところまで活動を高めてほしいと願う。職員の方々からは，「保育園で働く人々の喜びや苦労」を感じ取り，そのことから，さらに「働くことの生き甲斐」や「働くことのすばらしさ」を実感していってくれるのではないかと期待している。

|2| 研究テーマとのかかわり

① 研究主題について　第Ⅳ章参照
② 部会テーマのとらえ　（略）
③ 「具体的な手立て」について

　子どもたちが「夢中になって学」び，「生きる力にあふれる子」にするために，次のような4つの手立てを考えている。

➔ 学習材の立ち上げ場面を大切にする

　本単元では，学習材の立ち上がりを大切にするために，子どもたちが言ったことをすぐに学習材として認めるのではなく，話し合ったり，実際に少し活動したりした。

➔ 一人ひとりを丁寧にみとる（座席表や名簿などの活用）

〈何をみとるか？〉・学習材に寄せる思い　・活動後の考えや問題意識　・個の変容　等
〈どうやってみとるか？〉・学習カード　・子どもの発言やつぶやき　・活動の様子　等
〈みとりの生かし方〉・励まし，称賛　・個に応じた支援　・学習過程の修正　等

➔ ハードルを少し高くする（困難さの提供）

➔ 振り返る場面を提供する

　子どもたち自身が，自分たちの活動そのものを見つめ直し，その活動にどんな学びがあったのかなどを考えたり，実感したりできるようにしたいと考えている。

|3| 実践の概要

※ここでは「単元構想」と校内授業研の「本時展開案」のみ紹介する。

①**単元構想**〈総時数70時間（総合的な学習の時間61h + 国語5h + 道徳3h + 特活1h）〉

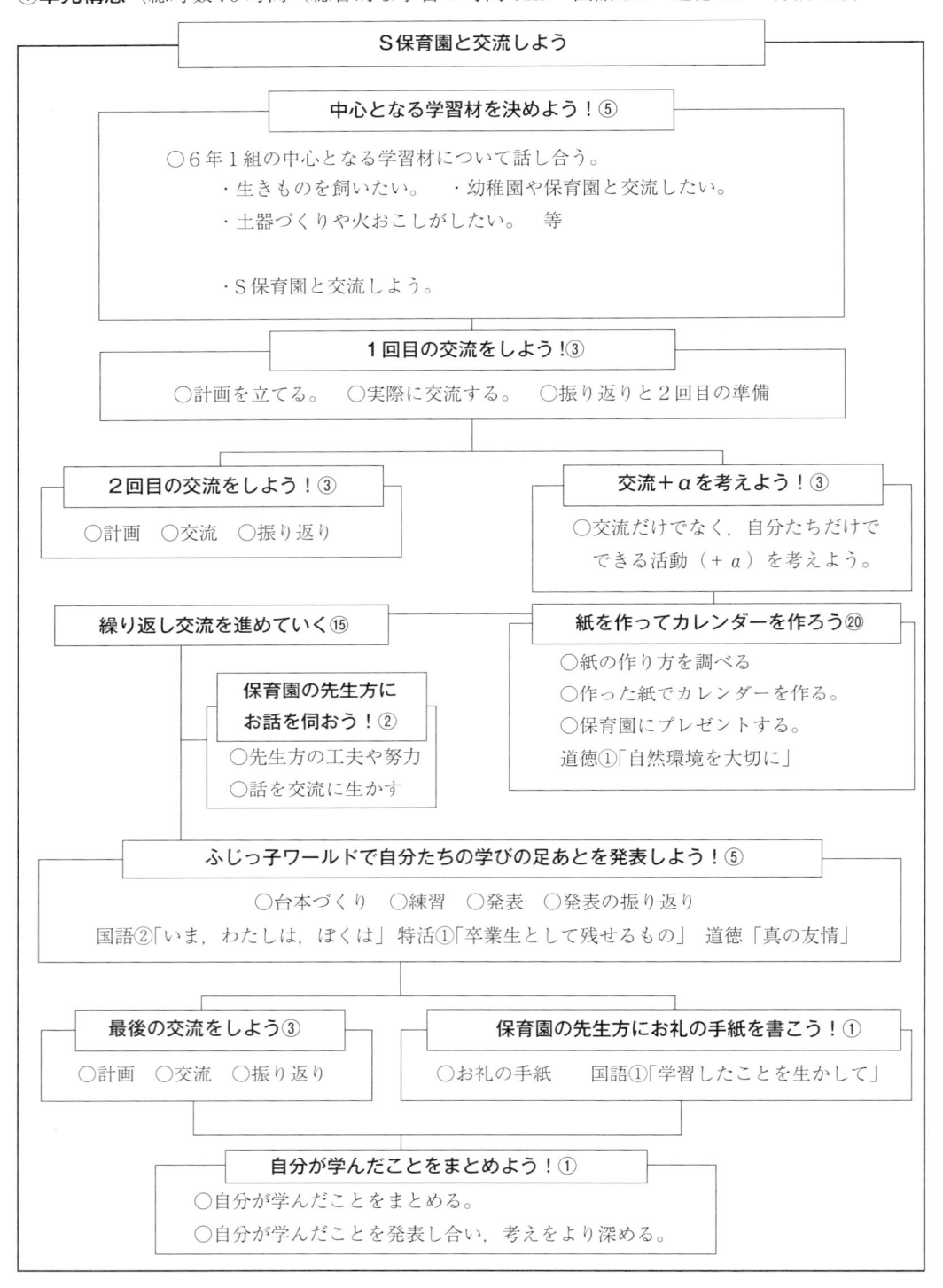

```
┌─────────────────────────────────────────────────────┐
│                 S保育園と交流しよう                   │
│  ┌───────────────────────────────────────────────┐  │
│  │        中心となる学習材を決めよう！⑤            │  │
│  │  ○6年1組の中心となる学習材について話し合う。     │  │
│  │    ・生きものを飼いたい。 ・幼稚園や保育園と交流したい。│  │
│  │    ・土器づくりや火おこしがしたい。  等         │  │
│  │                                               │  │
│  │    ・S保育園と交流しよう。                     │  │
│  └───────────────────────────────────────────────┘  │
│         ┌─────────────────────────────────┐         │
│         │     1回目の交流をしよう！③        │         │
│         │ ○計画を立てる。 ○実際に交流する。 ○振り返りと2回目の準備 │
│         └─────────────────────────────────┘         │
│  ┌─────────────────────┐  ┌─────────────────────┐   │
│  │  2回目の交流をしよう！③ │  │  交流＋αを考えよう！③  │   │
│  │  ○計画 ○交流 ○振り返り │  │ ○交流だけでなく，自分たちだけで │
│  │                     │  │   できる活動（＋α）を考えよう。 │
│  └─────────────────────┘  └─────────────────────┘   │
│  ┌─────────────────────┐  ┌─────────────────────┐   │
│  │ 繰り返し交流を進めていく⑮│  │ 紙を作ってカレンダーを作ろう⑳ │   │
│  │ ┌─────────────────┐ │  │ ○紙の作り方を調べる      │   │
│  │ │ 保育園の先生方に   │ │  │ ○作った紙でカレンダーを作る。│   │
│  │ │ お話を伺おう！②   │ │  │ ○保育園にプレゼントする。  │   │
│  │ │ ○先生方の工夫や努力 │ │  │ 道徳①「自然環境を大切に」  │   │
│  │ │ ○話を交流に生かす  │ │  │                       │   │
│  │ └─────────────────┘ │  │                       │   │
│  └─────────────────────┘  └─────────────────────┘   │
│  ┌───────────────────────────────────────────────┐  │
│  │ ふじっ子ワールドで自分たちの学びの足あとを発表しよう！⑤ │  │
│  │   ○台本づくり ○練習 ○発表 ○発表の振り返り     │  │
│  │ 国語②「いま，わたしは，ぼくは」特活①「卒業生として残せるもの」道徳「真の友情」│
│  └───────────────────────────────────────────────┘  │
│  ┌─────────────────────┐  ┌─────────────────────┐   │
│  │   最後の交流をしよう③  │  │ 保育園の先生方にお礼の手紙を書こう！①│
│  │  ○計画 ○交流 ○振り返り │  │ ○お礼の手紙  国語①「学習したことを生かして」│
│  └─────────────────────┘  └─────────────────────┘   │
│         ┌─────────────────────────────────┐         │
│         │   自分が学んだことをまとめよう！①   │         │
│         │ ○自分が学んだことをまとめる。      │         │
│         │ ○自分が学んだことを発表し合い，考えをより深める。│
│         └─────────────────────────────────┘         │
└─────────────────────────────────────────────────────┘
```

②本時の学習

○本時目標

これまでの交流（6回）を振り返り，まだ十分でない点（問題点）を見出し，今後の交流のよりよいあり方を考えることによって，残りの交流への意欲を高めることができる。

○展開

学習活動と予想される子どもの動き　　（☆教師のかかわり）

これまでの交流を振り返り，残りの交流をもっとよいものにしよう！

1　これまでの交流で変わったこと（よりよくなったことや学んだこと）を出し合う。
　・名前を少しずつ覚えてきている。
　・園児から話しかけられるようになった。
　・園児のペースで交流する。等

☆振り返る手がかりとしてこれまでの交流を一覧表にして掲示する。

☆話し合う場面で行き詰まってしまったときは，近くの仲間と話し合うように促す。

2　問題点を出し合い，その解決策について話し合う。
　・まだ名前を覚えていない園児がいる。→名刺交換ゲーム
　・全員に楽しいって言われる交流がしたい。→園児のやりたいこと
　・藤小のことを紹介したい。→園児は本当に知りたい？　等

3　学習カードに本時の学習の感想をまとめ，発表し合う。

☆本時の中で解決できない場合は，次時でも話し合うようにする。

▼

【授業当日の座席表指導案】（部分）

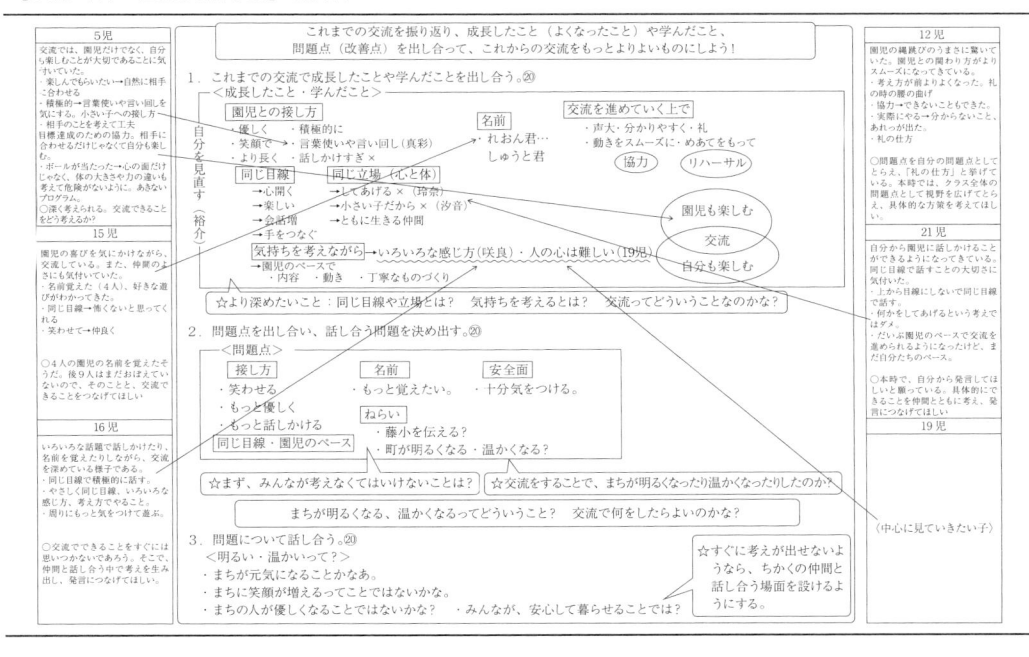

4 考察

①本単元の意図や大事にしてきたこと

　子どもたちは，S保育園との交流だけではなく，自分たちの手で紙を作り，その紙を用いてカレンダーや年賀状を作るという活動も並行して進めていくこととした。この場面において，「S保育園との交流＋手作りのカレンダーや年賀状（保育園にプレゼント）」という学習材が，今後の「総合的な学習の時間」の核となると判断することにした。

　子どもたちは，年間を通しての交流を続けながら，「木枠作り」「紙作り」「カレンダー作りや年賀状作り」などの活動を通して，「年少者に温かい気持ちで接することの大切さ」「互いの存在を尊重することの大切さ」「仲間と協力する大切さ」「誰かのために努力する喜び」など，様々なことを学んでいくことができたように思う。

②子どものみとり，魅力ある学習材，単元構成の工夫，学習形態，方法について

ⅰ．子どものみとりについて

　本項目では，この学習材を通して子どもが学んだことについて，A児の学習後の感想を中心に見ていくことにする。

〈交流に関する記述〉

C1　みんな楽しそうにしてたし，「楽しかった」と言ってたし，自分自身けっこう楽しかったからいいと思いました。でも，ぼくが縄跳びが苦手だったので，保育園児はすごいと思いました。手つなぎ鬼では，保育園児の体力がものすごかったです。（10/10「4回目の交流」）

C2　よく一緒になる子がいて，その子のお母さんとぼくのお母さんが友達でよく一緒に遊んだりするけど，その子どもは交流の時は心を開かないので，緊張しているのかなと思っています。話しかけたら少し心を開いてくれたのでよかったです。もう少し話しかけてあげようと思いました。人の心はいろいろあって難しいとも思いました。でも目線を同じにしなかったのがダメだと思いました。想像だけではなく動くことも大事だということを学びました。（11/8「5回目の交流」）

C3　最後の交流では，話しかけすぎず，話さなすぎず，ちょうどよい具合に話せたし，園児のペースで行動ができて楽しめたのでよかったです。（2/27「8回目の交流」）

〈道具作りや紙作りに関する記述〉

C4　道具が集まれば簡単だと思ったけど，洗面器が予想より小さかったので，ちゃんと確認をして紙作りをすればよかったと思いました。（11/9「1回目の紙作りパート1」）

C5　一応紙っぽいのはできたけど，質のよいパルプはできていなかったと思います。めあてで言った「役割分担をきちんとして質のいいパルプを作る」ということができていなかったと思います。（11/12「1回目の紙作りパート2」）

C6　紙すきをするのにパルプ液に水を足したらパルプが少なすぎて，パルプをすくうの

> がやっとというくらいだったので，パルプを多くして，枠の厚さが厚すぎたので，もっと深い容器でやろうと思いました。(12/3「4回目の紙作り」)

→ 交流そのものの楽しさや交流で大切なこと

A児は，4回目の交流を終えて，C1の記述から，交流そのものの楽しさを実感していったと考えられる。その後の交流後でも，「すごく楽しめて，……最後はものすご〜く楽しそうな顔をしていたのでよかったです」と記述していたことからも，交流の楽しさ，そして，交流では，園児だけが楽しむのではなく，自分自身も楽しんでいくことが大切であることを学んでいったと考えることができる。

→ 同じ目線や園児のペースで接すること，人と人とが理解し合うことの難しさ

A児は，交流を通して，年下と言えどもすばらしい力をもっていること，つまり，同じ人間であるということにも気付いている（C1「すごい」「すごかった」）。交流の最初の段階では，A児に限らず多くの子どもたちが上から目線で交流を考える様子が見られたが，徐々に，園児と同じ立場で交流していこうとする姿が見られるようになった。

また，A児は，C2で「よく一緒になる子がいて，……緊張しているのかな？……人の心はいろいろあって難しい」などと記述していることから，知り合いの園児の気持ちに寄り添い，その子の立場で物事を考えていこうとしていることがうかがえる。

→ 協働することの大切さ

A児は，どちらかというと，協力し合うことが苦手なタイプであった。しかしながら，紙作り用の木枠作りや紙作りの活動では，C5の「役割分担をきちんとして」などの表現から，協力し合うことを大切にし，そのことを実践しようと努力していたことがうかがえる。

→ 質の向上をめざすこと

A児は，C5・C6の記述から，一貫して質のよい紙作りをしようとこだわりをもって活動を進めていたことが分かる。それは，園児にプレゼントをするための紙作りであることを十分に理解し，そのためには最高の紙を作りたいと考えていたからであろう。そして，A児は，より質のよいものを生み出していくことの難しさやおもしろさ，そのために工夫することの大切さを実感していったことと思われる。

ii．魅力ある学習材について

講師の先生方の間でも，この「交流」という学習材については議論が分かれていたが，私個人としては，魅力ある学習材として考えてもよいのではないかと思っている。確かに，「交流は手段であって目的ではない」と言えるが，交流を通して，「園児の顔と名前を一致したい！」「園児が楽しいと言ってくれるような交流にしたい！」という目的が生まれたり，また，その園児との交流と並行して行った紙作りでは，「より質の高い紙を作りたい！」という目標が生まれたりしているところから，魅力ある学習材として考えてもよいのではないかと考えている。子どもたち自身はどのようにこの学習材を感じていたのか，B児の最後の感想で考えてみたい。

> 　私は，Ｓ保育園と交流して，園児と同じ立場や同じ目線で交流することの大切さを学びました。園児と同じ立場や同じ目線で交流することを意識して交流したら，園児との会話が増えたし，園児から話しかけてくれることが多くなったからです。園児の中にはなかなか笑ってくれない子もいるけど，最後にはみんなが「楽しかった」と言ってくれたので，Ｓ保育園と交流してよかったと思います。

　このように，Ｂ児は，みんなが楽しいと言ってくれる交流をめざし，最後は，「交流してよかったと思います」と自己成就感を大いに感じながらこの活動を終えていることが分かる。同様の記述は他にも多数見られたことから，子どもたちにとっても魅力ある学習材であったのではないだろうか。

③夢中になって学ぶ子どもをめざして

　ここでは，「夢中になって学ぶ子ども」について，Ｄ児・Ｅ児・Ｆ児のまとめの感想を見つめていくことで考えていくこととする。

> ○私は，園児と交流をしたり，紙作りをしたり，ふじっ子ワールドで発表したりしたことで，相手の目線になって考える難しさ，目標を達成することの大変さ，仲間からもらうアドバイスが自分のためになるということなど，いろいろなことを学びました。時には失敗することもありましたが，それがあったからこそすばらしいことを学べたと私は思います。（Ｄ児）
> ○ぼくは，園児にどうして「つまらない」と言われたのかの話し合いの中で，目の前の問題から目をそむけないことの大切さを学んだ。交流で，園児に楽しんでもらうにはどうすればよいのかの話し合いで，相手の気持ちになって考えることの大切さを学んだ。年下でも，視線と心を同じにする礼儀を学んだ。きれいごとではなく，本当にそれができるのかを考えることを紙作り体験を通して学んだ。（Ｅ児）
> ○私は，6回目の交流まで園児を名前で呼べなかったけど，7回目と8回目の交流では，園児の名前で呼べたのでよかったです。1回目の交流は，上から目線で話していたけど，6回目の交流からは同じ目線にしたら，園児がたくさん話をしてくれたのでうれしかったです。交流する前までは，小さい子が苦手だったけど，交流して園児たちに何をしたら喜んでくれるのかを考えて話せるようになりました。だから，私は，この1年間交流して学べたこともたくさんあったので，交流してよかったと思いました。（Ｆ児）

　Ｄ児は，この活動を通して，「相手の目線になって考える難しさ，目標を達成することの大

変さ，そして，そのために周りの人たちと協力することのすばらしさ」など，様々なことを学んでいることが分かる。これらの学びは，「総合的な学習の時間」のキーワードである「探究」「体験」「協働」と合致する学びであり，D児が，夢中になって学んだことの証ではないかと考える。また，「時には失敗することもありましたが，それがあったからこそすばらしいことを学べたと私は思います」と記述していることから，粘り強くこの活動を進めていくことができたことがうかがえ，この学習材に夢中であったからこその姿ではないかと考える。

E児は，「目の前の問題から目をそむけないことの大切さ」「相手の気持ちになって考えることの大切さ」「年下でも，視線と心を同じにする礼儀」などを学んだと記している。目の前の問題から目をそむけず，解決していこうとする姿は，現代社会を生き抜いていくために非常に大切な姿であると考えられるし，また，どのような人間であっても同じ目線で，そして，同じ心で接することも，やはり，これからの社会で生きていくためには大切なことであろう。つまり，E児は，夢中になって交流したからこそ，これからの時代を生きていくために大切なことを学んでいったと言えるのではないだろうか。

F児は，「交流する前までは，小さい子が苦手だったけど，交流して園児たちに何をしたら喜んでくれるのかを考えて話せるようになりました」と記している。そのことから，F児は，これまでの自分の生き方を変容させていると言えるであろう。つまり，「総合的な学習の時間」の究極の目標は，自己の生き方を考えることができるようになることであり，F児は，この交流を通して，自己の生き方を考えていくことができたのではないかととらえられる。そして，そのことを実現できたのも，F児が夢中になって交流を進めていくことができたからではないかと考えるのである。

本実践の成果と課題

＜成果＞
○私自身がシンプルに学習展開を考える大切さを実感することができたこと。
○子どもたちも担任も，交流することの意味をより実感することができたこと。
○子どもたちが，たとえ年少者であっても同じ人間として接することの大切さを実感することができたこと。

＜課題＞
○具体的な問題と抽象的な問題，個人の問題と全体の問題を区別して話し合うこと。
○魅力ある学習材には，どのような条件があるのかをさらに明らかにすること。
○子どものみとりの精度をさらに高めること。
○1時間ごとの授業の質を高めるための支援のあり方。

（五十嵐　玲）

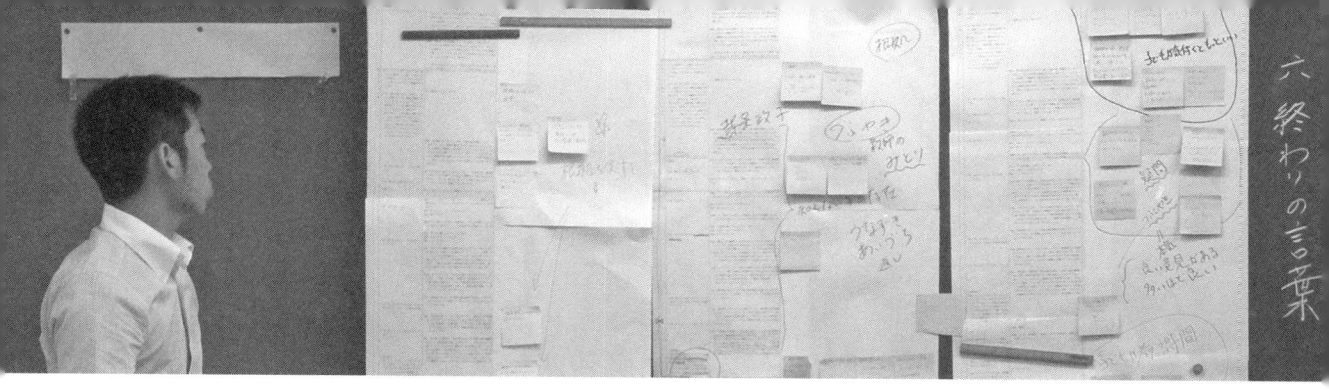

第 IV 章

考え合う授業をめざす取組
~校内授業研究の実際~

　教師にとっては，年に幾度も機会がない研究授業であっても，子どもたちにとっては日々の授業と同じ1コマの授業に過ぎない。つまり，研究授業の1時間だけ取り繕って良いところを見せようとしても，子どもたちの学力，特に思考力・判断力・表現力などの学力向上には，ほとんど資するところがないということである。つまり，校内授業研究は，点（1コマの授業）の研究ではなく，線（学習過程）の研究として成立しなければならないと考えるのである。
　本章で紹介する小学校は，いずれも私が継続的に校内授業研究会にかかわらせていただいている学校ばかりである。それぞれ学校や地域の特色を生かした独自の取組を計画し実践しているが，深い児童理解と熱心な教材研究に基づく日々の授業の延長線上に研究授業が位置づけられている点は共通している。
　さらに，ベテランの経験と若手の情熱が乖離することなく互いに刺激し合う関係になっていることが，それぞれの学校のチーム力を高める原動力となっている。いずれの学校も若手の授業力向上が著しいことも大きな特徴である。

01 授業記録を読み，語り合い，高め合う教師集団

横浜市立
中尾小学校

Contents
- 雪解けが始まり，そして変化が生まれる中で
- 平成 25 年度　校内授業研究会計画
- 授業記録を通した事後研究会の試み〜子どもの具体的な姿から学ぶ〜
- 実践例　体験的な活動を通して共に学び合う子ども
- 実践例　地域の消防団で活動する N さんの生き方に学ぶ

「ウサギさんは後からゆっくりだっこすると暴れないみたいだよ」
「ウサギさんをだっこして，横にしたら足がぴくぴくしたよ」
「○○さんが反対向きにだっこしたら胸のところにかみついた！」
　教室で実際にウサギを抱く体験をした子どもたちの言葉に，ペンが止まる間がなかった。（1 年生の実践より）
　中尾小学校の校内授業研にかかわるようになって 3 年，事実・事象をつぶさに見て，個性豊かに表現する子どもたちが着実に育っている。
　その背景には，ひとたび授業が終われば，その授業をもとに熱心に議論することができる職員集団がある。
　25 年度は，学生がテープ起こしを行った詳細な授業記録をもとに，別の日に事後研究会を設定する試みを行い，授業当日以上に熱心な検討が行われた。先生方からは，子どもたちの名前や以前の子どもの姿と比較する発言等が相次ぎ，より具体的な授業の事実に基づく話し合いが成立した。テープ起こしをした学生からも「小学生がこんなにすごい話し合いができるなんて驚きました」という感想があり，双方にとって有意義な試みとなった。

雪解けが始まり，そして変化が生まれる中で

歴史に刻む授業をしよう（抜粋）

「研究授業」という言葉を聞くと，自分にはある苦い想い出が想起されます。

それは，初任から6年目のことです。5年生を担任した私が，区の一斉授業研（理科）をすることになったのです。自分は，特別活動に熱中していた時期で，なおかつ同学年に区や市の理科研で活躍されている方がいらっしゃったので，「まさか自分にはないだろう」と暢気に構えていたのですが，諸事情で自分が行うことになりました。

「どうせなら，思いっきり楽しんでやろう」と思うと同時に，子どもたちを日々の授業でどう学習に向かわせるか悩んでいたところなので，この機会を利用しようと意気込んで，授業研究に取り組みました。

ところが指導案検討で，指摘を受け，指導案は見る影もなく変わっていったのです。

授業が自分や子どもたちから遠ざかる思いを感じながら，当日を迎え，案の定，授業は惨憺たるものとなりました。それはそうです。教師が熱をもたない授業が，命をもつことはないのですから。「たとえ，玉砕しようが，悔いのない授業をするためには，自分が思い描く授業をすべきである」今から考えると，この時の思いは，自分の研究授業観を形成する要因のひとつになっているように思います。

先生方。どうか，自分史に残る授業に挑戦してみてください。

そして，それをいつか「語れる授業」にしてください。

（2013年4月　校内重点研究にあたっての校長の寄稿文）

企業における「2007年問題」と同様に，学校現場でも，ここ数年「教員採用氷河期」と呼ばれた時期が終わりを告げ，一気に「雪解け」状態を迎え，「大量採用時代」に突入しています。この「雪解け」による「人事構成」の変化は，必然的に学校現場の「指導」の地殻変動を招かざるを得ません。かつて，私たちが若かった頃，先輩から薫陶を受け「指導技術」やその背景となる「教育文化」「教育哲学」が日常の空気の中で伝承されていました。しかし，今，その姿は見られません。

私は，今日における「教育哲学」の伝承の場が，校内研究の場であるととらえています。

単に「指導技術」の是非にとどまらない研究としたいのです。そのためには，研究者が，挑戦する姿勢をもち，自らを新たにする努力は不可欠だと考えています。

「自らを新たにする努力」

古ぼけたゴム鞠は，とりかえてやればいい。

惰性化した教育は，内から弾力を盛りかえすほかない。

教育は，子どもに与えるものである。

自らを新たにする努力を欠いた教育ほど，子どもに気の毒なことはない。

むしろ無残である。　　　　　　　　　　　　　　（倉橋惣三）

私は，信じています。「自らを新しくする努力」の中に，新しい才能は必ず現れると。

（校長：高橋　宏明）

平成 25 年度　校内授業研究会計画

1 研究主題

一人ひとりが輝き，共に学び合い，
　　　　よりよい生活を創り出していく子どもの育成
　～学び合いかかわり合いながら，自らの考えを深めていく子を目指して～

2 主題設定の理由（一部抜粋）

　本校では，平成22年度から4年間にわたり生活科，社会科の研究を進めてきている。特に，平成23，24年度は副題を「学び合いかかわり合いながら，自ら考えを深めていく子を目指して」とし，昨年度は子どもたちが「本気になる」ことによっていかにテーマに迫ることができるか研究を進めてきた。

　生活科では，たっぷりと活動するなかで子どもたちが自分なりの気付きをつかみとれるような授業づくりが定着してきているが，子どもたちが気付いたことを共有し，互いにつながっていくための手立てなどに課題が残っている。

　社会科では，問題解決学習が展開されることによって，子どもたちが学びたいという意欲をもち，本気で追究する姿が見えてきたものの，それを1時間の授業の中でどのように展開していけばよいのかという教師側の課題が残った。具体的には子どもの思考の流れがみえる板書のあり方や子どもたちみんなが本気になって思考できる学習問題，発問のしかたなどである。

　そこで，今年度も，「本気」になって問題を追究する子どもたちの姿を求めながら生活科・社会科の授業研究を通し研究主題に迫ることとした。

3 研究内容と研究方法

①研究内容

　今年度の研究を進める上で，昨年度までにつかんだことをもとにした研究仮説をおき，仮説を検証するためのより具体的な視点を探っていく。

▶ 生活科研究仮説

> 　魅力的な材との出会いを工夫し，活動を繰り返すなかで得た気付きを価値付け，互いに伝え合うことができるならば，子どもは「本気」になり友達とかかわり合いながら自らの考えを深める（気付きを高める）ことができるようになるだろう。

➤ 社会科研究仮説

> 社会的事象に対して問題意識をもち，自分ごととしてとらえ，友達とのずれや今までの自分とのずれに気付くことができるならば，子どもは「本気」になり友達とかかわり合いながら自らの考えを深めることができるようになるだろう。

本気になって問題を追究する子

〈生活科〉

- 季節の宝物に出会って，ひろって楽しむ。
- おもちゃ作りで困ったときに，うまくいく方法を考え繰り返し試したり，友達に相談したりしている。
- 野菜の成長の様子を気にかけ，進んでお世話をしに行く。
- 生き物を育てるときに，えさやすみかについて調べたり，相談したり，考えて試したりしている。
- 自分の成長を感じて，成長アルバムを自分の思いで作る。
- 自分が体験したことを，自分の思いをもって表現しようとしている。等

〈社会科〉

- どうしてだろう，なぜだろうと疑問をもち，自分なりの予想をたてるだけでなく，他の人の予想も知りたくなって思わず友達に聞く。
- 放課後，調べたくなって店に聞きに行く。
- 宿題だからではなく，自分からインターネットや本で調べる。
- だれかの立場となって実際に体験してみたいという気持ちをもち，進んで体験する。
- 調べたことを，みんなに知らせたいと考え自分から模造紙や画用紙などにまとめる。等

自ら動き出す

○表現する（つぶやく，書く）
○動く（繰り返す，発見する）

みとりの手だて

○表現する（書く，話す，頷く）
○動く（調査する）

⬇

学び合いかかわりながら，自らの考えを深めていく子

②研究方法

上のような具体的な子どもたちの姿をめざし，手だてを探りながら生活科・社会科の学習・授業を通して今年度の研究を進めていく。

➤ 事前研究
- 問題解決学習のプロセスを大切にした単元展開になっているか。
- 教材の把握　・抽出児について　・本時で見てほしいこと　等

➤ 授業研究会
- 授業を振り返り，子どもたちの姿から，視点とした手立ての有効性を明らかにする。

➤ 事後研究会
- 年に2回，授業記録を通した事後検討会を別日程で行う。
- 授業記録を読む方法を知る。

授業記録を通した事後研究会の試み～子どもの具体的な姿から学ぶ～

　今年度は年間計画の中で，事前研を少なくして詳細な授業記録をもとにした事後研を別の日に設定するスタイルを新たに取り入れることにした。授業を互いに見合い検討することはもちろんだが，授業記録を起こし，教師の発問や支援，子どもたちの発言やつぶやきから見える学びの姿をじっくりと追究しようと考えたのである。

　第1回は，夏季休業中に通常より多めの時間をとって実施した。

　今回は，職員が3グループに分かれ，模造紙大に拡大した授業記録をそれぞれの机上に広げ，気がついたことを付箋に書いて貼っていく方法をとった。横浜市の研究会でも同じような方法で討議したことがあるが，校内研究会の場だとほとんどの教師が子どもたちのことを知っているため，日頃の子どもたちの様子や以前受け持ったときの様子などと比較しながら，より具体的に子どもたちをイメージしながら検討することができた。

　なお，今回の授業記録は，横浜高等教育専門学校の学生の協力により，丁寧に起こしていただいた。授業記録を起こす作業は，およそ1日がかりになるので，このように他機関と連携しながらの研究は学校現場にとって大変有効な方法だと考える。

【第1回】6年「頼朝の政治と鎌倉幕府」（田崎級の本時記録を通して）

　45分の授業を話し合いの内容などから4つの分節に分け，その中の第2分節についてグループごとに検討したのち，全体でそれぞれの検討内容について報告し合った。

▶ **事後研究会のねらい**

　授業記録を丹念に読むことを通して，子どもたちが本気になるということや教師の支援の仕方について考える。

▶ **検討の視点**

○子どもの発言の仕方（子ども同士のつながりはどうか。根拠を明らかにしながら自分の考えを述べているかなど）

○教師の発問や資料提示の仕方（子どもたちが本気になって考えることに有効だったか）

▶ **検討した授業記録の一部**

教師の動き	子どもの動き
T17　A児さんどうぞ。今つぶやいていたことを。	44：A児　僕は，その頼朝公のご恩を忘れたんですか，が先だと思うんですけど，（資料の）2番のところを見ると，どうしようって御家人が言ってて，やる気がなさそうっていうか，なんか負けそうって感じになってるけど，その北条政子が言って，最終的に言ってるから，1番とかも見ると朝廷軍が攻めてきているから，勝った方が幕府だから，先に北条政子の方が言ったと思います。

	45：B児　5の下のところに，何か文が書いてあるんですけど，2行目から，この時，北条政子は頼朝公のご恩を忘れたのですか，と訴え御家人たちの心を一つにして朝廷軍を破りましたって書いてあるから先に北条政子が言って，御家人たちを説得して，皆でやっつけたと思います。Dさん。
	46：D児　資料集の47ページの3番に鎌倉幕府の仕組みってあって，これもなんか，もし信頼していなかったら成り立たなかったと思うから。
T18　D児さんが言ったのはそこにあるやつね。ああいう仕組みができいているって。	47：E児　資料集の47ページの1番のところに，朝廷軍とかが結構出てるんですけど，たぶんこの人たちもご恩とか受けてて，それで3番の北条政子の言葉を聞いた人の中にも，たぶん朝廷軍の人もいたと思うから，そのなんか頼朝を信頼している人は多かったと思います。
T19　Fさん言ってみようか。	48：F児　北条政子の演説で，「武士たちは以前は3年間の都の警備を終えた時，費用を使い果たして馬を手放し，とぼとぼと歩いて帰っていったではないか，頼朝公はそれを憐れに思い，3年を6ヶ月に縮め，生活が成り立つようにされたのだ。その情け深いご恩を忘れて京都につくか，それとも鎌倉に留まって将軍家に奉公するのか，今はっきりと申してみよ」と書いてあるから。その頼朝は3年を6ヶ月にしたりしたから，まあ信頼されてる。

▶ 第1回事後研究会を振り返って

　研究授業の本時を参観する時も，教師の資料の出し方や発問の仕方，児童の発言のつながりや思考の変化などについて，意識して見ようとはしている。しかし，授業はその場で流れていくので，教師の発問による児童の思考の変化を見ることは難しいときもある。また，授業を思い出しながら研究会での話を理解することについても同様である。今回，詳細な授業記録を見ながら，授業の中の一部分について詳しく話し合いをする中で，授業研当日の研究会で話し合ったことがより深まったり，納得したりすることができた。私は，授業記録を根拠として話し合ったことで，次のような点に気付くことができた。

・「問い返しは大切だ。必要だ」と，今までも感じていたが，授業記録を見て，教師の問い返しの言葉に，「一度受け止めているんだな」と思ったり，「この言葉でより明確にしているんだな」と気付いたりすることができた。
・子どもがどのタイミングで資料に関心をもったかが授業記録から見えてきた。効果的な資料の出し方などを考えられると思った。

　自分の授業が今回の事後研究会のように授業記録を起こし，話し合い，指導を仰ぐと思うと，正直，とても緊張する。恥ずかしいなとも思う。だからこそ，意識して発問したり考えたりするのか。とても勉強になりそうである。

(池間　美香)

今回の事後研究会を通して，気付いたことが2点あります。
　　一つは，授業研究会当日は十分納得できなかったことについて，その理由を見つけることができたということです。授業研直後の研究会では，「子どもたちが初めて目にする資料を提示した時は，そこに書かれている内容を読み取るための時間を十分確保することが大切である」と学びましたが，授業の流れを速記録で追ったり，先生方の話を聞いたりしながら，自分なりに解釈しようとしているうちに終わってしまいました。しかし，今回，授業記録に起こしたものを丹念に読み，再度研究することで授業中には気付かなかった児童のつぶやきや発言を改めて見直しました。そして，それらのつぶやきや発言の前後のつながりを読んだり，授業者とのやりとりを確認したりすることによって，「なるほど。大人の私でも同じだな」と納得することができたのです。
　　もう一つは，授業研当日の研修会では自分が全く気付かなかった子どもの発言の真意を知ることができたということです。それは，その子どもの発言をつないでいくと，その子は，本時の学習問題の中にある「信頼」というキーワードについて，1時間の授業中ずっと意識して取り組んでいたに違いないと読み取ることができたのです。そのことから，学習問題をどのように設定するかの大切さと難しさを感じることもできました。そして，1時間中，学習問題をしっかり意識して取り組んでいた子どもに対する児童理解も深まったように思います。
　　今回の研修では，子どもたちの発言を詳しく残した授業記録を通して授業を様々な角度から振り返ることができました。そして，その中で，自分の考えを整理・確認したり，児童の考えの流れを読み取ったりすることができ，大変有意義な事後研修会になりました。

（水野　亜紀）

【第2回】3年「見つけたよ　まちの人たちの仕事」

　時間をかけて授業記録を起こし，2回目の事後研究会を行った。本単元は，地域にあるS和菓子店の協力を得て，単元構成を図っている。子どもたちはたびたびお店に取材に行くなど，意欲的な姿が見られた。

　研究会では，「あの資料は出すのが早かったのではないか」「どのような意図であの子どもを指名したのか」など，授業記録をもとに前回にも増して活発な話し合いをすることができた。実際に授業も見ているし，記録に登場する子どもたちも知っている子が多いので，ただ授業記録を読むよりも話し合いが盛り上がるのだと思う。

▶ 検討した授業記録の一部

教師の動き	子どもの動き
T　じゃあG児さんどうぞ。	G児　なんでくりまるだけサンプルがあるかで，たぶん人気だし，値段も高くてもみんなに食べてほしいからわざとサンプルを出している。

T	H児さん。	H児	サンプルを出すと1個少なくなってしまうけど、えっと、それでもっと人気がでればその分、より多く作れる。
T	人気のものだもんね。でもそうだよ、いっぱい売れたほうがいいよね。でもいっぱい作りたいんだよね。はい、I さん。		
		I児	店長さんにだれかが質問して言ってたことなんですけど、秋から冬にかけて、くりまるが売れるって言って、その秋の中心となるくりまるが売れないと1年の売り上げが少し下がってしまうから、それを増やすためにサンプルをおいて…。
T	じゃあやっぱり値上げはもうけだけのためかな？	C	ちがう！ お客さんのため。
		J児	お客さんのためでもあるけど、お店のためでもある。

（角田美智代）

【第3回】5年「アナゴ筒漁を追いかけて～柴漁港から見える日本の水産業～」

　年間計画では、授業記録を読む事後研究会は2回の予定であったが、教務主任が記録を起こし、自主的に3回目の研究会を行った。

　本単元で教材化したアナゴは、お米と同様に高い自給率を誇っており、横浜市内の柴漁港で行われているアナゴ筒漁を中心に漁師（Sさん）の工夫を具体的に問題追究していく。Sさんは東京湾の水産資源が激減している状況をなんとかしたいという思いを持ってアナゴ漁を営んでいる。Sさんが中心になって柴漁港では、東京湾では初めて筒の穴を大きく（13.5mm）設定した。しかし、穴を大きくするということは逃げるアナゴも多くなるということである。周りの反対のある中でも、水産資源の保護を目指し努力しているSさんの思いについて子どもたちに学んでほしいと考えた。

　実際の授業の大まかな流れは次のようになった。（学習活動「○」、子どもの反応「・」）

○実際に、本物のアナゴを見る。
　・ウナギみたい。　・体が長い！　・どこでとってきたの？
　・だれがつかまえたの？　　等
○Sさんの写真を見て、気付いたことや疑問に思ったことをノートに書いて話し合う。
　・Sさんは、手にアナゴを持ってるけど、どこでつかまえたのかな。
　・Sさんが片手だけ軍手してるのはどうして？
　・船の上みたいだけど、どこでとってるのか。
○アナゴ筒を見て、考えたことをグループで話し合う。
○グループで話し合ったことをもとに、これからの学習課題を考える。

　　　Sさんはこのアナゴ筒を使ってどうやってアナゴを捕っているのだろう？

　今回の授業研究では、本物のアナゴを見せることや写真などの具体物を使うことなど、単元の1時間目の授業のあり方を中心に検討を重ねた。

　事前研究会や事後研究会の検討を通して、単元の導入では、子どもたちに対してインパクトのある教材との出会わせ方を工夫することによって、問題意識をもたせることの大切さについて学ぶことができた。また、グループの話し合いをすることで、より多くの子どもたちの思いや考えを引き出すことができるということも明らかにすることができた。

（小池　靖彦）

〈実践例〉体験的な活動を通して共に学び合う子ども
～1年「うさぎとなかよし」（11月）を通して～

①**本気で問題を追究する子**

　本単元の学習を通して，次のような姿を「本気で問題を追究する子」と考えた。

○休み時間などにうさぎの様子を見に行ったり，バイオ委員会の上級生や先生に進んで質問をしたりしている姿。

○えさやお世話の仕方などについて本で調べたり，人に聞いたりしている姿。

○うさぎとどのようにかかわるとよいかを考え，友達のかかわりかたを観察したり，お互いにアドバイスをしたりしている姿。

　このような姿を実現するために，うさぎに触ったり，抱いたり，えさをやったりしながら世話をする中で，うさぎがもっている特性や行動の不思議さに関心をもてるように支援していきたい。そして，その中でうさぎが成長していることに気付くとともに，生き物を大切にする気持ちをもつことができるようになってほしいと考える。

　また，飼育小屋に行く中でバイオ委員会の上級生と出会ってお世話の仕方を教えてもらったり，バイオ委員会担当の先生に聞いたりする活動を大切にしていきたい。さらに，世話をする中で，友達と協力したり，上級生や先生に教えてもらったりしながら身近な人とのかかわりも深めていけるようにするために，人に聞く，本で調べるなど主体的に活動できるよう支援していく。そして，うさぎとかかわる中で，うさぎの不思議を発見できたことや，ふれ合ったり抱っこをしたりできるようになったこと，うさぎのお世話の仕方について聞いたり調べたりできるようになったことなど，自分自身のよさを感じたり，友達のよさに気付いたりできるようにしていきたい。

　最初は飼育小屋の外から眺めていただけのうさぎに対して，「かわいい，さわってみたい」という願いをもった子どもたちは，自分たちで話し合ってバイオ委員会担当の先生にお願いをすることになった。その結果，飼育小屋の中に入ってさわったり，一緒に遊ぶことができたりして，とても生き生きとしていた。うさぎとふれあう活動でも，最初は「こわい」と離れて立っていた児童が，繰り返し関わる中で，「さわってみるとふわふわだった」と感触を楽しんだり，友達同士で「うしろからだっこするといいんだよ」と自然にアドバイスをし合ったり，自分たちで課題を解決して，さらに学習を深めることを経験することができたと考える。また，その後，子どもたちと相談し，継続的に当番でお世話をする活動も体験したことで，うさぎの成長や命の尊さを子どもたちなりに感じることもできたと考えている。

②本単元の流れ（9時間）

〈こんにちは　うさぎ〉（①＋常時活動）
○校庭探検を通して，飼育小屋にうさぎがいること，名前や，いつ誰がお世話をしているのかについて知る。
・3匹いるんだね。　・耳がたれているよ。　・抱っこしたいな。
・えさをあげてみたいな。　・6年生が飼育小屋に入っている！
・バイオ委員の5，6年生がお世話をしているんだって。

〈うさぎと　なかよくなりたいな〉（②＋常時活動）
○飼育小屋でうさぎとふれ合う時の約束について考え，飼育小屋へ行き，うさぎとかかわる。
・順番に入った方がいいね。　・ちょっと怖いから，外から見るだけにしたいな。
・追いかけられるのはうれしくなさそう。　・近くで見るとかわいいね。
○自分がやってみたいことや，うさぎの気持ちを考え，次時の活動について話し合う。
・えさをあげてみたいな。なにがすきなんだろう。　・もっとさわりたいな。
・抱っこしてみたいな。バイオ委員さんに聞いてみよう。
・なんだかせまそうだね。広いところにうさぎをだしてあげたいな。

〈うさぎと　もっとなかよくなりたいな〉（⑥＋常時活動）
○広い所（光の庭）でうさぎとかかわる。
・飼育小屋より元気に走っているね。　・抱っこしたいけど，こわいな。
・手にえさをのっけると食べてくれない。　・ふわふわで気持ちいいな。
○気付いたことや疑問に思ったこと，やってみたいことについて話し合う。
・どんなえさが好きなんだろう。　・どうして鼻がひくひくしているのかな？
・さわるとあったかいんだね。　・抱っこしたいけど，うまくできないな。
○話し合ったことを生かして，うさぎとかかわる。
・にんじんを食べてくれたよ。　・今日はさわることができた！
・○○さんはうさぎを優しく抱っこしていたよ。　・やっぱり怖くて抱っこできないな。
○気付いたことや疑問に思ったことを話し合い，話し合いを生かしてうさぎとかかわる。
・どうするとうさぎを抱っこできるのかな。
・こうやって優しく抱っこするとうさぎも安心だよ。
・今日はうさぎともっと仲良くなれたよ！
○うさぎとかかわり，気付いたことや疑問に思ったことについて出し合う。
・うさぎは，冬でも寒くないのかな。
・わからないことはバイオ委員さんに聞いてみよう。
○うさぎとのかかわりを振り返る。
・最初はさわれなかったけれど，抱っこできるようになったよ。
・うさぎの好きな食べ物が分かったよ。

（池間　美香）

〈実践例〉地域の消防団で活動するNさんの生き方に学ぶ
～4年「火事からまちを守るには」（9月）を通して～

①本気で問題を追究する子

　この学習を通じて，普段は何気なく見過ごされている火事というものに焦点を当て，自分たちがどのように守られているかを感じとってもらいたいと考える。

　まず，地域が火事になった時には消防団，消防署の方々の働きに助けられていることを知る。これをきっかけに自分の身の回りで火事が起きたらどういうことになるのか，というように火事という事象を身近に感じることで興味・関心を深めたい。実際に消防署や消防団の中で携わる人々との関わりを通し，様々な体験をしたり話を聞く機会を設けたりするなかで，直接的に問題を感じとる瞬間をより多く得ることが問題を本気で追究する子につながるのではないかと考えた。

②社会的事象を自分ごととしてとらえるために

　まず，火災に対する考えを述べたり，火事が起こる原因を考えたりしてみるという導入から入り，本単元に対する意識付けを図る。そして「もし学校が火事になったら」ということで，共通の問題意識をもてるようにする。その問題を追究する過程で，火事を防ぐために学校には様々な設備や道具があることを，実際に自分たちの足で調べていくことで安心感をもたせたい。

　次に，出張所の「お出かけ防災教室」を通して，学校や地域を守る人と関わる機会を作る。また消防車両や装備を実際に見学したり，それについて話を聞いたりすることで，消防の仕事について実感的に理解を深めることができるようにする。また，消防団や家庭防災員の方に伺ったお話を，話し合いの場で資料として活用するなどの手立てを用意して関心を高めていきたい。

　さらに，地域の消防団で活動するNさんにスポットを当てて考えることで，興味・関心を高め，問題をより身近に感じることができるようにする。

　この単元の学習を通して，身近であるものの普段は見過ごしている事象をじっくりと見ることを通して，一人ひとりの子どもが問題意識をもって追究できるようにしたい。

　本年度，初任として本校に赴任した私にとって，今回が初めての授業研究会であった。地域の消防団のNさんには何度も取材させていただき，その度に教材研究の難しさとおもしろさを実感することができた。

　本時の授業では，「消防団の人は，火事に間に合うためにどうしているか？」という学習問題について話し合った。多くの子どもたちが「消防団の役割」について，自分ごととして考えることができたと思うが，もう少し具体的な事実があれば「火災現場へはどのルートでどうやって行くのか」という問題についても考えを深めることができたのではないかと思う。

③本時の授業について

▶ 本時目標

消防団の活動について調べたことや資料をもとに，消防団の人は消防士や地域の人と協力し，少しでも早く火事を消そうと努力していることに気づくことができる。

▶ 本時展開

学習活動（○）と予想される子どもの反応（・）	支援（○）　評価（☆）　資料（資）
消防団の人は，火事に間に合うためにどうしているか？	
○中尾小が火事になったと仮定して，誰が来てくれるかを確認する。 　・消防署　　・消防団	（資）「119番通報のしくみ」（前時）
○学習問題について，調べたり予想したりしたことを発表する。 　・メールで火事の連絡がくるから，携帯は必ず持っていくと思う。 　・会社員の人は出動できないのでは。 　・いつも服はカバンなどに入れているのかな。 　・すぐに現場に行けるように訓練していると思う。 　・火事の現場にはどうやっていくのか。	（資）「消防団の装備・車両・隊員服などの写真」 （資）「消防団の人たちの職業表」
○消防団の人は火事が起きた際にどのように行動するのかを，ビデオを見ながら話し合う。 　・服はそのままで，それぞれで現場に向かう途中で着替える。 　・消防団の方がまちに詳しく，車が小さいから現場まで早く行ける。 　・消防車が来たら交代し，交通整理などにあたる。 　・消防団も訓練が大切。	・子どもたちの発言に応じて資料を提示する。 （資）「消防団の方々へのインタビュー映像」 （資）「NさんYさんについての情報」 （資）「NさんやYさんの言葉」 （資）「Yさんの家から中尾小までの略地図」
○本時の振り返りをして，考えたことや感じたことをノートに書く。	☆消防団の活動について，資料や意見をもとに考えたことや予想したことについて発表したりノートにまとめたりすることができる。 （思・判・表）
○振り返りをもとに，次の学習のめあてについて確認する。	

（関　智幸）

02 | スタートカリキュラムから始める，どの子も安心して学べる学校づくり

横浜市立
本郷台小学校

● Contents
- 本校の校内研究の実際
- 平成25年度　研究全体計画
- どの子もできる・分かるスタートカリキュラム
- 幼・保・小連携の実際
- 研究と教師としての成長

　地域を流れる「いたち川のすてき」を見つける授業での子ども（3年）の発言。
「石の椅子みたいのがあった。疲れた人が座れるようにあると思う」
「それに対してある。私は，あの石はたぶんいたちが橋をつくるときにお礼に置いたんじゃないかと思う」
「でも，上に20人くらいのれるよ！」
　授業者は，初任の今里教諭。子どもたちは，自分の足で調べたことを書き込んだ大きな絵地図を見ながら，活発に話し合いを進めていく。
　本郷台小学校の校内授業研究会には，かれこれ8年ほど前からかかわらせていただいているが，とことん教材研究や児童理解にこだわる先生方が多いこと，若手の授業力向上が著しいこと，この2点にはいつも感心させられる。少々ハードワークではないかとも思えるところもあるが，子どもたちが日々変容する姿は，何よりの励みになっているのではないか。
　公開授業に参加した学生からも，「発言しないならノートに書いた方がいいよ」「○○さんの意見に反対で，〜」などの子どもの発言や，子どもたちの発言に対して巧みに問い返す教師の発問に対して，驚きの声が多く寄せられた。

第Ⅳ章　考え合う授業をめざす取組

本校の校内研究の実際

①学級経営と授業

　「よい授業」には，子どもを変える力がある。子どもは授業で，「できた」「分かった」と満足感や達成感を味わい，次の学習への意欲や期待をもって進んでいく。このような経験を重ねていくことによって，子どもは自己肯定感を高め，前向きに学校生活を送るようになるのである。授業力は一朝一夕に身に付くものではない。地域教材を扱う学習では，学校や地域の特色を生かした教材を選択し，単元構成等を考えるが，教師は，子どもの実態に即してさらに授業展開を工夫していく必要がある。柔軟に子どもの声に耳を傾けられるか，子ども同士の学び合いを保障できるかが授業力向上の鍵となる。「子どもの考えに耳を傾け，活動を見取り，子どもと共に学習を作っていく」。教師は，この姿勢をもち続けなければならないのである。

　小学校では，個の指導が大切であるが，授業形態は集団指導が中心である。学びを成立させるために，学級は，教師と子ども，子どもと子どもの信頼関係が成立し，安心して学ぶことができる環境であることが大切である。お互いの考えを尊重し合える環境でこそ，子どもは安心して学習に参加し，自由に表現したり，お互いの考えに学んだりして学びを深めていく。学級経営と授業は，切り離せない関係にあるのである。教師は，発達段階，友達関係，家庭環境等に関する深い子ども理解の上に立って学級を経営する必要がある。その際，重要な役割を果たすのが，児童支援専任教諭である。担任は，児童支援専任教諭と連携を取り合い，子どもにとってよりよい学習環境を保障するのである。

②協同研究

　学校教育の使命は，子どもの学力向上である。学校は，どの子どもにも分かる「よい授業」を提供しなければならない。そのために教師は，目指す授業像を明らかにして研究に取り組み，授業力を高めていく必要がある。研究を進めるに当たっては，同学年や低・中・高学年ブロック等で協力し合って授業作りを行う研究体制を構築することが大切である。教師が，お互いの経験を生かし合って授業を見たり子どもの実態をもとに議論を重ねたりすることによって，授業に関する的確な評価を行い，指導の改善を図るのである。

③地域とのかかわり

　地域教材を扱う学習では，まず，地域を知ることが大切である。そして，ねらいと子どもの興味・関心に沿った教材を学習のテーブルに載せるのである。様々な材を教材化するに当たっては，教師自身が地域を歩いて取材をする。その際，学校と地域をつなぐ窓口となるのが地域コーディネーターである。教師は，地域コーディネーターと連携しながら「人・もの・こと」に関する情報を集めるのである。取材を通して教師が地域の人々と直接かかわりをもつことは，地域の学校教育への願いや期待を理解し，学校を運営していく一人としての自覚を高めるために大切なことである。

（校長：益田　正子）

平成25年度　研究全体計画

|1| 研究主題

豊かにかかわりながら，考えを深める子の育成
　～子どもが解決したい問題を生んでいくための支援の在り方～

|2| 研究主題について

　本校で考える「豊かなかかわり」とは，めあてをもって人・もの・ことと繰り返しかかわることで，「材」（人・もの・こと）とのかかわりが広がったり深まったりすることである。ここでいう「人」とは，「学習の対象としてかかわる人」と「共に学びあう友達」の両方を指している。一人ひとりの見方・考え方，さらには生き方にふれることは，子どもの成長にとって欠かすことができないことである。この「豊かなかかわり」を通して，新たな見方や考え方を生み出したり，考え方の根拠をはっきりさせたり，思いや願いを強くしたりすることなどを本校では「考えを深める」と捉えている。

|3| 主題設定の理由

①学校教育目標から

　本校では，「友だちがすき　台小がすき　このまちがすき」の教育目標を掲げ，
・互いの成長に向け，友達と豊かにかかわる力
・自分らしさを発揮し，問題解決に向かって進んでかかわる力
・まちに愛着をもち，地域の一員としてかかわる力
を育てようとしている。

　子どもたちは，「材」（人・もの・こと）と出あい，繰り返しかかわることで，それらに興味・関心をもって，問題を追究していく。とりわけ，人とのかかわりは，自分を振り返り，自己実現へ向かう機会となる。そして問題追究の過程で，友達同士で学び合う経験を繰り返すことは，互いのよさを実感することにつながる。

　「豊かにかかわりながら，考えを深める」ことは，「材」（人・もの・こと）を「すき」になる過程であり手だてである。

②児童の実態から（略）
③昨年度までの研究から（略）

|4| 今年度の研究について

　本校の研究における問題解決的な思考のサイクルでは，子どもたちが解決したい問題を生むまでの過程と，解決したい問題をみんなで追究し思考を深めていく過程とに大別することができる。さらに，その2つの思考の過程を発達段階に応じた共同思考を大切にしながら細かく分

析していくことで，思考が流れるような手立てが明確にできると考える。

　解決したい問題を生むまでの過程において，子どもは材と出あうと，これまでの知識や経験から興味・関心をもつ。すなわち，材に出あうと同時に子どもは材と自分とのかかわりを探り始める。材とかかわる中で生まれる思いについて，言語活動を通すことによって，材に関して分かっていること，分からないこと，考えていきたいことなどを自覚する。

　また，その思いについて友達と情報を交換することで，共感することや対立することがあることに気付く。ここで，材に対して自分なりのかかわりを表す側面である「見方」を認知し，友達とのかかわりから材に対する見方には多様さがあることを認知する。そうなることで，材に対して多面的な見方ができるようになり，考えたいことを言語化して整理・共有することで，解決したい問題がはっきりする。

　解決したい問題を追究していく過程において，子どもたちは問題へのかかわり方を決定し，解決に向かう。問題解決に向けて試行錯誤したり，情報を収集・整理したり，共同で考えをまとめたりする言語活動を通し，事象への考えを深めていく。

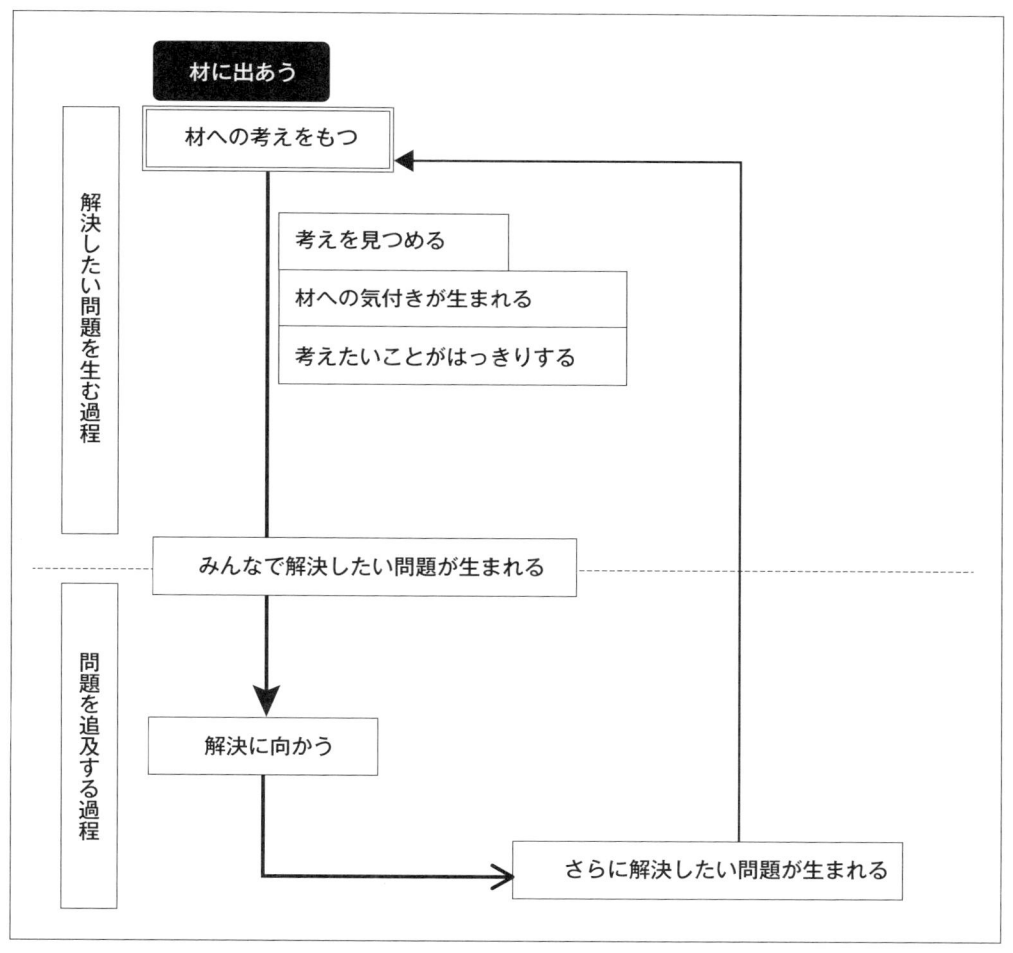

【図】豊かにかかわりながら考えを深めていく過程

どの子もできる・分かるスタートカリキュラム

①**子どもを知る**

　私たち小学校の教師は，「入学したての1年生は何もできない」と思っていた。ところが，新年度の準備のために幼稚園や保育園を訪問すると，縫い物や工作などに集中して取り組んだり，友達と話し合いながら遊びを工夫していたり，ルールを守って大勢の友達とリレーやドッジボールをしたりする年長児の姿があった。どの子どもも自分の活動に夢中になり，のびのびとしていて輝いて見えた。

　入学前の子どもたちがどんなに力をつけているかが分かり，受け入れる小学校の学習計画や環境，教師の心構えを大きく見直す必要性を改めて感じた。

　様々な園での様々な経験をもった子どもたちである。家庭環境や発達の状況，特性も一人ひとり違う。本郷台小学校に通うどの子どもも，安心して入学前と同じように自分のよさを発揮できるように，それぞれに合わせた支援を工夫することが求められる。

　そのために，幼稚園や保育園の指導者から子どもについて話を聞いたり，子どもが活動している様子を観察したりして入学前の状況について情報を集めている。また，必要に応じて保護者と面談をしたり，地域療育センターを始め，子どもが入学前にかかわっていた機関にも訪問したりしている。もちろん，幼稚園・保育園・関係諸機関への訪問は単なる情報引継ぎではなく，入学後も協力し合って子どもの育ちを支えていくための連携の始まりと考えている。

　このようにして得た情報を基に学級を編制し，担任を配置したり他の職員の協力体制を整えたりしている。そして，入学式の日から子どもが困らないように，環境整備，活動を準備し，支援計画を立てる。

　しかし，入念に準備したつもりでいても，環境が大きく変わったことなどが影響して，子どもの特性が大きく表れることもある。日々，複数の目で子どもを見とり，児童支援専任等を交えた担任たちと情報を共有している。そして，子どもの気持ちに寄り添い，不安をできるだけ軽減できるように環境や活動の仕方を工夫するなどの手立てを講じていく。また，保護者と相談し，協力し合いながら支援する。時には，今の子どもの状態を認め，気持ちがほぐれて，小学校に慣れるのを待つ。その子どもがどんな子どもで，どんな個性をもっているのか，どんな働きかけが有効なのか，子どもにかかわりながら，子どもを知ることからスタートカリキュラムは始まる。

②**学びをつなぐ**

　本校ではスタートカリキュラムで活動しているおおむね1か月間，1日の流れを「なかよしタイム」「わくわくタイム」「ぐんぐんタイム」の3つに分け，毎日同じ流れを繰り返している。生活のリズムが一定であることで見通しがもて，子どもに安心感が生まれると考えたからである。3つの時間の割合は徐々に「ぐんぐんタイム」が大きくなるように設定している（資料1）。

　子どもたちは，幼稚園・保育園で楽しいことや好きなことに没頭する体験をたくさん積み，驚きや発見を大切にするなど，無意識のうちにたくさんの学びを経験している。スタートカリ

キュラムでは，この「無自覚な学び」を「自覚的な学び」に少しずつ移行していくことを大切にしている。

「なかよしタイム」や「わくわくタイム」などで，どんな「学びの芽」が生まれるようにしていくか，その「学びの芽」をどのようにして実り多い学習につなげていくかが，スタートカリキュラム研究の柱である。

より充実した活動を展開させていくために次のようなことをポイントにしている。

時間帯	内容	活動
なかよし	不安や緊張をほぐし，子どもが安心して過ごすことができるようにする。	歌，ゲーム 手遊び，体操 読み聞かせ 外遊び　　など
わくわく	体験的な活動を行い，いろいろなものに興味をもったり友達と楽しく遊んだりする。	学校探検　　など
ぐんぐん	教科等への関心・意欲・態度を育む。	言葉集め（国） 〇組遊園地（体） 形遊び（算） 　　　　　など

【資料1】3つの時間帯と主な内容

▶ 学習内容の見通しをもつ

この活動が，教科等の学習内容の何につながるのかを教師が見定め，「なかよしタイム」「わくわくタイム」「ぐんぐんタイム」を意図的・計画的に位置付ける。

▶ 子どもの反応や思考の流れを予測しておく

子どもが興味や関心をもったものを生かして学習を展開することで，自覚的な学びへの移行をゆるやかに行うことができる。子どものつぶやき，態度などの反応の何を取り上げて価値付けるかは，予め教師が活動のねらいをしっかり意識していなければ見落としてしまう。活動計画を立てる際には，期待する子どもの姿を具体的に想定しておく。

▶ どの子も安心して取り組めるようにする

まずは，「やったことがある」「これならできそう」と子どもが安心して取り組める活動からスタートする。その後「もっと〜したい」という思いをふくらませ，次のステップに自然に進むことができるように展開を計画する。子どもの興味や意欲を喚起する道具，場の設定，言葉かけの仕方などは，幼稚園・保育園から学んだことを基に工夫している。

だれのが長い？

新聞紙や色紙を細長く切り，「へび」をつくる活動では，へびの長さを競争する場面が生まれることを意図して，活動名を「なが〜いへびをつくろう」とした。

子どもは期待した通り「ぼくのへびが長いよ」と言い出し，教室のあちらこちらで長さを比べる活動が始まった。思い思いに机に並べるグループ。へびを縦に持って高さで比べるグループ。ところが，自分の身長を越えているため，まだ床についている部分がある。それでは，といすに乗ってつり下げてみる。……教師はタイミングを逃さず，「だれのへびが一番長いかはどうして分かったの？」と問いかけた。すると，より正確に比較しようと床にきちんとへびを伸ばし，端をそろえて並べはじめた子がいた。教師はこの方法をみんなに紹介し，そのよさを認め，価値付けることで，クラス全体に正しい測定の仕方に気付かせていった。

友達のしていることを真似することも認めることで，次第に協同的な学びが行われるようになっていく。この学習では，「友達のへびとつなげてもっと長くしよう」というような活動に高まっていった。

本校がスタートカリキュラムに取り組んで今年で5年目になる。平成22年度からは毎年4月に公開授業を行い，様々な立場の方と意見交換をしたり，外部から講師を招いて指導を受けたりして改善してきた。また，4月末に1年生保護者にアンケート調査を行い，子どもの様子や保護者の不安，疑問などを把握し，家庭訪問で話し合ったり，カリキュラムの見直しに反映させたりもしている。

③子どもの主体性を支える

　幼稚園・保育園で年長として年下の子をリードし，自分のことをてきぱきと自分で行っていた子どもたち。入学前に培ってきた力を小学校でも十分に発揮し，主体的に活動する姿を支援するために，環境を子どもに合ったものに整えることに取り組んできた。

▶ 自分でできるよう表示

　提出物を置く場所，ロッカーや下駄箱の使い方，1日のスケジュール，活動の手順（写真1），活動時間など，何をどのようにするのかが視覚的に分かるよう表示しておく。始めは写真や絵を多く使い，徐々に文字だけの簡潔なものにしていく。そして，大事な情報だけに子どもの気持ちが集中できるように，教室の前面はすっきりと整理する。教室の飾りは，後ろや横の掲示板を使っている。

　下校グループは，子ども自身が同じグループの友達を見つけやすくするために，ランドセルに地区ごとに色分けしたリボンを付ける。たったこれだけのことで，格段に短時間で整列することができるようになった。

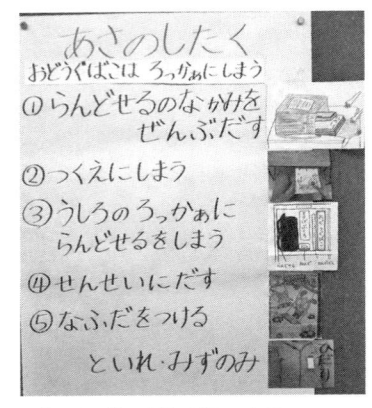

【写真1】活動手順の表示

　さらに，1年生が活動する場所にはすべて時計を付けた。子どもが自分で時間を意識し，後片付けや次の活動への切替えを確実にできるようにするためである。また，何をどこに片付けるのかが，みんなに分かるよう表示した。

▶ 協力して活動できるための座席

　机の配置を入学式の日から幼稚園・保育園と同じようにグループの形に並べる。友達の顔が見えるようになったことで，すぐに会話が始まった（写真2）。

　教え合ったり，助け合ったりする姿が自然に見られ，相談してグループ名を決めるなどという活動もスムーズに行うことができた。

　教師の話を聞くときは，黒板の前に集まったり，体を教師の方に向ける「しんかんせんすわり」をしたりする。話し合いや作業をするときと体の向きを変えることで，メリハリがつくようにした。

【写真2】グループ形の座席

▶ 安心できる居場所

多くの幼稚園や保育園では，床の上での活動が自由にできるスペースを設けている。朝の支度をすませたすき間の時間や，休み時間などにリラックスしたり，友達とふれあったりできるような場所を教室前に設けて，「1年生広場」と名付け，誰でも使えるようにした（写真3）。入学前に慣れ親しんだ遊具やマットで，子どもは自分で場を工夫してつくり，友達を誘って遊ぶ。

教室や廊下の一部にも同様のマットや座布団を敷いて「クールダウンコーナー」をつくり，不安になったり落ち着かなかったりする子どもの気分転換の場として利用する。

教師と子どもの一対一の信頼関係は，子どもの安心にとって特に大切なものである。一人ひとりと目を合わせ，握手，ハイタッチなどのスキンシップも意図的にもつようにする。こうしたことの積み重ねにより，子どもは環境に慣れ，自信をもって活動するようになっていく。

【写真3】1年生広場

④全学年で取り組むスタートカリキュラム

スタートカリキュラムの考え方は1年生の接続期だけのものではないと本校ではとらえている。高学年であっても，進級，学級編制替え，新しい担任との出会いなどは子どもにとって環境の大きな変化である。長期休業明けも，子どもが学校生活のリズムを取り戻すまでに時間が必要な時期である。

どの学年でも新年度のスタートにあたっては，前の学年の担任との情報引継ぎを大切に行い，子どもの様子を知った上で，一人ひとりの実態に寄り添った支援をしようと努力している。また，担任が替わったことで子どもが困ったり，不安になったりすることを減らすために，例えば，給食や掃除当番のやり方などを，前の方法を引き継いだり，学年でそろえたりすることも行っている。そして，「どの子もできる」ことから始め，みんなが安心して取り組めるようにすることは，日々どの教科等の学習でも実践している。

さらに，中学校への進学の際も，同じ考え方でいくつかの手立てを講じている。中学校の教諭に普段の学習の様子を参観してもらったり，授業をしてもらったりする。6年生の担任と児童支援専任が中学1年の学級編制会議に参加したり，中学校の授業参観をして，情報交換をしたりするなどである。子どもについての理解を深める機会をできるだけ多く設けることや，中学校入学後も子どもが順調にスタートをきることができたか，小学校と中学校の指導者が共有することで，子どもの支援をより効果的にしていくことができる。

今後は，1年生のスタートカリキュラムを一層充実したものにしていくことはもちろん，その成果を中学年以上にどのように生かしていくか，発達段階に応じた支援の在り方についても研究を深めていきたい。

幼・保・小連携の実際

本校では，支援を入学前だけに行うのではなく，年間を通して行うことを大切にしている。ここでは，幼稚園と保育園との交流について述べていく。

①**交流の実際**

▶ 年間を通した交流

幼児教育では子ども一人ひとりへの理解が深くなされ，一人ひとりの個性に合わせて集団生活に適応できるよう適切な支援が行われている。子どもたちはこのような環境で，年長児として存分に活躍した経験をもって入学してくる。交流では，1年生がこの持てる力を発揮して活動し，達成感や満足感を得ることができる。

年度当初に，2校2園で1年間の交流の計画を立て，年間を通して十分なかかわりをもった交流ができるように計画した。もちろん，園も学校もそれぞれの予定があるので，頻繁に交流することはできない。そこで，交流のきっかけ作りや興味の持続のために，継続して手紙の交流を取り入れることにした。

また，この交流で関わりをもつ1年生と園児のペアを1年間固定した。そうすることによって，回を重ねるごとに相手意識が芽生えていくと考えた。

【年間の計画】

	4	5	6	7	8	9	10	11	12	1	2	3
職員同士	★朝の会打ち合わせ　　　　★担当者会					★幼稚園，保育園運動会見学　★				★出身園訪問・・★ ★		
1年生と園児	★栽培交流（種）・・・・・・・★　　★栽培交流（球根）・・・・・・・★ ★お手紙交流・・・・・・・・・・・・・・・・・・・・・・・・・・・★ 　　★遊び交流　　★給食交流　★台小コンサート　★遊び交流 　　　　　　　　　　　　　　　　　　　　　　★体験入学											
個別級と特別支援学校						★本郷祭リハーサル，作品見学 ★手作り作品交流						
2〜6年と特別支援学校	☆年間3回程度　各クラスでの交流活動（レクレーション，学校訪問など） 　　★担当者会　　　　　　　　　　　　　　　　　　　　　　　　　　　★担当者会											
保護者	★給食試食会（年長児保護者対象）　　　★入学説明会											

▶ 「お花交流」の実践

年間を通した交流の軸としていた活動が，花の栽培活動を通した交流だった。1年生の生活科で行う花の栽培活動と関連させて行った。そうすることによって，無理なく継続した交流ができた。

春には，園児と花の種まきの交流を行った。どの子どもも栽培体験ができるよう，一人一鉢で育てたいと考えた。学校側で用意した園児用の植木鉢には，一緒にお世話をするペアの友達の名前を貼って用意をした。園児の鉢を準備することで，「一緒に植える」ことを，楽しみに

「お花交流」での種まき　　　　　　　　地域の方から，土づくりについて教えてもらう

するようになった。

　交流の当日は，園児を本校に招き，地域の教育ボランティアの方の力もお借りした。種まきの仕方や土作りについて，ボランティアの方にお話していただくことにした。黒土に腐葉土，肥料をよく混ぜて「魔法の土」を作った。「ふかふかにして，種のベッドにしよう」と，土の感触を楽しみ，土に触れることの少ない子どもたちにとってよい経験となった。

　栽培活動の中に幼・保・小の交流を位置づけたことで，年間を通して継続的な活動を行うことができた。また，ペアの園児と仲よくなり，相手意識をもった手紙の交換や交流活動によって，子どもたちの豊かな心の育ちを見ることができた。

②**職員間の連携**

　幼・保・小の連携をしていく上で，職員間の連携はとても大切だった。4月の入学式の前には，1年の担任が交流している園を訪ね，朝の会でどのようなことを行っているかを聞いたり，手遊びや子どもたちの好きなゲームを教えてもらったりした。入学以前の子どもたちの生活の様子を知り，取り組んでいたことを学校生活に取り入れていくことで，子どもたちは安心して過ごすことができた。

4月の研修の様子

　2校，2園の幼・保・小の担当者で年3回集まり，交流の計画を立てたり，子どもの様子を交流したりするブロック会議を行った。交流の際には活動案を立て，ほんの少しの支援でも丁寧に相談し合うことが，子どもたちの育ちと学びを確実につないでいくことができると実感した。

研究と教師としての成長

　私は，初任から2年間は生活科，3年目は社会科の研究をしてきた。研究を通して学んだことは，私の教師としての成長に大きな影響があったと考えている。

　1年目は，1年生の担任として最初にスタートカリキュラムを実践した。見よう見まねで取り組み実践する中で，子どもたちとのかかわり方など勉強になることがたくさんあった。その後，研究会や講演会等にたくさん参加し，自分の実践したスタートカリキュラムなどを思い浮かべながら聞くことで，「まずは，何でも挑戦してみる。その上で理論を知ることが大切」と考えるようになった。校内研究の他にも，市生活科研究会の提案や初任研の研究授業に挑戦し，多くの先生方からご指導をいただくことができた。

　2年目は，再び1年生の担任となった。1年目よりも，実感して分かることが増えたため，生活科の授業を見ることが楽しくなってきた。しかし，他の先生方の授業を見て，「なるほど」と思い，自分もやってみようと思っても，なかなか上手くいかなかった。それは，自分のクラスの実態や，それまでの子どもたちの学びが違ったからでもあると思う。今まで，見て真似していたことを，今度は，自分によりよく生かさなければならないことを実感した。

　3年目は，5年生の担任になった。初めての高学年，初めての社会科の研究だったため，「何が分からないかが，分からない」という状況だった。しかし，教科が違うから，それまでの学びは無駄だったかというと，そうではなかった。確かに，社会科に関しては，分からないことだらけで，戸惑うことはたくさんあった。しかし，自分の研究に対する姿勢や，子どもたちを理解してかかわるということは，学年が違っても生きるものなのだと実感した。次は，自分の実践や今まで見てきた授業からよさを引き出して，どの授業でも生かせるようにしていきたいと考えている。

　研究を通して，私は何より授業を考えるために子どものことをよく見たこと，挑戦しようと思う姿勢になれたことがよかったと思っている。たくさんの先生方の授業を見ることができ，たくさんの先生方から助言をしていただけたことが，私の大きな成長につながっている。

（中尾　麻美）

03 ねばり強く問題解決する子どもの育成

横浜市立
藤塚小学校

● Contents
- 学校経営と校内授業研究
- 平成25年度　重点研究基本計画
- 実践例1　生活単元学習（個別支援学級）
- 実践例2　総合的な学習の時間（5年）
- 保護者・地域との連携
- 私と授業研究～校内授業研究から学んだこと～

　学校以外の「きらきらスター」を見つける授業（1年）で，一番たくさん（6枚）のカードを書いたA児のカード。

1枚目「パパ。おしごとをがんばったり，わたしのことをなつやすみにキャンプにつれていったり，うみにつれていったりしてくれるから」

2枚目「ママ。あらいものやおりょうりをしてくれるし，こうえんへつれていってくれるから」

3枚目「ばあば。がんばってあらいものやおりょうりをしてくれるから。おこづかいをくれるから」

　以下，「パール（ハムスター）」「おじいちゃん」「せんせい」と続いた。

　藤塚小学校とは，生活科と社会科の校内研究をしている頃からの関わりであるが，中・高学年が総合的な学習の時間の研究に変わってからも，引き続き問題解決学習，とりわけ話合い活動を中心とした授業のあり方を追究している学校である。

　日頃の授業の積み重ねに裏付けられた子どもたちの息の長い発言からは，思考力や表現力が着実に向上していることを感じることができる。

学校経営と校内授業研究

　昨今，学校は元気がないと言われる。教師は，多忙感を訴え「教師生活に生き甲斐を見いだせない」という声も聞く。教育活動を活性化するためには，教師一人ひとりの持ち味を活かし，生き生きと活動していくことが大切である。教師が生き生きと活動し組織を充実していくためには「教師としての思いの共有」「教師同士の情報交換」が必要であると考える。この2点を実現させるために校内授業研究はとてもよい手段である。教職員が互いに学び合い，チーム力を発揮する職場環境づくりに校内授業研究を活用していくことは，学校経営を円滑に進めるためにも有効であると考える。

①教師としての思いの共有

　求める子どもの姿を明らかにし，協働性と継続性を基盤とした校内授業研究は教育活動を活性化し，教師同士の学び合いを生むと考える。

　学校教育目標の明確化，具現化していく過程の話し合いを通して，教職員相互が教育活動の方向性について共通の意識をもつこと，「子どもたちのために」を合い言葉に教師自身が子ども観や授業観を振り返ることが重要である。校長は，明確なビジョンを，教育活動の全体構想を提示することが求められる。

　校内重点授業研究は，時間も確保している。先に述べた条件を満たす恰好の校内授業研究である。授業研究を通して子どもたちの成長を願い，互いに素直に，時には厳しく意見を述べ合う研究会を築いていくことが大切であると思う。

②教師同士の情報交換

　教師が互いに学び合い，チーム力を発揮するには，児童理解が重要であると考える。学年研究会やブロック研究会，そして校内支援委員会全体会で交わされる児童の情報は，校内授業研究の指導案作成時や授業後の研究会に活かされる。個をみとり，個を活かそうとするとき，指導案検討会や授業後の研究会で子どもたちの名前がどんどん飛び交い，どのようなことを学び取ってほしいか，授業後どのような学びがあったか，一人ひとりについて語り合える教師集団は，切磋琢磨していこうとする原動力にあふれているように感じる。

　相手の話に耳を傾け聴こうとする姿勢，安心して意見が述べられる雰囲気。研究会が充実している学校は，活気にあふれ元気のある学校であると考える。

　本校の校内授業研究会の目指すところである。

（校長：佐藤　幸子）

平成25年度　重点研究基本計画

|1| 研究主題

生きる力にあふれる子
　〜生活科・総合的な学習を通して〜

|2| 研究主題設定の意図

　本校の子どもたちは，真面目に課題に取り組もうという気持ちが強い反面，様々な問題を自分事としてとらえたり，深く考えたりすることなど，いろいろな意味で「つながる」という視点に課題があった。そのため，子どもが本気で学習に取り組み，探究し続けるにはどうしたらよいか，ということについて研究を進めていきたいと考えた。

　昨年度は，「夢中」「本気」で学習に取り組みながら，材にかかわることにより，意欲的に学習に取り組む子どもを育てることをめざして研究を進めてきた。研究の結果，材とかかわりを大切にしながら学習を進める意義や，そのために材の立ち上げを大切にする必要があることが分かってきた。

　しかし，子どもの実態から見た課題「思慮深い子を育てたい」「粘り強く問題解決する子を育てたい」については，成果があったとは言い難い。

　そして「夢中」「本気」などの情意面への意識が強かった結果，学習の中で身につけたい力や，めざす子ども像との関連性が弱かったことが課題として挙げられた。しかし，単元構成をしたり，学習を進めたりした課程の中に，子どもに身につけさせたい力，子どもが自ら身につけることができる力があることもおぼろげながら見えてきた。

　そこで今年度は，多様な「生きる力」を構成する要素の中から，

「ねばり強く問題解決しようとする力」

を育てることを中心に研究を進めることにする。そのため研究仮説を，

「材とのつながりを深めることで，ねばり強く問題解決しようとするであろう」

とし，研究主題「生きる力にあふれる子」に迫っていきたいと考える。

　そのような力を育てるために，まずは「魅力ある材」に出会ってほしい。各教科と違い「総合」では「材」を自分たちで，クラスで選ぶことになる。その材を選び，材とかかわるプロセスが充実し，その材に学習の重みに耐えられる価値があれば，ねばり強く問題解決しようとするのではないかと考えている。そして子ども自ら材を選び，その材の価値を吟味し，協働しながら学びを創り深めていく，そのような活動や体験，コミュニケーションのあり方の中から，本校が子どもたちに求めている「生きる力」が高まるであろう。

　以上のように，今年度は本校の研究でこれまで深めてきた「つながり」「子どもの実態を大切にする」「みとり」を大切にしながら，材を求めること，探究的に学ぶことについて深め，思慮深い子を育てていきたい。

3 研究内容

本校では平成20年からの「生活科・社会科」の研究で，次の3つのつながり，

> ○学習対象とつながる子ども
> 　→学習材・学習内容・出会った人・様々な問題などに対して本気でかかわり，成長する。
> ○クラスの友達とつながる子ども
> 　→クラスの仲間とじっくりかかわり，成長する。
> ○自分自身とつながる子ども
> 　→自分をしっかりと見つめ，自分の言動や見方・考え方を振り返りながら学習を進める中で，成長する。

をめざす子ども像としてとらえ，研究を進めてきた。これら「3つのつながり」を意識しながら「ねばり強く取り組む」「問題を解決しようとする」ことにより「思慮深い子どもを育てる」ために，昨年度に引き続き「材」「みとり」「支援」に注目し，以下の内容を中心に研究を進めていきたいと考える。

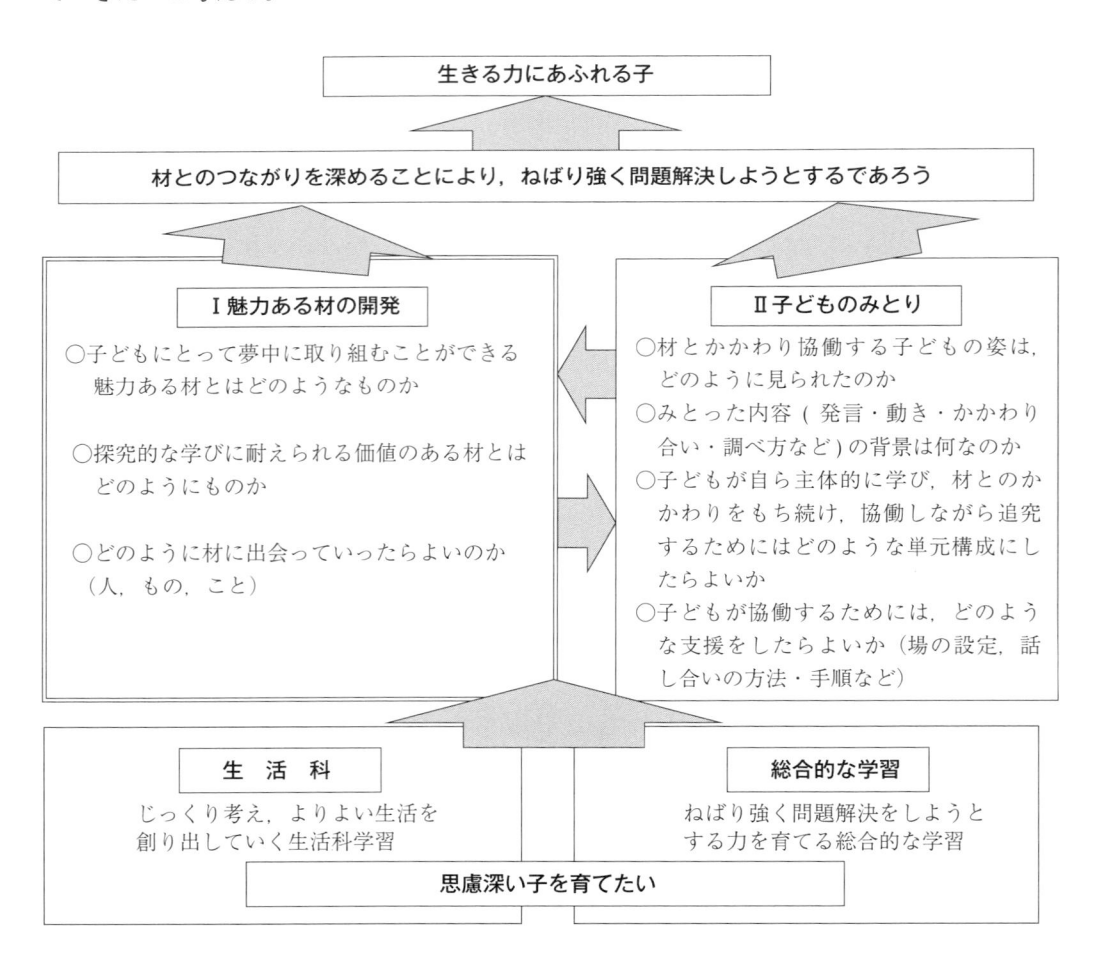

生きる力にあふれる子

↑

材とのつながりを深めることにより，ねばり強く問題解決しようとするであろう

Ⅰ 魅力ある材の開発
○子どもにとって夢中に取り組むことができる魅力ある材とはどのようなものか

○探究的な学びに耐えられる価値のある材とはどのようにものか

○どのように材に出会っていったらよいのか（人，もの，こと）

Ⅱ 子どものみとり
○材とかかわり協働する子どもの姿は，どのように見られたのか
○みとった内容（発言・動き・かかわり合い・調べ方など）の背景は何なのか
○子どもが自ら主体的に学び，材とのかかわりをもち続け，協働しながら追究するためにはどのような単元構成にしたらよいか
○子どもが協働するためには，どのような支援をしたらよいか（場の設定，話し合いの方法・手順など）

生活科
じっくり考え，よりよい生活を創り出していく生活科学習

総合的な学習
ねばり強く問題解決をしようとする力を育てる総合的な学習

思慮深い子を育てたい

〈実践例 1〉 生活単元学習 (個別支援学級)

①単元名
「野島へ行こう！～楽しく　笑顔で　仲良く　遊ぼう～」

②単元目標
○事前，当日，事後指導を通して，身辺処理，基本的生活習慣の自立・向上を図る。
○寝食を共にする共同生活を体験することにより，その楽しさを味わうとともに，好ましい生活態度や人間関係を養う。
○集団生活を通して，規律ある行動・基本的な集団性や生活の約束を身に付ける。
○公共の交通機関・施設・自然などにふれ，公共性や社会性を身に付ける。

③単元のとらえ
　毎年同じ時期に，同じような内容で行われる合同宿泊学習は，個別支援学級の子どもにとって回を重ねるごとに見通しがもて，一人ひとりの実態に応じて課題をもって取り組める学習である。友達や教師と宿泊を楽しむ中で，日常生活の身辺処理の仕方や，集団生活に必要なルールを学ぶことができ，いろいろな活動に取り組むことを通して生活経験を豊かにし，物事に意欲的に取り組む姿勢を養うことができる。また，公共交通機関の利用の仕方や公共施設を使用するときの約束事やマナーを学ぶことができるなど，いろいろな要素の指導内容を含んでいる。学級の友達や教師だけでなく，区内の個別支援学級の子どもや教師と一緒に活動できることは，普段，学級の小集団にいる子どもにとっては，大きな集団としてのダイナミックな活動ができる機会でもある。

　以上のことから，生活単元学習「野島へ（合同宿泊学習に）行こう」は，将来の社会自立に向けて，一人ひとりの子どもや学級の実態に応じてどのような学習を組んでいくのか，いろいろなやり方が考えられる学習である。

　本単元には，日常生活から集団生活に及ぶ幅広い様々な目標が含まれているが，本学級の子どもの実態から今年度は特に「自由時間の楽しい過ごし方」に焦点を当て，「**遊び（ゲーム）**」を共に考え，それを本番に向けて事前から繰り返し一人ひとりが自分の**役割**を果たして行っていくことにより，その子その子の状態に応じてより適切なコミュニケーション（**交際**）の力をつけていきたいと考えている。

　個別支援学級では，行事でも学習でも経験を何度も積み重ねる活動が大切であるといわれている。宿泊体験を通して友達と仲良く楽しく過ごし，友達のいいところを認め，自分の表現に生かしていくことで，認め合い高め合う経験を積み重ねていきたい。一緒に遊んだり，宿泊学習で行ったゲームを学校に帰ってきてからも繰り返し行ったりすることにより，友達と仲良く遊ぶ楽しさを体全体で味わい，子どもたちが自分から進んで遊びたいと言えるようにしていきたい。

④単元構想図（指導計画）

〈他教科との関連〉

道徳	算数	国語	生活
・あったかことば　ちくちくことば ・新聞紙渡り　等	・魚つりゲーム ・おかいものごっこ	・思い出のアルバムをつくろう	・おさんぽしよう ・かるたとり ・買い物学習　等

野島へ行こう！（40時間扱い）

教師の願い
・コミュニケーション能力の向上
・自分のことは自分でできること
・楽しんでほしい　等

子どもたちの願い
・楽しみたい　・安心して泊まりたい
・たくさん遊びたい

↓

野島について教えてあげよう（生活①）
○野島へ行ったことのない1・2年生にことばで伝えたり，写真を見たりして思い出す。

↓

どんなことをするのかな（生活④，国語②）
○宿泊学習の一つ一つの予定や動きを知り，今年の宿泊学習のイメージをつかむ。

↓

めあてをもとう（生活①）
○一人ひとりが自分のめあてを考える。

↓　　　　　　　　　　　　　　　↓

やってみよう（生活⑤，道徳⑤，体育②）
・バスでの過ごし方
・動物園での過ごし方
・野島研修センターでの過ごし方
・全体レク　・自由時間（1日目，2日目）

準備をしよう
○自分の荷物は自分で整理する。
　　　　　　　　　　（生活③）
○おやつを買いに行こう。
　　　　　　　　（生活①，算数②）

↓

野島へ行こう（行事⑥，生活⑥）
○めあてや約束を守って友達と楽しく活動する。

↓

野島へ行ったよ（生活①，国語②）
○楽しかったことやできるようになったことを話す。　・絵日記，作文，アルバム

⑤ **考察**
▶ **本単元の意図や大切にしてきたこと**

　本単元では，基本的生活習慣や健康安全，金銭，社会の仕組みなど様々な領域を扱っているが，今年度は，遊びについての学習を中心に行った。遊びを中心に選んだのは，クラスの実態として友達とかかわることに課題のある子どもが多いからである。また，友達と遊ぶよりも一人遊びをすることが好きという実態がある。本単元以外でも，道徳，自立活動，体育などで仲良くするために，また友達と遊ぶ楽しさを知るために，あったか言葉（「すごいね」「一緒にやろう」など）の使い方についての学習を並行して進めてきた。

▶ **子どものみとり**

　ゲームに参加していない子どもに，「一緒にしよう」と声をかけたり，負けたチームに「次回がんばればいいよ」などと言ったり，温かい言葉がけが回を重ねるごとに聞こえるようになってきた。また，ゲームを行っているとき，待っている子どもたちが自分のチームを精一杯応援している姿が見られた。少し前までは，自分の番が終わると友達とおしゃべりをしたり，遊んだりしていたので，声かけをしなくても自然に友達を応援している姿に成長を感じた。

▶ **魅力のある材**

　今回，様々な領域を扱っている単元で，「遊び」を中心に行った。遊びは子どもたちにとってとても身近であり，個別級の子どもたちにとっては学ぶべきことがたくさんある材である。人とかかわりのある「遊び」を意図的に取り入れ，計画的に行うことができた。

▶ **単元構成・学習形態の工夫**

　子どもたちが，スムーズに取り組めるよう，ビブスの色だけではなく，ゲームで使うコーンなどもチームによって色を統一し，視覚的に分かりやすいようにした。また，文字が読めない子どもたちでも自分のチームの友達が分かるよう，顔写真を準備し視覚化した。

▶ **夢中になってよりよい生活を創り出していく子どもをめざして**

　授業以外の場面でも，友達を励ます言葉がけが教室で聞けるようになってきた。この単元や道徳で仲良くするために何が必要かをみんなで考え，実践してきた成果であると思う。

▶ **本実践の成果と課題**

【成果】
・以前は，自分の番が終わると友達とおしゃべりをしたり，遊んだりしていたが，待っている子どもたちが自分のチームを精一杯応援していた。
・授業以外でも，あったか言葉を使って友達とかかわる場面が見られるようになってきた。

【課題】
・本時は，合同宿泊学習の自由時間で行うゲームということで，かなり制限があった。
・単元を通して学び，身に付いたことを日常化し，定着化させていくための継続した取り組みが必要である。

（盛田　英一，三浦　春輝，守澤真里奈）

〈実践例2〉総合的な学習の時間 (5年)

①単元名

「5年1組最高！～うらしまたろうスペシャル影絵～」

②本単元で大切にしてきたこと

　子どもたちの実態からお互いに協力して一つのことをやり遂げる経験を通して，子どもたちの絆を深めたいと考えた。そして，かかし座というプロの影絵劇団との出会いから影絵劇の魅力を知り，自分たちも影絵劇に挑戦したいという子どもたちの気持ちを生かして，これを学習材とすることにした。

③子どものみとり

　本単元では，毎時間の終わりに学習カードを使って振り返りを行い，それを用いて子どもたちの変容をとらえることにした。

　人形を作る活動では子どもたちの意欲に個人差が見られたが，4グループに分かれて役割分担を決めてからは，自分の仕事が明確になり，一人ひとりが責任をもって取り組む姿が見られるようになってきた。また，うまくいかなかったときは，どうしたらよいかをグループで考えながら取り組む姿も見られるようになった。

　例えば，A児は，人形作りの活動ではグループの友達に任せっきりであったが，うらしまたろうの人形を動かす役に決まり，練習が始まってからは自分から進んで活動に参加しようとする姿勢が見られるようになってきた。さらに，人形を出すタイミングや登場の仕方を考えたり，一緒に人形を動かす友達と協力して動かし方を練習したりするなど，意欲的な場面も見られるようになった。

〈A児のノートより〉（一部抜粋）

　人形を作るときは何も活動できなかった。うらしまたろうの役になったので，人形の手足がとれないように直したい。泳いだり，歩いたりするときにそう見えるように動かしたい。

④魅力ある学習材について

　子どもたちは，かかし座の影絵劇を見てから，「かかし座のような影絵にしたい」という思いを強くし，自分たちの影絵に取り組むことができた。かかし座の方から人形の作り方や動かし方を教えていただき，それを自分たちの影絵に生かしていくことができた。つまり，「本物」に出会うことが子どもたちにとって，とても大きな刺激になったということである。しかも，影絵は，一人ひとりが自分の役割を責任をもって行う必要があることから，大変魅力のある学習材であると考える。

⑤単元構想図（総時間 60 時間）

```
┌─────────────────────────────────────┐
│ 影絵を体験してみよう③              │
├─────────────────────────────────────┤
│ ○影絵を体験して，どんな映り方をするのか知る。│
│ ・どんな道具が必要なのか調べ，実際に体験する。│
└─────────────────────────────────────┘
              ↓
┌─────────────────────────────────────┐
│ どんな影絵劇にするか考えよう④      │
├─────────────────────────────────────┤
│ ○誰に見せるのか，どんな影絵にしたいのかについて話し合う。│
│ ・活動計画を立てる。                │
│ ・誰に見せるのか，どんな物語にするか決める。│
└─────────────────────────────────────┘
              ↓
┌──────────────────────┐      ┌──────────────────────┐
│ 劇をするための準備をしよう⑩ │ ⇔ │ 劇の練習をしよう⑬    │
├──────────────────────┤      ├──────────────────────┤
│ ○グループに分かれて準備を行う。│  │ ○役割を決める。       │
│ ・場面ごとにグループに分かれて│  │ ・グループで音読・人形・背景の役割を│
│  活動する（人形，背景作り）。│  │  決める。             │
│ ○かかし座による「長靴をはいたネコ」│  │ ○グループごとに音読に合わせて人│
│  を見る。バックステージツアー│  │  形を動かす練習をする。│
│  へ参加する。         │  │ ・友達同士で見合い，アドバイスし合│
│ ・感想を出し合う。    │  │  う。                 │
│ ・取り入れてみたい方法について考え，話し合う。│  │                      │
└──────────────────────┘      └──────────────────────┘
              ↓
┌─────────────────────────────────────┐
│ 他のクラスに発表しよう①            │
└─────────────────────────────────────┘
              ↓
┌─────────────────────────────────────┐
│ もっとよい劇にしよう。⑲            │
└─────────────────────────────────────┘
              ↓
┌─────────────────────────────────────┐
│ ふじっ子ワールドで保護者・地域の方に発表しよう⑩ │
└─────────────────────────────────────┘
```

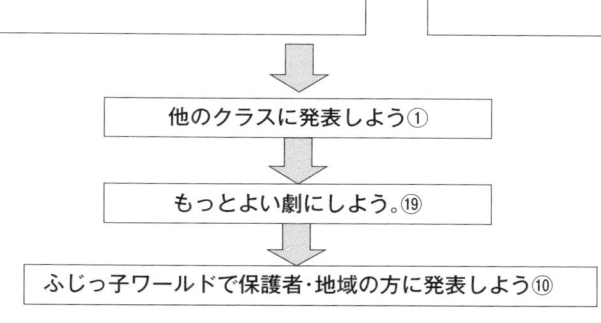

⑥ **本実践の成果と課題**

▶ **成果**

○影絵に取り組む活動を通して，子どもたちが協力することの大切さを学んだこと。

○子どものみとりに力を入れることにより，一人ひとりの子どもの変容をとらえることができたこと。

▶ **課題**

○子どもたちの実態に応じて，活動の時間を十分に確保すること。

○できるだけ地域とかかわりのある学習材を開発すること。

○個のみとりを継続的に行い，個に応じた支援を考えていくこと。

（小堺　裕美）

保護者・地域との連携

|1| 1年：生活科

　単元「ふゆのあそびたい～1ねん2くみ　むかしあそびめいじん」は，昔から伝わる伝承遊びに親しむことをねらいとして進めてきた。

　本単元を計画する上で，地域の方々との連携がとても重要なかぎをにぎっていた。そこで，地域の伝承遊び名人の方々と架け橋になってくださった方がNさんという方である。

　事前の打ち合わせでは，何度も学校へ足を運んでくださったり，計画書を作成しアドバイスをしていただいたりした。それと同時に，地域と家庭，学校が連携して子どもを育てていくことの大切さ，近年の地域事情等，様々なことを地域の方の目線でお話していただいた。

　Nさんの話を聞き，特に印象に残っていることは，実際に目と目を合わせて面と向かって話すことの大切さだ。「相手に直接会って，面と向かって話すことで，相手の表情や仕草から伝わるものがある。このことは，家庭の親と子，学校での教師と子どもなど，どのような場面でも共通していることである」というNさんの言葉には，私も子どもは何を感じ，何を考えているのか，互いに感じ合えることが重要なことであると実感した。

　今回の活動から，もっと地域と学校が一体となって教育活動ができる機会を増やしていきたいという気持ちになった。私自身も，Nさんと出会い，話を聞くまではどんな地域なのか，どんな方々が地域にいらっしゃるのかなど，知らないことばかりだった。

　この活動を通して，地域の方々などに自分から働きかけ，子どもたちが人とかかわることの楽しさや満足感を感じられる場を，継続的につくっていきたいと考えた。

（高堀　裕子）

|2| 3年：総合的な学習の時間

　私は，「命・感動・戦争の劇～ちいちゃんのかげおくり～」の実践を通して，部会テーマである「夢中になって学ぶ総合的な学習の時間」に迫るための具体的な手立てとして，地域の人とのふれあいから学習を深めていきたいと考えた。

①Oさんとのふれあい

　学区探検の時に，バードゴルフのやり方を教えていただいた。その後，一部の児童が絵を見せていただく約束をして，家に訪問して，たくさんの絵のコピーをいただき，水彩画の絵の具の使い方に子どもたちは驚いている様子であった。その後，Oさんが地区センターで絵画教室を開いていることを知り，劇の背景画を描くために，絵を教えていただくことになった。

②Hさんとのふれあい

　新桜が丘のまちができる前から住んでいる方で，庭に今も残っている防空壕があり，実際に中に入ってみる体験をさせていただいた。また，この地域の戦争の時の様子やHさんの幼い頃の戦争体験の話を伺うことができた。

（青木　弘子）

私と授業研究～校内授業研究から学んだこと～

|1| イメージマップの活用

「長縄で絆を深めよう5年2組」の単元では，子どもたちと長縄を中心にしたイメージマップ作りをしたところ，「8の字跳び」「ダブルダッチ」「一斉跳び」などの種目があがってきた。まずは，8の字跳びで記録を目指していくことを中心にしていき，その後長縄を使った様々な跳び方を学習していくようにした。また，単元を始める際に出てきた子どもたちのイメージマップ作りのキーワード「絆」「みんなで」「協力」を忘れないようにしていくことで，年間を通して活動の意欲が持続できるようにしていった。

8の字跳びでは，話し合いを通してクラスの目標を設定し，その目標の回数を達成できるようにし，その後，単元の中盤からは「ダブルダッチ」にチャレンジしていった。今回の実践では，「縄を跳ぶ」という活動が中心になり，技能を高めることに重点を置いてしまう場面が多く見られたので，学び合いの場面から，友達の意見の良さを認め，自分たちの活動をよりよいものにしていこうとする姿が生まれるような支援のあり方を工夫することが今後の課題である。

(山元　忠司)

|2| 他教科との関連

池の観察（理科）をしたことを契機として，「4-1 生きものいっぱい藤池ピカピカ隊」の単元を構想し，実践した。学校にある藤池は，草木が覆い茂り水草で底は見えないが，水を浄化するための植物が植えられており，メダカやヤゴなどの生きものがたくさん住んでいた。当初，子どもたちは，人工的に整備された池が生きものにとって住みやすい池だと考え，「池をきれいにしたい」という思いをもった。しかし，今の池の現状こそが住みやすい環境であることに気づいてほしいというのが教師の願いであった。

この実践の成果は，「子どもたちの興味を重点に材を決めたことにより，継続して活動することができたこと」「学校の中にあるものを材にしたことにより，繰り返し材に関わることができたこと」等である。問題が生じたときに本やインターネットを使って自ら調べ，解決しようとする子どもたちの姿を見ることができた。

課題は，子どもたちの考えの変容を見取ることができるよう「思いを十分に書くことができる学習カードをつくること」「座席表を継続して作成すること」，地域で自然を守る活動をしている方々の思いに迫ることができるよう「地域の人との関わりを大切にすること」等である。

1年間の学習と校内授業研を通して，私自身も教材研究を十分に行った上で，単元を構成することの大切さを学ぶことができた。

(大津留真利恵)

3 「子どものみとり」の大切さ

　「子どもをみとる」という言葉を初任の時から耳にし，教科は変わってもその言葉だけは普遍的に授業研究で取り上げられている。初任の時は，1時間の授業の中での子どもの発言や何気ないつぶやきを教師が聞いて，授業に反映させていくことが「子どもをみとる」ことだと思っていた。しかし，授業研究を重ねていくうちに，自分の子どものみとり方が多様に幅広くなってきたのを感じる。それは，1時間の授業中だけでなく単元を通して子どもの思考過程をとらえたり，授業の合間の何気ない時間の子どもの言動からその子らしさに気付いたり，自分自身の視野の広がりを感じたりするようになったからだ。

　しかし，まだみとったことを学習の中でうまく反映できていない。1時間の授業中だけでなく様々な場面から子どもをみとり，教材開発や発問などで生かすことをこれからも授業研究を通して学んでいきたいと思う。

（谷口祐美子）

4 人とふれあう楽しさ

　私が平成24年度に4年生を担任した際，今井地域ケアプラザの了承を得て，利用者の方々との交流が始まった。そして本年度，再び4年生を担任し，今井地域ケアプラザの中庭を活用して利用者の方々と交流することになった。

　2年間続けて今井地域ケアプラザで総合学習を進めたことにより，私自身，地域ケアプラザを材にするよさをたくさん感じることができた。

　一つは，子どもたちが地域ケアプラザをより身近に感じられるようになった点である。放課後に地域ケアプラザや隣接する地区センターに遊びに行き，利用者や職員の方々に声をかける子どもが増えた。子どもたちが積極的に地域の施設に出向き，地域の方々とかかわり合うことで，より自分の住む地域に愛着をもつことができたと思う。

　もう一つは，利用する方々とのかかわりを通し，人とかかわる楽しさを感じることができた点である。80歳前後の方々とふれあい，早口で話すと伝わらないことや，手足が不自由だと計画よりも時間がかかってしまうことを感じる子が多かった。また，折り紙・あやとり・将棋などが自分たちより上手く，それらを優しく教えてもらえるなど，交流の魅力を感じられた子も多かった。そして，最終的に子どもたちは，人とふれあう中で「笑顔」が大切であるとの思いを強くもつようになった。自分の住む地域での交流だからこそ，人とふれあう楽しさを存分に感じられたのだと思う。

　地域ケアプラザを材として学習を進めていく際，最も重要なのは，職員の方々とのコミュニケーションであると考える。日程や交流会のもち方，中庭装飾の計画や予算面などで，Bさんと頻繁に打ち合わせをもつようにした。これからも地域の方々とのコミュニケーションを密にしながら，子どもたちにとって実りある総合学習を進めていきたいと考えている。

（片田　寛之）

第Ⅳ章 考え合う授業をめざす取組

04 小規模校ならではの特色を生かした授業研究

横浜市立
上川井小学校

● Contents
- 学校経営と校内授業研究
- 平成25年度 重点研究実施計画
- 授業記録から新年度の課題を焦点化する試み
- 実践例1 「遊んで ためして くふうして」（2年，生活科）
- 実践例2 「水を大切に」（4年，社会科）

A児「これ大きいシャボン玉できるよ」

　A児はそう言うと，隣にいたB児に自分が持ってきたスチールハンガーで作った道具を渡し，2人で一緒に走りながらシャボン玉を飛ばし始めた。

　一方，最初から一人で黙々とシャボン玉を作っていたC児の表情が突然変わった。

C児「不思議なことがある。1回吹いてまた吹くとシャボン玉がまた出る！」
T「みんな集まって。C児すごいよ。なんで何回もできるんだろうね」

　そこには，一躍ヒーローになって戸惑いながらも満足そうなC児の笑顔があった。

　上川井小学校は，全学年単級の小規模校で，生活科と社会科の校内授業研究を始めてまだ2年目の学校である。しかし，その小規模であることを最大限生かした取組は，他にはない良さが随所に光っている。

　まず，すべての職員が，すべての児童のことを知っているので，事後研究会では，当然のようにクラスの子どもの名前だけでなく兄弟の名前まで飛び交いながら話し合いが進行する。また，授業で扱われる教材についても共通理解されており，余計な説明がいらない。そのような利点を生かし，早くも前年度の詳細な授業記録をもとにした事後研究会に取り組むなど，前向きな姿勢が見られる学校である。

学校経営と校内授業研究

「尊敬される教師，信頼される学校をめざせ」と言われる。子どもたちは朝の8時過ぎから登校し，6校時まである日は3時半過ぎまで学校にいる。その間の多くが授業時間である。だからこそ，分かる，楽しい，魅力的な授業を展開し，子どもたち一人ひとりに確かな学力を育むことが，尊敬される教師，信頼される学校実現への大きな柱となる。このことは当然ながら学校としての本来的な責務である。したがって，教師一人ひとりの授業力の向上を図ることが学校経営の最重要課題となってくる。このことを校内授業研究会を通して行っていこうと考えているのである。

本校では，平成24年度より生活科，社会科の授業を通して子どもたちによる学び合いの授業を創りだそうと取り組んでいる。まずは，本単元や本時がどのように構想されたのかを大切にしたいと考えている。子どもたちの学習経験や学力等の学習実態はどうか。学習対象として選び抜いた素材を教材化する価値はどこにあるのか。子どもたちや学習素材に対して教師はどのような熱い思いや願いをもっているのか。子どもたちの思考を深めさせるための具体的な方策はどうあったらよいのか。以上のような事柄が編みこまれて構築されたのが授業である。教師の授業構想力を高めることが，分かる，楽しい，魅力的な授業実現の第一歩になると考えている。

また，実際の授業の中では，子どもたち一人ひとりの考えをどれだけ引き出せるか。それぞれの考えに対する互いの理解をどのように促すか。様々出てきた考えを練り上げる中で，子ども同士の学び合いをどれだけ豊かに実現するかが問われる。また，そのために学習形態もペア，グループ，コの字型での全体討議など，「言語活動の充実」を図ることによって，思考力・判断力・表現力を育もうとしている。その際，教師は言わば，化学反応の触媒のような存在である。適切な方向付け，問題の明確化，的確な二次資料の提示などが求められる。言うまでもなく，授業の主役は子どもである。そのことに対する教師の意識変革と具体的な手立ての用意，子どもたち一人ひとりを活かし，結びつける教師の力量向上を図りたいと考えている。

さらに，分かる，楽しい，魅力的な授業実現のためには，教師自身が教材研究を，そして授業そのものを楽しんでほしいと願っている。学習素材の発見・選択から始まり，教材や子どもたちに対して熱い思いや願いをもって授業を構築していく楽しさ。実際の授業場面では，子どもたちが問題意識をもち，学び合いによって問題解決していくダイナミズムを味わう喜び。校内授業研究会を通して，自らの授業力を向上させようという意欲と力量を兼ね備えた教師を育むことが私の願いである。

（校長：的場　光男）

平成25年度　重点研究実施計画

|1| 研究主題

社会科・生活科研究
　「学び合いの授業をめざして」
　　～子どもの思いや考えを引き出し・つなげる授業づくり～

|2| 研究仮説

　子どもの興味・関心に寄り添った教材を選び，一歩掘り下げた教材の分析を進めて授業構想を立てることで主体的な学びを喚起し，相互に交流し合える学びの場を作り出すことで子どもの思いや考えを引き出しつなげる授業が実現できる。

|3| 研究内容

①**社会科・生活科に設定した意図**
　本年度も昨年度に引き続き教科を社会科・生活科に設定する。教科設定の理由は，次の3点である。
・生活の中に課題を見つけることができる……学力差に関係なく考えを出し合える場を作り上げることにつながる。
・課題から考えをもたせることができる……他教科に比べ子どもたちのもつ興味・関心や好奇心を学習につなげやすい。
・地域との関わりが図れる……地域とのつながりを生かした授業づくりは，昨今の教育現場に求められる課題である。

②**研究のねらい**
　本年度は「引き出し・つなげる」を一体として捉え，思いや願いについて子どもたち相互のかかわり合いをどのように実現するかに焦点を当てて研究を進めていく。思いや願いについての子どもたち相互のかかわり合いとは，授業において話し合いがどうなされているかということである。従って，授業の中で「ひきだし・つなげる」を一体として捉えるとは，子どもたちの話し合いのあり方を考えていこうということになる。
　ここで話合い活動そのものに目を向けてみよう。子どもたち一人ひとりの考えは，問題を解決する過程で相互に関連しながら個性を発揮していくものである。言い換えれば，子どもたち一人ひとりの考えは話し合いを通してクラス全体とかかわることで初めてその考えに独自性が生まれるのだ。従って，教師は話し合いのあり方を考えるにあたって，子どもたち一人ひとりの考えとクラス集団としての思考が相互にかかわり合って発展していくよう，子どもたちの話し合いにどう向かい合っていくのかを考えなければならない。今年度の研究では話し合いの質を問い続けることで，話し合いのあり方そのものを見つめ直していきたいと考えている。

4 研究の進め方

```
「めざす話し合いのあり方」（めざす子どもの姿）
・教師でなく，友達に向かって話せる子    ・比較・付け足しができる子
・話し合いへの関心が高い子              ・発言につながりが見える子
```
⬇ ⇐ より具体化

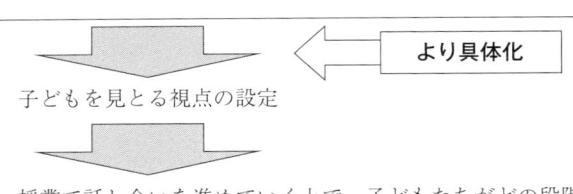

子どもを見とる視点の設定

⬇

授業で話し合いを進めていく上で，子どもたちがどの段階にいるのか実態を把握

⬇

```
○見とった実態をもとにして授業づくりをすすめる
○主に教材のあり方や学習形態を追究する授業づくりを進める
```

・話し合いの質を高めていこうと考えたときに，上川井小の一番の課題は話し合いへの関心が希薄であることだと考える。これを改善してくためには，授業における**教材のあり方・学習形態**を追究していくことが必要である。

5 研究の方法

○教師同士の授業参観（6月・12月）……授業を視る視点を同じにする
【教師の考える話し合いの姿】 ⇔ 【授業を視る視点】

```
・教師ではなく，友達に向かって話せる。
・比較・付け足しができる。
・話し合いへの関心が高い。
・発言につながりが見える。
```
⇒ より具体的に子どもの姿を設定

・研究授業とは別に教師同士が授業を参観し合う機会を設け，上記の視点のどの段階に子どもたちがいるのかを分析し，複数の教師の目で年間を通した子どもの変容を見ていく。
・上川井小学校の子どもたちが，教師の設定した視点に対してどのような段階にいるのか実態を把握する。
・把握した実態をもとにして，授業づくり・学級づくりを進める。
・学年ブロックを設定し，期間内にお互いの授業を参観し合う。
・学年ブロックの教師は，1人ずつ別々に参観をするのではなく，期間内に授業者が設定した授業を参観する。
・参観する授業は，教科は問わないが，話し合いの様子が観察できる授業を設定する。
・ブロック研で，観察結果を持ち寄り，子どもたちの実態から今後の授業についての話し合いをもつ。

授業記録から新年度の課題を焦点化する試み

○３年「見つけたよ，まちの人の仕事」の授業記録を振り返って

　新テーマに対する２年目の校内研究は，前年度の校内授業研究会で行われた授業の詳細な記録を全員で検討し合うことから始まった。これは，児童や教師の指導の実態を把握し，教師間の共通理解を図るとともに，「話し合いの質を問い続けることで，話し合いのあり方そのものを見つめ直していく」という今年度の研究のねらいに迫るための課題を明らかにすることを目的に行ったものである。

①検討した授業記録（一部抜粋）

　本時は，「Ａスーパーマーケットはお客さんに来てもらうために，どのような工夫をしているのだろう」という学習問題についての話し合いが中心の授業であった。様々な工夫や努力について見学をもとに話し合いが進んだ。下記は，その一部である。

教師の動き	子どもの動き
T57　早く来るって言ってた？	70C　なんか魚とか切る人は，早く来るって言ってた。 71C　魚さばくとき，なんか大変だから結構…。 72C　でも，超早かったよ。
T58　何が大変なの？	73C　なんか魚さばいたりするのは，包丁で指を切っちゃったりとか，皮がむけちゃったりするのが危ないから，早めにやっちゃったほうが少し多く時間があってそれで結構できるから。
T59　ふーん，なるほどね。	74C　お店に出すぎりぎりだと，なんか慌ててへたくそになっちゃったりして全然できない。
T60　お店の，何て言った？	75C　お店の開く前だと，30分ぐらい時間を早く来て，ゆっくりチェックしながらやるのがいいと思います。
T61　○○はどう思った？	76C　え，ぼくは，△△さんとかと同じなんだけど，早めの時間にやっちゃうと慌てて指の皮とか切っちゃったり，けがをする可能性が高いから，少し早い時間からやってるんだと思う。
T62　じゃあ，いろいろ書いてると思うのね。いっぱい出してもらおうかな。	

②研修の進め方
○個々で授業記録を読み，授業を見る視点を参考にして分析する。
○低・中・高グループに分かれて討議する。
○グループごとに討議内容について報告し合う。
○講師の話

③グループ内で話し合うこと
○子どもたちの様子はどうか。

(ｱ)　子ども同士の意見のやりとりが活発になされているか。
　(ｲ)　話し合いへ向かう子どもたちの姿勢に積極性はあるか。
　(ｳ)　学習問題に子どもたちが適切に働きかけているか。
○今後の授業改善をどのように図っていくか。

④各グループの報告から
○子どもたちは，見学したことやインタビューして聞いたことなどをもとに，積極的に発言しようとしている姿が見られたが，分かったことや聞いたことを順に報告していくところもあり，子ども同士のかかわりをもう少しもたせることができるとよい。
○子どもたちは，個々のこだわりで見学したり調べたりしているので，それぞれ違う視点から発言するのは仕方がない。それらを上手く整理したりつなげたりするにはどうしたらよいか考える必要がある。
○子どもたちが調べていることが多岐にわたるので，全体で話し合う前にテーマ別の小グループで話し合ったらどうか。
○授業記録を丹念に読むことで，子どもたちの話し合いの流れだけでなく，教師の課題（発問の仕方や資料の扱い方など）も考えることができた。

⑤講師の話から
○研究テーマの「学び合い」は，話合い活動においては「考え合う」活動になることが大切である。調べたことや考えたことをそれぞれの子どもが発表したり報告したりすることにとどまらず，学習問題という共通の土俵でお互いの考えをぶつけ合う活動にしていく必要がある。
○教師の発問も，話し合いの中では，正解が一つの答を要求するのではなく，その子の考えや考えの根拠を引き出すような問いかけが大切になってくる。
○年度当初に自分たちの授業の課題を明らかにする目的で，前年度の授業研究会で実践した授業の記録を起こし，皆で検討し合うという方法は，どの教師も全校の子どもたちを知っている小規模校ならではの研究方法と考える。継続的に行うことによって子どもの思考力・判断力・表現力の深化とともに，教師の授業力の向上も期待できる。

〈実践例1〉「遊んで ためして くふうして」(2年, 生活科)

①研究主題に迫るために
▶ **目指す子どもの姿**

自分の考えや気付きを生み出し，友達の意見を聞きながら主体的に学習に取り組むことで，自分なりの表現を形にしていく姿。

▶ **研究仮説に迫るための手立て**

【素材について】
○図画工作の授業でのおもちゃ作り
　「コロコロ大さくせん」(図画工作科)での遊びやおもちゃに触れる体験を生かす。
○普段使っている身近なもの集め
○遊びを形作るための場の工夫
○おもちゃランド
　まとめとして教室全体を利用して「2－1おもちゃランド」を作りあげる。

【学習形態】
○子どもが自由に動ける教室作り
　机を端に寄せて教室を広く使うことで，様々な場所から工夫を見つけ出したり，自分が動くことで友達とのやり取りをより可能にしたりすることができるようにする。

②単元目標
身近な自然や物を利用し，遊びに使う物を工夫して作り，みんなで遊ぶ活動を通して，その面白さや見えない力の不思議さに気付き，自分の生活を広げることができる。

③単元の評価規準

生活への関心・意欲・態度	活動や体験についての思考・表現	身近な環境や自分についての気付き
○身近にある物を使って，遊びや遊びに使う物を工夫し，楽しく遊ぼうとする。	○身近にある物の特徴を生かしてできる楽しい遊びを考えたり，自分の思いをもって遊びに使う物を工夫して作ったりする。 ○遊びや遊びに使う物を作る活動を通して，楽しかったことや気付いたことを，自分なりに表現したり伝えたりする。	○身近にある物を使って遊ぶ面白さや，自分や友達が作った物の工夫やよさに気付く。

④指導計画と実際の流れ

指導計画（本時　8／18）	実際の流れ
1　集めた身近な物を見て，どんなことができるのか試してみよう。〈1時間〉	1　集めた身近な物に触れながら，どんなことができるのか試してみよう。〈2時間〉 ・「いろんな物があるね」「これ何だったんだろう？」「これは何て言えば良いんだろう？　どれと一緒かな？」

	○段ボールの中身を種類別に床に広げ，素材だけで自由に遊ぶ。
2　どんな遊びができるかやってみよう。〈2時間〉	2　どんな遊びができるのか，やってみよう。〈1時間〉 （例）ペーパーの芯とカップ（紙とプラスチック） 　→楽器を作った。（音も考えた。） ・「芯にもいろいろな音があるよ！」「どのカップだとドの音が出るかな」
3　どんなおもちゃができるか作ってみよう。〈8時間〉 ○身近なものからおもちゃを作る。	3　遊んでみて，どんなおもちゃができるか作ってみよう。 　→作ってみたけど，うまく遊べるかな？〈2時間〉 （例）紙コップはっしゃ台 ・「とばしたボールをもとのコップに入れたい！」 　「ゴムを台にしてボールとばし！」 （例）ボトルキャップカスタネット ・「もっといろんな楽器を作って音楽をつくりたい！」 4　おもちゃを作りながら，自分の大発見と友達の大発見を見つけてみよう。〈2時間〉 5　自分が作ったおもちゃのおもしろいところを伝えよう。（本時）〈1時間〉 ・「ようじの先が折れちゃったんだけど，その方が早く回るよ！」 6　友達のおもちゃで遊んでみよう。〈3時間〉
4　1年生に楽しんでもらえるような「2－1おもちゃランド」を作ろう。〈7時間〉	7　1年生に楽しんでもらえるような「2－1おもちゃランド」を作ろう。〈7時間〉 ○自分が1年生だったらどんな遊びをしたいか，どんな工夫をしたらいいのかなどを考える。 ○1年生に招待状を書き，一緒におもちゃで遊ぶ。

⑤ **本時目標**

身近にある物から発想したおもちゃを作り，より楽しく遊ぶ方法を工夫して，自分が作ったおもちゃの面白さに気付くことができる。

⑥ **本時展開**

学習活動（○）	支援（●）評価（☆）
自分が作ったおもちゃのおもしろいところを伝えよう。	
○作ったおもちゃから，自分のこだわったところを考える。	●動きやすいように机を端によけて床いっぱいに物を置ける環境を作る。 ●「大発見さん」や「すごいね！」シールを子ども同士でつけて見合えるようにする。 ☆活動を通して，おもちゃの面白いところに気付いている。
○どんなところにこだわって作ったのか，おもちゃのとっておきを実際にやりながらみんなに伝える。	●友達のおもちゃの面白いところに反応したりつぶやいたりしている声を拾い，全員に伝わるようにする。

	☆友達とおもちゃの面白さを共有している。
○次回の話をする。	

⑦**考察**

▶ **教材：子どもたちの主体的な学びを喚起するための教材選びという視点から**

　この単元では廃棄材料を使ってのおもちゃや遊び作りをすることに重点を置いていることから，廃材を集める過程も学びの一つとなる。集めたものに触れる時間はあったが，自分たちで種類別に分けてみたり，多様な廃材で遊んでみたりする時間をもっと確保すべきであったと考える。子どもは，実際に触れたり試したりする経験を通して，考えたり発見したりすることができると考えるので，生活科の学習では活動の時間を保証し，より豊かな学びを生み出していくことが大切である。

▶ **学習形態：子どもたちが相互に交流し合える学びの場づくりという視点から**

　子どもたちが活動しやすく楽しい時間を過ごすためには，教室環境が非常に大切であることを改めて学んだ。まず，教室の壁側に机を移動し，教室の中心部を広く使えるような環境を作ることで，子どもたちは，集めた材料が入っている段ボールから思い思いのものを出しながら教室いっぱいに広げて活動する様子が見られた。ただし，作る場所と遊ぶ場所をもっときちんと分けて学習を進めていくべきであったと考える。

　次に，活動の時間では，子どもが動きやすい教室の場作りが必要である。子どもたちから，こんな場所がほしいという言葉や自分たちでこうしたいという言葉が増えてきたこともあり，それらの言葉を拾いながら子どもと一緒に考え，よりよい場所を作っていった。子どもたちの反応を見ながら学習環境を工夫していくことが，子どもたちの視野を広げることにつながると考える。

（岡崎有里子）

〈実践例2〉「水を大切に」（4年，社会科）

①研究主題に迫るために

➤ 目指す子どもの姿

調べたことや体験したこと，友達の考えをもとに問題に沿って自分なりに判断する姿

➤ 研究仮説に迫るための手立て

【学習で解決したい学習問題を明らかにするために】

○体験的活動を効果的に取り入れ，子どもが実感したことから問題意識を引き出す。

　横浜市の1人あたりの水の使用量をペットボトルで量る，ろ過装置をつくる，浄水場見学で働く人の話を聞く，道志川の水と水道水を比較するなど，共通の体験的活動を連続して取り入れることで一人ひとりの気付きや疑問が生まれ，みんなで考えて解決したい問題意識としてつなげていくことができるのではないかと考える。

【社会的事象を自分ごととしてとらえさせるために】

○身近な地域素材を教材化する。

　「NPO法人道志水源林ボランティアの会」のAさんは，学校の池を自主的に整備してくれる地域の方である。池の金魚を観察したり周りで遊んだりする子どもたちにとっては，近い存在である。Aさんは，この10年間，横浜市の水源である道志村に月に2回は行き，間伐作業を続けている。作業を行う具体的な姿や横浜市民としての考え，後の世代まで安全に水の確保ができるようにしたいという願いにふれ，仕事としてだけでなく様々な場から水道事業に携わる人々の思いに寄り添うことが，社会的事象を自分ごととしてとらえることにつながるのではないかと考えている。

②単元目標

　浄水場などの施設や自分たちのもとに水が届く経路などを調べることを通して，横浜市で使われている水が他地域との協力のもとに計画的に確保されていることについて理解できるようにする。また，水道局で働く人々やボランティア活動を行う人々の工夫や努力を通して水資源の確保や水源の維持について関心をもち，自分たちの暮らしを支える水を大切にするために自分にできることを考えるようにする。

③指導計画と実際の流れ

指導計画（11時間）	実際の流れ
水といえば，どんなことを思いつくだろう。	
1　イメージマップづくりを通して，水の使い方や意識を明らかにする。	1　イメージマップづくりを通して，水の使い方や意識を明らかにする。書いたことをキーワードごとに分類し，これから学習することへの関心をもつ。〈1時間〉
どんなことに水を使っているのかな。どのくらいの水の量を使っているのかな。	
2　学校と横浜市の1人あたりのの水	2　学校と横浜市の1人あたりの水の使用量（234L）を知り，

の使用量（234L）を知り，2L ペットボトルを使ってその量の多さを実感する。	2L ペットボトルを使ってその量の多さを実感する。 ・ペットボトルがすごく重かった。 ・1日でこんなに多くの量を使っているなんてびっくり。
たくさんの水はどこからきているのかな。	上川井小の水はどこからくるのかな。
3　学校の水の施設や水源から上川井小の蛇口までの経路を調べる。	3　学校に水が届いた所からじゃ口までの経路を調べる。 ・浄水場から1本のぼうみたいなもので水が送られてきていてすごい。
ろ過すれば水はきれいになるのかな。	
4　ろ過装置を作って実験する。	4　水源から川井浄水場までの経路を調べる。
安心して飲める水ってどんな水だろう。	ろ過実験に必要なことを調べよう。（総合 1h）
5　ろ過した水は安全か考える。	ろ過実験そうちでつくった水はきれいになって飲めるようになったかな。（総合 2h）
浄水場見学で見学してくることを決めよう。	5　（本時）
6　見学のポイントを明らかにする。	
川井浄水場見学	

7　見学をもとに，これからの問題を明らかにする。
8　水源涵養林と水との関係について理解する。
9　間伐作業に取り組むAさんの活動や思いを知り，水源確保の必要性について考える。
10　ダムの働きについて知り，計画的・組織的な協力体制で水を確保していることを理解する。
11　水を大切に使っていくために自分たちにできることについて話し合う。

④**本時目標**

　ろ過装置を使って実験したことをもとに，作った水は安心して飲める水かどうかを考え，安心して飲める水はどんな水かということについて関心をもつことができる。

⑤**本時展開**

学習活動（○）と予想される子どもの反応（・）	支援（○）と評価（☆）
○本時の学習問題を確認する。	
自分たちで作った水は，安心して飲める水だろうか。	
○グループごとにろ過実験を行い，作った水の使い道を考えたり友達の作った実験装置やろ過した水と比べたりして，安心して飲めるかどうかを話し合う。 ・見た目はとてもきれいになっている。 ・このぐらいきれいなら飲んでも大丈夫かな。 ・消毒は必要。プールだって塩素を入れて消毒している。 ○次時への問題を明らかにする。	●発言者には，根拠を明らかにして話し合うよう助言する。 ☆実験をもとに，作った水は安心して飲めるかどうか考えている。 （思考・判断・表現）
安心して飲める水は，どんな水なのだろう。	

⑥**考察**
➤ **学習で解決したい学習問題を明らかにするという視点から**
　様々な体験的活動を通して、「本当に〜かな。もう一回確かめよう」「お父さんがよく知っているから聞いてくるね」など、互いに声をかけ合う姿が見られた。共通の体験的活動を連続して取り入れたことで、いつもは無意識に使っている身近な水について改めて気づくことや疑問に思うことが生まれ、みんなで考えたい、解決したいという問題や意欲につなげることができるようになってきた。
　ただし、学習問題については、やや教師主導で言葉を選んでいった面もあり、結果的に子どもが問題意識をもっている点とずれが生じることもあった。子どもの発言やノートの記述、座席表などを活用し、子どもの考えに耳を傾け、個の見とりを適切に行って授業を進めることが課題である。

➤ **社会的事象を自分ごととしてとらえさせるために**
　身近な地域素材を教材化することを意識した。その一つとして、地域のAさんを学校に招き、横浜市の水資源の確保のために行っている活動やその思いについて語っていただいたり、実際の様子を資料で見せていただいたりする機会を設けた。「自分たちで使う水は自分たちでしっかりと管理し、これからもずっと確保できるようにしていかなければならない」という言葉から、一人ひとりが子どもの立場でも自分にできることは何かを考え、生活を振り返る姿が見られた。
　ただ、地域の方や学習に関わりのある人に登場していただく時には、限られた時間の中でどのような内容をどのように伝えていただくかということをもっと綿密に打ち合わせておく必要があるということが課題として残った。

（下村　樹里）

第 V 章
考え合う授業の可能性

　平成元年，かつて私が2校目に異動した小学校には，すでに1クラス分程のコンピュータが導入されていた。当然，校内授業研究会でも本時の中にコンピュータを活用する場面を設けるなど，積極的な取組を行った記憶がある。その後，学校現場へのコンピュータの導入は急速に進んだが，当初はほとんど活用されないまま鍵をかけたコンピュータルームに一括保管されているなどという話もよく耳にした。つまり，高価な費用をかけて導入したにもかかわらず，それを使いこなす教師の育成や授業研究が追いつかないという状況が生じたのである。

　さて，教師が電子黒板やデジタル教科書を使って授業を行い，子どもたちは一人ひとりがタブレットを机上において授業に参加する。そのような状況が目前に迫る今，二十数年前の繰り返しを避けるために，どのような取組が求められるのか。特に，本書のテーマである「考え合う授業」や「思考力・判断力・表現力」の育成については，どのような可能性があるのか。本章では，横浜市の情報教育をリードする2人の教諭に，その現状と課題を紹介してもらうことにした。

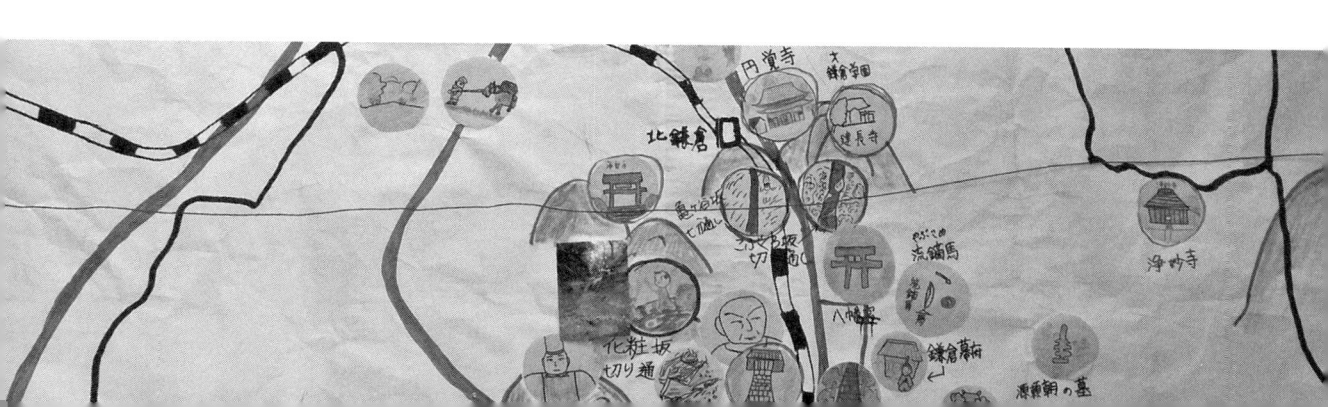

01 コンピュータ等の教育機器活用の可能性
～思考力・判断力・表現力を育て，言語活動の充実を図る道具として～

|1|「子ども」の思考力・判断力・表現力を育成する情報機器活用

①情報機器が「思考力」を育み，言語活動の充実を助ける

小学校学習指導要領解説社会編「社会科改訂の趣旨」[i]には，次のように書かれている。

> ○ 社会的事象に関する基礎的・基本的な知識，概念や技能を確実に習得させ，それらを活用する力や課題を探究する力を育成する観点から，各学校段階の特質に応じて，習得すべき知識，概念の明確化を図るとともに，コンピュータなども活用しながら，地図や統計など各種の資料から必要な情報を集めて読み取ること，社会的事象の意味，意義を解釈すること，事象の特色や事象間の関連を説明すること，自分の考えを論述することを一層重視する方向で改善を図る。

コンピュータ等の情報機器を活用すること，さらに，「改善の具体的事項」[ii]には，言語活動の充実を図ることが求められている。

> また，実際の授業では，問題解決的な学習などを一層充実させることや，観察・調査や資料活用を通して必要な情報を入手し的確に記録する学習，それらを比較・関連付け，総合しながら再構成する学習，考えたことを自分の言葉でまとめ伝え合うことによりお互いの考えを深めていく学習など言語活動の充実を図ることを求めている。

社会科において思考力・判断力・表現力を育むためには，情報機器活用と言語活動の充実という2つの車輪がお互いを支え，一緒に前進していくことを示している。

社会科は，事実を集め，その事実が織りなす関係を見つめ，これから実践する方法を判断していく教科である。だからこそ，教師は事実を提示したり，子どもたちが事実を調べられるような手だてを考えたりする。その活動の過程に意味がある。高学年になるにつれて，今までの経験を生かし，子どもなりの「思考力」が働いていく。「思考力」とは，試行錯誤ではなく，「ああしよう，こうしよう」などとイメージを膨らませることで，比較により，より価値のあるものへと整理していく力である。

このように思考すること，活動そのものや話し合いを，子ども自身がおもしろいと実感し，追究することが子どもの思考力・判断力・表現力を磨くことにつながる。それを助ける研磨剤の役割を情報機器が担えるほど，子どもたちが直感的に使える機器が登場してきている。

②タブレット型コンピュータが思考の再構築を助ける

2015年度には，教科書がデジタル化され，タブレットで配付されると言われている（総務

省「フューチャースクール推進事業」[iii]及び文部科学省「学びのイノベーション事業」[iv]において検証中)。タブレット型コンピュータ(以下「タブレット」)を活用すれば,子どもたちに同時に資料を配付したり,視点を明確に指示したりできる。今までもカラー写真や情報を抜き出した資料を配付し,授業の中で子どもたちの思考を揺さぶるアイテムとして提示されてきた。タブレットの中で配付された資料では,子どもたちは見たいところを拡大して,詳細に見ることが可能となる。同じものを提示しても,個々の視点で見ることが可能となり,多角的な見方・考え方を推進する機器となる。友達が書き込んだ文字や図も教室内の接続が認証されたタブレットに表示され,黒板で情報共有をしなくても,手元で自分が操作して確認できる。深く考えようとする子どもにとって,この機器は,自己対話を助け,立ち止まって,もう一度資料に戻ることを可能とする。

③実物投影機が,情報の深化を助ける

　子どもたちが思考を深めるためには,互いの考えを伝え合い,自らの考えや集団の考えを発展させる必要がある。自分の考えを伝えたいと思ったり,友達がどんなことを考えているのかを知りたいと思ったりしたとき,ノートやメモ,カードなどをみんなに見せるには,実物投影機が便利である。

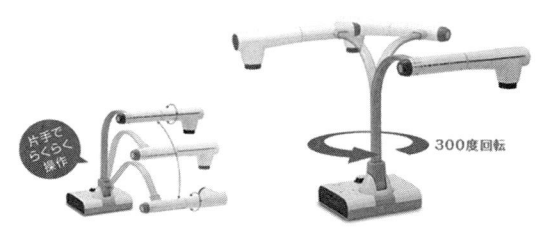

(http://www.elmosolution.co.jp/products/visual/l_12/l_12_01.html)

最近の実物投影機には,撮影機能もあり,デジタルカメラで使うSDカードに子どものノートを保存できる。見せたいところを拡大することもでき,子どもの考えの説明を助けてくれる。

2 「教師」の思考力・判断力・表現力を育成する情報機器活用

①校内情報配信システム[v]が,情報を広める

　各教室に,大型テレビが設置された。そのテレビには,校内ネットワークに接続されたコンピュータがつながれ,コンピュータ画面を大きく映し出すことができる。市町村によっては,タッチパネル型操作が可能となる電子黒板の場合もある。しかし,すぐに使おうと思っても,コンピュータの起動に時間がかかったり,マウス操作が不慣れだったり,また操作のための机も必要で,誰でも簡単に使えるというところまではきていない。そこで,専用のリモコンを操作して,テレビのチャンネルを切り替える要領で,写真やビデオを見せることができる校内情報配信システムが注目を集めている。多くは,VHSのビデオケースほどの大きさで,設置場所にも困らない。教師が教室の後ろにリモコンを持っていき,子どもたちの様子を見ながら操作することもできる。テレビリモコンだけで,資料写真や音声,動画など様々なデジタル素材を子どもたちに提示することができる。

　また,学習に使用したデータが蓄積されるので,その学校の資産として,次年度に使用したり,さらに加工してわかりやすく示したりすることも可能になる。

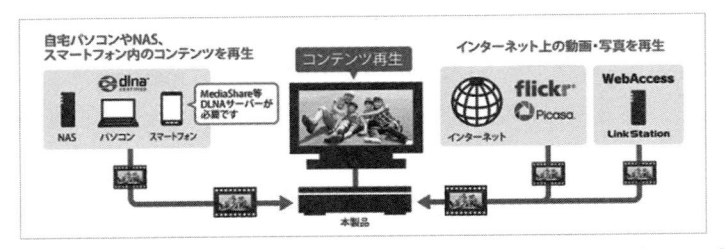

(http://buffalo.jp/product/multimedia/media-player/lt-v200/#feature-2)

② 情報機器活用が，教師力を高める

　教師は，授業研究会に参加し，その授業が子どもにとって，よい，あるいは価値がないと判断する。その判断の根拠を探し，研究会では今までの自分が行ってきた授業やモデル化されたものと重ね合わせ，発言をしている。様々な視点から行っているようだが，子ども・教師・教材・環境という4つの視点に分類できる。しかし，なかなか4つの視点で語られることが少なく，見えていることや測定できることばかりが語られる。司会者がうまく4つの視点に広げられればよいが，なかなか語り出した教師の方向修正は難しい。

　そこで，できる限り多くの先生方の声を取り入れようとする研究会では，付箋を活用し，例えば色分けをしたり，付箋を内容で分類し見出しを付けたりして，話し合いが進む。グループの報告者は，その付箋が貼られた模造紙を掲げ，話し合いのポイントとなったことなどを端的に述べる。それを繰り返している。なんとなく，自分の意見が模造紙に貼られ，分類された中に残り，発言もしたし，満足感も残る。しかし，自分がそのときに感じたことは模造紙の中に消え，付箋に書かれた別のグループの意見を見ようとしても，大抵は小さくて見えない。思考したものが相手に伝わらない。そんな研究会がここ10年ほどで定番となり，教科・領域等を問わず，推進されている感がある。これでは，授業の批判はできても，個々の教師の「授業構想力」を高めることは難しい。また，指導案を見ても，授業がイメージできない指導案もどきができあがってしまう。メモ書きのような指導案をためらいなく配付する。これでは，見ている教師も指導の意図が見えず，従って児童の実態に応じた教師の手立ても見えない。参観者も授業者も整理されていない部屋の中から，何かを見つけようとうろうろするばかりである。経験年数の違いから，気になる視点も違い，話もかみ合わない。これを解決するというゴールまで届かずに，研究会は終了ということも多いのではないだろうか。

　そこで，事実を整理し，参観者のすべての書き込みを閲覧できるソフトを活用する。研究会に参加するときは，A4判やB4判のボードを持って教室に入っていくことが当たり前だった旧研究会を，タブレットを持って参観する新研究会へと一歩進めたい。

　子どもの思考を追う社会科の研究授業を見ながら，参観者は，タブレットに自分が考えたことを書き留めていく。それは，授業を見ているときからその教室にいる参観者がホワイトボードに書き込むような感覚で，メモを取っていく。授業を見ているときから，他の教師の考えが書き込まれ，リアルタイムでそのホワイトボードが文字で埋まっていく。研究会の前に，その内容は共有されていて，研究会が始まると同時に，司会者も参観者も，本研究会テーマへとつ

ながる意見を発言できる。授業を見ながら話し合いが進んでいるような臨場感を研究会で味わうことができる。現在，タブレットで実現できているソフトは，Share Anytime free[vi]しかない。これは，手書きでそのまま残すこともできるが，手書き文字を瞬時に変換し，書き込むことも可能となっている。コンピュータ用ソフトでは，NOTA[vii]など，グループ共有ソフトを活用することができるが，電源確保や手で持ってすぐに書き込めるような手軽さはなく，リモコンのように直感的には使えない。児童がタブレットで学ぶと同時に，教師もタブレットで児童と教師を支援する仕組みづくりが急がれる。

③社会科の教材づくりを高めるために

　コンピュータなどの情報機器を活用する中で気をつけておきたいことは，教師が事実を事実っぽくしてしまうような偽装に注意することである。デジタル機器が発達し，資料作りも一から作ることは減り，手直しをする作業になってきている。つまりは，教えやすいように現実を安易に加工したり，活動を多くして，教材の価値のなさを補おうとしたりしている。学年や児童の実態から，子どもにとってわかりやすく加工することは必要である。しかし，それは事実をそぎ落とし，教えやすい資料を作っていることになっていないだろうか。資料の一部分だけを取り出すことで，わかりやすいと思ってしまい，子どもたちが考える材料を見えなくしてしまっている。そして，子どもたちの思考に耐えうるだけの教材ではないのに，見ればすぐに分かってしまうことを言い合う時間を取り，意見を述べた気にして，最後に今日の感想を書かせる。その感想には，次の学習につながるような感想はなく，前時の授業と何ら変わらないことが書いてある。繰り返しになるが，タブレットなどの情報機器を使えば，事実そのものを見せることができる。加工は，児童にとってのわかりやすさだけに配慮し，思考の再構築を妨げないようにしたい。

|3| 子どもも教師も育つ古くて新しい道具

①思考地図を残し，言葉を生み出す

　デジタルカメラが普及し，授業後黒板を撮影し，すぐに印刷して配付できるようになった。その1時間繰り広げられたその学級の思考地図がそこに表されている。若原[viii]は，優れた授業に共通して見られる特徴の1つに，「今，生まれた言葉」がしきりに交わされている，としている。その生まれた言葉を教師は関連づけ，授業が進んでいく。授業の中で，その学級の言葉が生まれる中で，教師も子どもも成長する。

②発言を位置付け，価値付ける黒板

　授業を見ながら，時々はっとすることがある。それは，ある子どもが発表した意見を，思考を整理する黒板のあの位置に書いたのかと思ったときで，自分が黒板に位置付けるところと違

ったときである。その場所に書いた，あるいはつなげたということは，その発言をした子どもの背景まで含めた位置付けで，参観者には見えない価値付けがされた瞬間である。そんなときは，授業後の研究会が待ち遠しくてたまらない。それは，自分と違う判断をした人がいて，その比較からさらに理解が進むことを数多く経験してきたからである。教師を育てるには，黒板をデジタルカメラに撮ることが近道である。子どもを育てるには，あの言葉を生み出したときを呼び出して見直すことが近道である。それを可能にする道のりはまだまだ遠い。

(安冨　直樹)

i 「小学校指導要領解説　社会編」平成20年，p.3
ii 同上，p.5
iii ICTを利活用した教育を実践するために構築したICT環境において，学校現場におけるICTの利活用を推進していく上での主として情報通信技術面等を中心とした課題を抽出・分析するための実証を行う。
iv 21世紀を生きる子どもたちに求められる力を育む教育を実現するために，様々な学校種，子どもたちの発達段階，教科等に応じた効果・影響の検証，モデルコンテンツの開発，デジタル教科書・教材，情報端末等を利用した指導方法等に関する総合的な実証研究を実施する。
v セット トップ ボックス（STB：Set Top Box）は，ケーブルテレビ放送や衛星放送，地上波テレビ放送（デジタル放送，アナログ放送），IP放送（ブロードバンドVODなど）などの放送信号を受信して，一般のテレビで視聴可能な信号に変換する装置。ブラウン管時代に「テレビの筐体（セット）の上に置く箱」だったことからこの名がある。
vi http://shareanytime.com/jp/
　　現在はiPad版のみの提供となっているが，2013年内にもiPhone版のほかにWindows・Android版アプリの提供も順次開始するとしている。
vii http://nota.jp/ja/product/
　　グループで共有でき，複数のPCから同時に（リアルタイムで）ページの編集を行うことができるソフト。
viii 『授業で成長する教師』藤岡完治・澤本和子編著　ぎょうせい（1999）p.79

02 | 情報化社会の子どもと社会科学習

|1| デジタルネイティブの子どもたち

　情報化社会という言葉が一般的になってからすでに20年近くになり，社会は高度情報化社会に突入している。今の子どもたちはデジタルネイティブと呼ばれ，生まれた時から情報を中心に機能させた環境で育ってきている。

　ここでいう情報とは，体系的な知を指し，それ自体で人間の思考や行動を決定づけることのできるものである。

　情報は，インターネットの普及に伴う情報技術の向上と端末の多様化によって高度化し，私たちの生活のあらゆる場面において傍に存在するようになった。それゆえ情報を受け取ったり発したりすることによって，生活そのものが成り立つようになってきている。

　私たち大人は，社会の情報化により生活が便利になったことを実感している。手紙はEメールなどにより即座に届き，また返事が来るようになった。人との待ち合わせも，携帯電話を持ち歩くことによって，時間や場所の調整がいつでも可能となった。買い物も家のPCから注文をし，家まで配達してもらえるようになった。

　一方子どもたちは，生来環境が情報化されているために，利便性を感じるというよりも「当たり前」のものと認識している。生活様式の変化には気付くこともなく，コミュニケーションの手段や頻度，距離感なども情報技術や機器によって決定されていくものと認識している。我々大人が子どもたちに学ばせようとしていることは，「情報化の進展が生活に大きな影響を与えていること」と「情報の有効な活用や責任をもったかかわり方が大切であること」を考えさせることにあるが，上述のような実態をしっかりと踏まえることが欠かせない。

|2| 情報教育と社会科の情報単元のちがい

　情報教育によって子どもに身につける力は情報活用能力（文部科学省，2002）であり，「情報活用の実践力」「情報の科学的な理解」「情報社会に参画する態度」の3要素がある。機器操作の基本的技能や，情報の収集・整理・活用の力，情報手段の仕組の理解，情報モラルなどを各教科の目標達成に合わせて身につけさせていく必要がある。

　一方，社会科の情報単元は，我が国の情報産業や情報化した社会の様子について「放送，新聞などの産業と国民生活とのかかわり」「情報化した社会の様子と国民生活とのかかわり」について調査したり資料を活用したりして調べ，情報化の進展は国民生活に大きな影響を及ぼしていることや情報の有効な活用が大切であることを考えるようにすることを目標としている。

　情報教育が直接的な力を身につけることをねらいとしているのに対して，社会科の本単元では情報化社会における人の営みや自分とのかかわりについて考えるようにすることをねらいとしている。したがって社会科の他の単元と同様に「人の営みにふれる」「自分とのかかわりを

考える」ことを大事にして単元を構成することになる。

3 社会科の単元としての留意点

まず何より，前項までの要件を満たせるような材を選ぶことである。本単元の「情報化した社会の様子と国民生活とのかかわり」を調べる際には，①情報ネットワークを有効に活用して公共サービスの向上に努めている教育，福祉，医療，防災などの事例のいずれかを取り上げ，②多種多様な情報を必要に応じて瞬時に受信したり発信したりすることができる情報ネットワークの働きが公共のサービスの向上のために利用され，③国民生活に様々な影響を及ぼしていることが具体的に分かる材と出あわせなくてはならない。

公共のサービスの向上に情報ネットワークが活用されている事例は増えてきているが，子どもが実感できる材を見つけることはなかなか難しい。そこで，サービスを享受しているものよりも，これまでの社会科の学習で理解している公共サービスを取り上げることが考えられる。110番や119番など諸機関の機能や連携は理解されており，仕事に携わる人の思いや，私たちのくらしを支えていることへの子どもたちの実感がすでにあると考えられるからだ。

本実践では，横浜市危機管理システムを取り上げ，その中で市民の登録によって防災に関する情報がメールでサービスされる「防災情報Eメール」を中心の材として取り上げた。横浜市危機管理システムは，大規模地震時など様々な危機が発生した際に，被害情報の収集・集約・伝達をより短時間かつ正確に行うことができる総合的な情報システムである。主に市区の職員への緊急情報の配信や，各区からの被害情報集約に使われ，市民を守る迅速な初動体制を築くために機能している。また，市民は防災情報Eメールに登録することにより，気象情報・地震情報・天気予報・河川水位情報・津波情報・光化学スモッグ情報など，災害から身を守るための情報を得ることができる。東日本大震災以降，子どもたちにも災害に備える意識があり，公共サービスとして，備えとなる情報が発信されることや情報の正確性の重要さなどを考えやすいだろうと考えた。

また本単元では「必要に応じて瞬時に受信したり発信したりすることができる情報ネットワーク」の捉え方に議論がある。それは，ここで取り上げるサービスが，情報の双方向性をもっている必要があるという点にある。ここで議論となるのは，双方向性が情報を介して人と人との直接的な情報のやりとりが成立する場合に言及するからである。例えば，「今から横浜に出かける」という情報を利用者が発信すると，「横浜周辺は午後から雨が降ります」という利用者にとって有益な情報が返ってくる。あるいは，遠隔医療では自宅で血圧を測るとその情報が医師に届き，必要に応じて医師からのコメントが返されるといったものである。確かに情報ネットワークを介さなくても実際に行われている人と人とのやりとりが，情報ネットワークの中でも行われる事例を取り上げれば，子どもにとってもその利便性が捉えやすいだろう。ただし，ネットワークにおける情報の双方向性は，人と人以外にも，人とモノ，モノとモノの関係が成立しているので，必ずしも人と人のやりとりを取り上げなくともよいと私は考えている。また，情報の即時性については，やりとりが瞬時に行われることを指すわけではなく，送信・受信い

ずれもが瞬時に行えることを踏まえていればよいと考えている。
　それらのことを踏まえて，本単元を通して，情報の発信者・受信者という立場を想定したり，調べたりしながら学習を進めていくことで，自分たちが生活の中でどのように情報を役立てているかを考えたり，情報に付加される人の思いや価値について考えたりしていけることを期待して実践した。

4 子どもが解決したい問題を生んでいく

　子どもが解決したいという問題を生んでいくために，何よりもまず「～したい」という，子ども自らのかかわりを生むことが欠かせない。すなわち，子どもの興味・関心が高い材やかかわりが保障される材と出あうことによって，問題となる考えをもつことにはつながるが，加えてその後の思考の過程で，「分かる」「できる」あるいは「できそう」という，子どもの学習に対する安心して取り組める土台づくりや，「考えを伝えていい」「『～したい』をやっていい」のような子どもの内から生まれてきた知的な欲求やかかわりの方法を保障していくことが不可欠であるという意味である。その上で，解決したい問題を生んでいくためには，材に多角的にかかわり，材に内在する営みへ自分の立ち位置を決めていく。一旦の自分の立ち位置が決まることによって，「もっと知りたい」「もっとかかわりたい」という材への知的な欲求のみならず，これまでの経験や知識との差異から生じ，「知らねば」「かかわらねば」といった材の捉えの再構成や，生き方の内省へと向かうと考えた。
　本単元において，子どもたちは「台風」という経験したことのあるものと向き合った。「台風」は気象現象であり，雨が降る，風が吹く，日本南海上で発生し列島を縦断しながら温帯低気圧に変わるといったことを既有知識としてもつ。また，自身の経験やメディアにより獲得した情報により，洪水を引き起こす，家屋を倒壊させる，電車が運行停止になるといった影響を想起することができるとともに，テレビで台風情報を放送する，注意報や警報が出される，引き取り下校になるなど，自分の判断や行動に直接働きかけるものについても想起することができる。直近かつ規模や被害の大きな台風に材として出あうことで，子どもたちは自分とのかかわりの中で上述のような考えをもつことができた。
　次に，情報を普段から当たり前のように受け取っている子どもたちにとって，メディアから発信される情報に「自分たちが有効に活用する」という視点で改めて向き合うことは，自分たちの生活はこれらのたくさんのメディアから発信されている情報に支えられていることを認識することになった。日頃，どんなメディアから，どのような情報を得ているかは「分かる」。また，それを箇条書きで挙げたり，家族に聞き取り調査したりすることは「できる」。その上で，台風における被害の記事をじっくり読んでいくことにより，情報がどのように発信されるか，また情報をどのようにして得ていけばよいかを自身の行動に結びつけて考えていくことができた。
　子どもは，自分たちのまちにおける身の安全を守る情報が十分に発信されていて，それを受け取ることができれば自分たちの身の安全につながるという仮説を子どもたちが立てることに

よって，防災情報Eメールの内容や，その仕組の一つひとつを調べていき，「情報を有効に役立てる」ことへの実感につながった。一方，防災情報Eメールの利用率が低いことや，自分たちが必ずしも携帯を持っていないという事実に目を向けることにより，より「情報をどのように得ていけばよいか」ということを切実に考えることにつながった。本単元において，子どもたちが解決したい問題は，このように，材と自分とのかかわりを繰り返しながら考えていくことで実感した便利さと，利用率の低さという矛盾から生まれたものである。改めて，情報というものを客観的に見つめることにつながったといえるだろう。

5 ICT機器を活用する

　本単元だからICT機器を活用するわけではない。もちろん，ICT機器をゲーム以外の用途でも使用したり，実際にネットワークでのコミュニケーションを経験したりしていることによって，本単元に出てくる情報ネットワークを活用したサービスが捉えやすくなると言えるが，それは日頃の学校生活の中でも日常的になっていなければあまり効果は期待できない。本学級では，学習の他，学級活動などでも子どもたちは毎日のようにICT機器に触れている。学校外で道具として使っているものを，学校内でも同様に道具として使えるようにすることで，子どもたちにとっては学習しやすい環境となりえる。また初めに挙げた通り，情報教育の視点で，活用の仕方を日頃から教えていくことも大事である。ノートのとり方や話し合いの話型など，自分や友達と学習をよりよく進めるための方法学習と同様に行うということである。

　教室におけるICT機器を本単元でどのような手立てとして活用したかを以下に示す。

①**教師の資料提示として**

　単元の導入において，台風被害の新聞記事を取り上げた際，記事全体を読ませる前に，記事の写真をテレビに映して見せた。タブレット端末を用いることで，部分を見せたり拡大して見せたりすることが容易にできる。子どもたちに見せたいところ，考えさせたいところのみを表示することによって，ねらいに沿って学習が進められた。全員で同じ資料を見て，初発の疑問を出し合った後に，実際の新聞記事を全員に配った。疑問をもった上で記事に目を通すことで，確かめられる事実を見つけていくことができた。

②**調べ学習として**

　調べ学習は，問題を解決するのに最もよい方法を選択できるようになることも学習の一つであることを子どもに伝えている。自分に身近でない事柄について情報を集めなくてはならないと分かると，子どもたちはインターネットで調べようと考える。ごく自然のことであるが，インターネット上の情報は，情報の正確さに対する裏付けや，子どもが理解できる範囲の内容や量に対する制御が困難であるために，教師は嫌う節がある。しかしながら，今の社会では，インターネットを活用して情報を発信することがむしろ常識であり，うまく調べることによって，必要な情報にたどりつくことは可能な場合の方が多い。本単元においては，まさに情報ネットワークを活用して公共のサービスを向上させているわけであるから，その情報自体にアクセスすることが可能である。したがって，必要な情報にたどりつけるようにしたり，子どもたちが

考え，理解できる範囲となるようにしたりする手立てを講じることが大事になってくる。

　本実践では，パソコンルームに行かせて自由に調べさせるのではなく，まず子どもが調べたい事柄（確かめたい事柄）をはっきりさせることをクラス全体で行い，次にそれを確かめられそうな対象を決定した。子どもたちが確かめたかったことは，「自分たちのまちで，災害から身を守るための情報は発信されているのか」や「災害から自分たちの身を守るための情報である防災情報Ｅメールは，役立っているか」などであった。先の台風の記事から読み取った，災害から身を守るための情報には，避難勧告や防災無線などが書かれていたために，その発信元を特定した。すると自分たちのまちにおいては，市役所や区役所であることが分かった。

　子どもは，「防災の情報は，ちゃんと自分たちの元に届くだろうか」「どんな情報を出しているのだろうか」などの疑問があったため，実際に区役所の防災課を訪ねたり，家族に実際に大きな災害があったときにどんな情報を得ていたかを聞き取りしたりしていた。

　そういった調査の中から，親が利用している防災情報Ｅメールの実際のメールの文章を印刷して持ってきた子どもがいた。そこで，それを全員分印刷して手元の資料とした他，メールの登録画面に実際にアクセスしてテレビに映した。紙で手元の資料があると，細かい事実を確かめることができたり，自分なりに考えたところに印を付けたりすることができた。一方，テレビに実際の画面を映し，オンラインでサービスの流れを見せることは，サービスの利便性を実感することができた。

　このように，ICT機器を特別なものとして扱うのではなく，教具としてや子どもの学習道具として他の全てのものと同等のものとして扱うことで，子どもにとってICT機器を有効な学習の手立てにしていくことができる。

③発表の手段として

　本実践では，子ども自身が教室外で能動的に調べ学習を行ってきて，授業では調べたことを整理したり，整理したものを共有して考えを深めたりする時間に費やすようになった。

　防災情報Ｅメールと緊急速報メールについて調べ，それらのメリット・デメリットを表に整理したものを模造紙にまとめて提示したり，緊急速報メールを導入してどんなメリットがあるのかのインタビュー動画をPCからアクセスしてテレビに映して見せたり，家で保管してあった防災のパンフレットを実物投影機で拡大してみせたり，電子黒板に映したものにアノテーション（注釈）を付加したりしながら情報を共有した。

　この場合も，みんなが手元でいつでも見られるようにしたり，後からもう一度見てもらって考えてもらいたい時には全員配布のプリントを用意したり，考えてもらいたいところを制御するために表やグラフにまとめて提示したり，視聴覚から直感的に理解できると考えるものは映像コンテンツを見せるなど，ICT機器はコミュニケーション手段の一つにしかすぎなかった。

　みんなで解決したい学習題を生むことと，調べたいこと確かめたいことが見つけられる調べ学習にすること，情報を互いに理解し考えを深めていける形で伝え合えるようにすることに注力することで，子どもたちは自然とICT機器も活用できると感じた。

（町田　智雄）

参 考 文 献

- 神奈川県立総合教育センター「校内研究の充実に向けた取組み」平成22年
- 田島薫『授業改善のための授業分析の手順と考え方』2001年，黎明書房
- 松本健嗣『「未熟もの」としての教師―失敗から学び続ける―』2009年，農山漁村文化協会
- 文部科学省「平成23年度　公立学校教職員の人事行政状況調査」
- 文部科学省「平成25年度　学校基本調査」
- 山田勉『追求としての学習』1972年，黎明書房
- 山田勉『社会科教育法―問題解決学習へのすすめ―』1976年，秀英出版
- 山田勉『社会科内容精選の理論と方法』1976年，明治図書出版
- 横浜市教育センター編著『授業力向上の鍵―ワークショップ方式で授業研究を活性化！―』2009年，時事通信出版局
- 和田義信編著『考えることの教育』1977年，第一法規出版

あ と が き

「考える力・表現力磨く　中学校，来春進学に向け工夫」
「４万９千人公立校受験　記述式の出題増える」

　平成24年7月，神奈川県の公立高校入試の新制度について，前者のような見出しが新聞に掲載された。記事の内容は，高校入試が新制度になることに伴い，中学校の授業がそれに対応できるように変わってきているというものであった。

　これまで，中学校の先生方と授業のあり方について議論をすると，最後は「問題解決型の授業が生徒の思考力・表現力を伸ばす上で有効なのは認めるが，中学校は受験があるから暗記も仕方がない」というのが決まり文句であった。

　そして，平成25年2月，後者の記事のように高校入試の問題は大きく変化した。社会科もこれまでの一問一答式の出題形式から，4割程度の問題が提示された資料を読み込んで正答を導くものに変わり，さらに記述問題も2題出題されるなど，大きく変化したのである。このような入試問題の変化が，小中一貫教育が形式的なところにとどまらず，教科の授業レベルまで一貫性をもつことにつながっていくことを期待したい。

「ゆとり世代は学力が低いと言われ，ずっと悔しい思いをしてきた」

　社会科の学力について講義した際，1人の学生のリアクションペーパーにこのような記述があった。同様の話はよく耳にするのであるが，このようなとらえ方には大きな問題がある。一つはこのような言い方をする人たちの「学力」のとらえ方であり，もう一つはその「学力」が低いというのであれば，その責任は子どもたちではなく，「ゆとり」教育に携わった大人たちが負うべきであるということである。それについては，誕生したばかりの生活科について「遊び」や「活動」を過度に強調したり，算数科で円周率を「3」にしたりした事例を挙げれば十分であろう。

　それよりも，ゆとり世代と言われる学生たちの言動や同世代の犯罪に関するニュースを見たり聞いたりする中で気になるのは，思考力・判断力だけでなく，コミュニケーション能力，主体性や情熱，マナーやモラルなどが総じて低下しているのではないかということである。しかし，上記のような「学力」を向上させるためと称して授業時数や学習内容を増やしたり，道徳を教科にすることで常識やモラル等の問題の解決を図ろうとしたりするのは，かつて道徳を特設し，学習内容を増やして詰め込み教育へ向かったのと同様の結果をもたらすだけではないだろうか。行政による制度の見直しに加え，何より学校現場が元気と活力を取り戻すことができるような体制作りを進めることが急務であると考える。

「教師はその時々の教育思潮に敏感で，それに左右され続けてきました。……つまり，哲学がないのです。……自分の実践の中から理論や教育技術を生み出すのではなく，それはどこかの権威ある人によってもたらされるという信仰があるからです。教師が，自分は『未熟もの』だという自覚をたえず意識し続けることが，いま何よりだいじなことです」

(松本健嗣『「未熟もの」としての教師』より)

戦後の教育を実践家の立場から支えて続けてきた大先輩のことばの意味は重い。

主体的に考え，判断し，表現する子どもを育成するためには，まず，教師自身が主体的に授業のあり方を考え，教材研究に努め，自己の実践を発信していくことが大切である。教師は，小手先の技術や他人の指導案に頼るのではなく，目の前の子どもたちと真摯に向き合う中で，その子どもたちと自分との間に成立していく日々の授業を鋭く見つめ直していく過程を大切にするべきであるということである。

そして，校内授業研究が，個々の教師の授業力を向上させる場であると同時に，学校の組織力を高める場として機能するようになることが，学校に元気と活力を取り戻すことにつながるのではないだろうか。本書のテーマである「考え合う授業」もまた，「考え合う教師集団」のもとでこそ成立する可能性が高まると考えるのである。

さて，今回，課題の一つに挙げながら評価の問題について述べることができなかった。子どもたちの主体的な学習として「考え合う授業」の成立をめざすのであれば，評価は，学習過程における子どもの変容をとらえることに主眼を置くこと，子ども自身の自己評価を大切にすることなどが重要な視点になると考えているが，今後の課題としたい。

最後になりましたが，本書に貴重な原稿や実践記録をご提供いただいた先生方に心から感謝とお礼を申しあげます。また，本書の出版に当たって，その主旨をご理解いただき，たくさんのアドバイスをいただいた東洋館出版社の大場亨さんに心から感謝いたします。

2014年3月

藤本　英実

【編著者紹介】

藤本　英実（ふじもと　ひでみ）

　1956年2月長野県に生まれる。横浜国立大学卒業，横浜国立大学大学院修士課程修了。横浜市立小学校教諭，同副校長，横浜市教育委員会指導主事，同主任人事主事を経て，現在，横浜高等教育専門学校，横浜国立大学，玉川大学等の講師として，主に社会科，生活科にかかわる講座を担当している。その他，神奈川県内の小学校を中心に校内授業研究会の講師を務める。
　主な著書に，『教師の個性が生きる学校づくり』（分担執筆，1995年，東洋館出版社），『生きる力としての問題解決力を育む授業』（分担執筆，1999年，黎明書房），『問題解決学習がめざす授業と評価』（分担執筆，2003年，黎明書房）など。

【執筆者一覧】（2014年2月現在）

第Ⅰ章　　藤本　英実（前掲）
第Ⅱ章　　藤本　英実（同上）
　　　　　佐藤　友希（元横浜市立南太田小学校教諭，旧姓：堀畑）
　　　　　瀬田ゆかり（横浜市教育委員会指導主事）
第Ⅲ章1　千葉　教生（横浜市立藤塚小学校教諭）
　　　2　園田　陽子（横浜市立本郷台小学校教諭）
　　　3　市岡　直也（横浜市立本郷台小学校教諭）
　　　4　赤羽　博明（横浜市立立野小学校教諭）
　　　5　廣瀬　貴樹（横浜市立中尾小学校教諭）
　　　6　田崎　順子（横浜市立中尾小学校教諭）
　　　7　平島　幸江（横浜市立東俣野小学校教諭）
　　　8　五十嵐　玲（横浜市立藤塚小学校教諭）
第Ⅳ章1　横浜市立中尾小学校（校長：高橋　宏明）
　　　2　横浜市立本郷台小学校（校長：益田　正子）
　　　3　横浜市立藤塚小学校（校長：佐藤　幸子）
　　　4　横浜市立上川井小学校（校長：的場　光男）
第Ⅴ章1　安冨　直樹（横浜市立左近山小学校教諭）
　　　2　町田　智雄（横浜市立本郷台小学校教諭）
協力（資料提供等）：横浜市立南太田小学校

考え合う授業の追究
~社会科・生活科・総合的な学習の時間を柱とした
　授業研究のあり方~

2014(平成26)年 4 月 20 日　初版第 1 刷発行
2020(令和 2)年 11 月 6 日　初版第 2 刷発行

編著者：藤本　英実
発行者：錦織　圭之介
発行所：株式会社東洋館出版社
　　　　〒 113-0021　東京都文京区本駒込 5 丁目 16 番 7 号
　　　　営業部　電話 03-3823-9206　FAX 03-3823-9208
　　　　編集部　電話 03-3823-9207　FAX 03-3823-9209
　　　　振　替　00180-7-96823
　　　　URL　http://www.toyokan.co.jp

印刷・製本：藤原印刷株式会社
装丁・本文デザイン：竹内　宏和（藤原印刷株式会社）

ISBN978-4-491-03015-9
Printed in Japan